JN296499

生活保護と日本型ワーキングプア

貧困の固定化と世代間継承

道中 隆 著

ミネルヴァ書房

はじめに

　この20年間，世界経済は急激にグローバル化した。わが国の経済状況はデフレを脱して以降，一旦，景気も回復し雇用も拡大したものの，超大国の米国のサブプライム問題を端緒とした金融危機に見舞われ，今や未曾有の世界同時不況の中にある。循環型市場経済のもと世帯経済変調の打撃によって景気は急減速となった。わが国も雇用が一段と悪化し厳しい大量失業時代に突入した。生活保護受給者は増加し保護率も上昇し続けており，2009（平成21）年11月現在，被保護人員は約179万1千人，被保護世帯約129万3千世帯，保護率14.0‰（千分比）と生活保護制度発足以来の高い増加率となっている。このことは保護の捕捉率の低さという課題はあるものの生活保護制度が貧困対策として高齢者や就業年齢層のワーキングプアを吸収しつつ，貧困問題に対して一定のセーフティネットの機能を果たしていることを示すものである。

　生活保護の動向は，失業率など経済動向をかなり敏感に反映して推移し，都市部において顕著な増加傾向となっており，都市部とそれ以外の地域との格差が拡大している。全国の世帯類型別の構成割合は，高齢者世帯が44.0%，傷病・障害者世帯37.1%，次いで母子世帯8.7%となっている。なかでも1世帯当りの世帯人員は減少基調で推移しており，高齢者世帯，傷病者世帯の単身世帯化が顕著となっている。特に世帯類型の高齢者世帯のうち単身高齢者世帯が90%に達していることや，稼働年齢層にある稼働者を含むその他世帯の増加など保護動向の様相に大きな変化が生じている。[1]

　正規雇用から非正規雇用への流動化による雇用セーフティネットの綻びや国民年金・国民健康保険・介護保険の給付抑制など社会保障の劣化は，生活基盤が脆弱で不安定な低所得者層を直撃し暗い影を落としている。こういった事態は低所得者層を直接的に生活保護にドロップアウトさせることにもつながる。保健福祉サービスへの応益負担の導入など社会保障や社会福祉制度が後退を余儀なくされている昨今，就学援助を受ける世帯の増高，国民健康保険・国民年

金の保険料収納率の低下等に投影されているように低所得者層を取り巻く環境は一段と厳しい。社会保障や社会福祉の諸制度がさきぼそりするなか，経済的な格差の拡大ととも低所得者層の裾野が広がっている。つまり，年金・医療を中心とする社会保障や社会福祉の諸制度の改革は，日本型ワーキングプア層や低所得者層（貧困層）にとっては一層，生活困難に拍車をかけるものとなり，セーフティネットとしての生活保護への落層を容易にさせる。このように二極化する格差の拡大は貧困の問題を顕在化させている。生活保護はファイナルセーフティネットとして貧困問題に対するバロメーターの役割を果たしており，貧困問題は保護の受給層やホームレスに表象されているといえよう。

本書はこのような今日的状況から貧困問題を基底とする格差やワーキングプアの論議を一層深める契機となることを目的として企画したものである。本書は既に発表したいくつかの論文の中から政策的インプリケーション（連関）のある論文を若干の修正を加えながら体系的に編集したものであるが，一部において論文の内容や論点の重複があることを留意願いたい。また，本書で用いた統計諸表はそれぞれの論文の一時点における数値であり，分析に用いた数値と異なる場合があることをお断りしておく。

研究方法としてのアプローチは，要保護層を対象に4つの生活実態調査で構成している。1つ目は第2章の要保護層の「世帯類型別実態調査」であり，2つ目は要保護層の「就労自立支援事業調査」である。3つ目は要保護層の，なかでも母子世帯が貧困の誘因がいくつも重なり合い，子どもを持つことで経済的な不利を被り貧困の「担い手」となっている可能性があることからその貧困にかかわる誘因を分析した第3章「被保護母子世帯の貧困ダイナミクス」である。

最後の4つ目は「ホームレス自立支援事業調査」である。本調査では「生活保護における最低生活費と就労インセンティブ」[2]，「ホームレス自立支援の結果と今後の課題」[3]をさらに掘り下げ，被保護世帯の属性そのものに着目した貧困の調査研究を行ったものである。また，生活保護制度における保護動向に影響を与えていると考えられる日本型ワーキングプアの拡大とその固定化，閾下稼

得と就労インセンティブ（Incentive）に関する問題および課題を検証するとともに生活保護を受給する世帯の世帯類型別および稼働・非稼働別世帯の状況に焦点をあて，最終学歴，就労収入，保護受給の履歴，無年金の状況など14項の調査項目を設定し貧困の様相を把握ししようとするものである。

第2章では生活保護を受給しているA市自治体の3,924世帯から390世帯をランダム抽出（抽出率約10%）し，要保護層の世帯類型別の属性に関する実態調査「世帯類型別実態調査」を行っている。ここでは貧困に関する誘因として考えられる次の仮説を実証的に検証している。その仮説とは，①低所得者層をはじめとする貧困の裾野はみえないところで拡大しいわゆるワーキングプア層の固定化が考えられないか，②被保護者は総じて低位学歴であり就労に困難性がともなうのではないか，③低位学歴であれば就労の機会が限定され就労しても期待される稼働所得が収入見込月額の目安の可能性（possibility）以下の閾下稼得の低賃金となっているのではないか，④保護の受給履歴として過去に生活保護を受給し一旦保護からの脱却があっても生活基盤の弱さから再び保護受給となっているのではないか，⑤保護受給という経済的貧困が次世代へと引き継がれ世代間継承しているのではないか，⑥保護の稼働世帯において世帯類型間の就労インセンティブ・ディバイド（Incentive divide）が生じているのではないか，以上6点である。就労してもなお保護から離脱できない被保護世帯のいわゆるワーキングプア化，就労インセンティブ（Incentive）の弛緩によりディバイドが生じていることや保護世帯の属性，就労実態などを明らかにし，生活保護の問題点，課題を探りつつ，制度改革の方向性についてより論理的な基礎を与え，今後の適切な改革誘導へ資するための知見を得ようとするものである。

調査の結果，保護受給層の世帯主の最終学歴の低位性や，貧困が親から子へと次世代に引き継がれているという世代間継承および，保護の受給履歴が高率であったこと，高齢者世帯を除く世帯で10代出産が約10%を超えていたことなどが実証され，1つのエポックとしてマスコミや経済誌で大きく取り上げられた。これまでグレーゾーンとされていた受給層の生活実態が明らかとなり現実認識を高めるものであった。

第3章の「被保護母子世帯の貧困ダイナミクス」では，第2章の要保護層の世帯類型別の属性に関する実態調査「世帯類型別実態調査」の結果，母子世帯の貧困にかかわる誘因が強いことや貧困の熟度が高いことが明らかになった。そのことから母子世帯の世帯類型に限定し，B市自治体の被保護母子世帯1,408のうち214世帯をランダム抽出（抽出率約15.2%）し，「被保護母子世帯の実態調査」を実施したものである。要保護層のなかでも母子世帯が貧困の「担い手」となっていることからその実態を様々な角度から調査し，被保護母子世帯および子どもの貧困の実相を探りつつ貧困の要因分析を行っている。生活保護の受給層における貧困についてはどのような要因がかかわっているのか。その貧困は一時的なものなのか，それとも慢性的に継続しているものなのか，なかでも被保護母子世帯は離死別を契機とするドロップアウトの可能性が高い世帯と考えられる。単に経済的困窮にとどまらず，母親ひとりで就労することや家事と子育ても引き受けなければならず，様々な困難な課題を抱えている。これらの諸課題を家族の問題として限定することなく社会的な政策課題として捉え直し，今後の支援方策についても検討する。

　さらに貧困にかかわる誘因を探りつつ貧困に結びつきやすい要因やその特徴は何か，何が自立を阻害しているのか，どのような生活困難な課題があるのかを分析する。そもそも離死別経験と貧困とは強い相関があるとされ，母子世帯では既に離死別経験を有する世帯となっており貧困リスクは高い。被保護母子世帯は貧困の誘因がいくつも重なり合う貧困の「担い手」となっている可能性が強い。母子世帯における疾病構造，DV，児童虐待をはじめとする子どもの問題，離死別の状況のみならず離死別者（相手）にも焦点をあて最終学歴，就労形態，扶養援助など貧困の様相を把握し，貧困誘因や特徴の仮説について検証し地域社会のなかでの子どもの問題を含めて家族全体を貧困ダイナミクスとして捉えようとするものである。

　第4章では，要保護層の「就労自立支援事業調査」を実施し，保護受給層の一体どのような人達が日本型ワーキングプア化しているのか，その特徴は何かについて論述する。保護の動向という数値だけでは保護受給者の生活実態や就

労実態は捉えられないことから，貧困にあえぐ直接的な被保護世帯の実態調査としてＡ市自治体の被保護者1,464人を対象に就労自立支援に関する調査を実施した。調査は，保護を受給する稼働世帯がワーキングプア化し，貧困の裾野が広がり，かつ貧困が固定化しているのではないかといったことに視点をおき被保護世帯の就労・稼得状況や就労インセンティブ（Incentive）および被保護世帯の属性等を明らかにするため「就労自立支援事業調査」を実施した。本章では，受給層に対する就労支援の結果を詳細に分析したものであるが，就労支援の結果，就労した者の約70％が月額10万円未満，5万円未満が40％と低収入，不安定就労となっていたこと，就労して保護廃止となったケースは5.5％にとどまっていたこと，常用雇用が18％にとどまっていることなど，就労自立支援により働いても生活保護からの脱却が困難で引き続き生活保護を受給せざるを得ない受給層の実態が明らかとなった。特に受給層のワーキングプアのうち，閾下稼得にある10万円以下の層をいわゆる日本型ワーキングプアとして定義しているが，この日本型ワーキングプア層が増加することが予測されインセンティブ（Incentive）政策等今後，生活保護が取り組むべき新たな課題として浮かび上がった。

　さらに第5章では，ホームレス自立支援施設の入所者に対する「ホームレス自立支援事業調査」を取り上げている。最も厳しい貧困状態にあるとみなされるホームレスは，都市部を中心にその集中化が進んでいる。多くのホームレスは空き缶回収などにより就労しており，月額2万円から3万円程度の稼働収入を得ていることからワーキングプアであるといえよう。ホームレス問題はまさに現代社会における新たな貧困問題として捉えられるべきである。都市への集中は公園，道路，駅舎，河川敷など公共施設の占有により，可視的な存在としての増大から直接，市民との接近が生じ顕在化した。そのことは失業，低所得，低技能，住宅困窮，不健康，多重債務，家族との離別・家庭崩壊，犯罪などに絡んだ危険な環境などいくつもの問題が同時に重なり合う負の相乗作用としてあらわれている。これらはホームレスを生み出す現代社会が抱える構造的な社会問題として捉えられ，社会政策上の重要な課題となっている。ホームレスを

対象とした自立支援施設入所者のアンケート調査やデータに基づく実態調査を行い，各種の行政資料ならびに先行研究を通じて分析し，現在のホームレス支援のあり方や問題点，課題を明らかにし自立支援法改正に向けての政策誘導への示唆および今後の社会政策上の知見を得ようとするものである。その結果，入所者の低位学歴，就労退所者の月額収入が約16万円という低賃金，就労自立の困難性，疾病構造の特徴と医療アクセス，住宅問題，スティグマなど現在のホームレス支援のあり方および問題点，課題が明らかになった。

また，自立支援事業については直接的なデータに基づき，支援により「就労自立したグループ」と，支援によっても「自立できなかったグループ」とを比較検討し，その効果と限界に関する分析をし，これまでの先行研究にみられない自立支援事業の評価を行っている。

終章の「日本型ワーキングプアと岐路に立つ生活保護」では，第2章，第3章，第4章および第5章の各章の概要やそれぞれの実態調査により検証された深刻な貧困リスクとしての誘因や特徴，それらの相乗作用として深化する貧困の実相に迫っている。一方，第2章，第3章および第4章の受給層の稼働収入と第5章の就労退所者の稼働収入において，就労インセンティブ・ディバイド（Incentive divide）の問題を指摘している。また，得られた知見を社会政策上の視点から，一次的セーフティネットの再構築を含めて自立支援や生活保護制度改革の課題として捉えようとしたものである。要保護層の貧困誘因に関する生活実態や属性に着眼した研究調査はこれまで先行研究がほとんど行われていない分野であり，それは根拠となる科学的知見の蓄積の少ないいわばグレーゾーンであるといえよう。これまで著者が実践場面で体験してきたさまざまなインシデント（事件）や貧困の様相あるいはその傾向，流れは単なる符号とは言い切れないものがある。

こうした福祉現場の実証研究は，政策形成の拠り所とされる科学的なデータや知見から導かれる多くの理論と現実の実践場面とのギャップを埋めるもので非常に重要な取り組みであると考えている。特に保護の受給層にある世帯の特徴やその属性に着眼した生活実態を明らかにし，貧困の誘因を分析するととも

はじめに

に稼働して就労収入を得てもなお要保護層から抜け出せない貧困の固定化や親から子どもに引き継がれる貧困の連鎖，貧困の世代間継承が調査結果により実証され，根拠のある新たな知見として見出されたことの意義は大きい。

　本研究から得られた結果は，要保護層における生活実態等貧困の現実認識を高めることに貢献するとともに，社会政策上の重要な知見と要保護世帯の自立支援のための示唆を得ることになるだろう。生活保護制度に社会保険制度の補完的機能としての二次的セーフティネットを担わせている現状から，今後，大幅な増加が予測される稼働する貧困層の保護への新規参入を含め保護費の財政拡大の方向は当然の帰結と思われる。働き方が多様化し労働そのものが不安定となっている現代社会のなかで，受給層における日本型ワーキングプアの増加は，救貧機能と自立支援機能を有する生活保護制度が果たす役割がより大きくなっていることを示し，わが国の貧困が顕在化しつつあることを物語っている。貧困が社会的責任であることを前提とすれば，その社会的責任を果たすために生活に困窮する人々を生活保護制度で救済することは当然であろう。同時に貧困を救済することのみならず貧困予防という視点から日本型ワーキングプアを生み出さない装置として一次的セーフティネットの再構築が急がれなければならない。不安定な社会を投影する要保護層の生活実態調査や日本型ワーキングプアを研究することは，社会政策上，貧困対策を一次的セーフティネットとしての防貧対策への取り組みの転換や社会保障の政策見直しの必要性を示唆するものとして意味がある。これまで貧困に関する先行研究や統計分析においては，生活保護の受給世帯の生活実態や細部の分析までされず外形的な要素で把握するにとどまっていた。そのため保護受給層の現実と政策形成された保護政策のギャップは大きい。ここでは格差社会の中で貧困への国民的関心が高まりつつある今日，貧困を単なる「貧乏物語」に終わらせることなく，貧困をより深い社会的問題として認識していただくことを意図している。貧困研究においては，貧困誘因の証拠や貧困が親から子へと世代間の連鎖があることの確固たる根拠や多様な判断モデルが示されないためリスク評価としてのまなざしは弱く見過ごされがちな分野である。検証されていないからリスクがないものと勘違いし

てはならない。現実の保護受給層の生活実態やローカルノレッジによる有益な知識を政策形成や問題解決に活かしていくべきであろう。

　本研究では，一般的な福祉の実践を通じて肌で感じる感覚としての感性も大切にしつつ，同時に現場の実例による実証データを収集し分析し，これまで感覚として捉えられてきたことを表出されたデータに基づく実証分析を行っている。これらの貧困調査から得られた知見は，制度改革に耳を傾けたがらない人たちに双方向性の理解をさせることに成功するであろう。

著　者

注
(1) 「その他世帯」とは福祉行政報告例に基づく世帯類型のうち高齢者世帯，母子世帯，障害者世帯，傷病世帯のいずれにも該当しない世帯をいう。
(2) 道中隆・杉本正（2006）「生活保護における最低生活費と就労インセンティブ——被保護者の就労支援方策と就労自立の困難性」『帝塚山大学心理福祉学部紀要』第2号。
(3) 道中隆（2007 c）「ホームレス自立支援の結果と今後の課題——S市における取組の実践から見えてくるもの」『厚生労働科学研究費補助金政策科学推進研究事業研究報告書』（研究代表者：駒村康平）。

生活保護と日本型ワーキングプア

目　次

はじめに

序　章　問題意識と研究の目的 …………………………………… 1
　1　はじめに ………………………………………………………… 1
　2　生活保護の制度改革 …………………………………………… 5
　3　問われる「自立支援プログラム」 …………………………… 6
　4　研究への視座 …………………………………………………… 8

第1章　生活保護の現状と日本型ワーキングプア ……………… 15
　1　保護の動向と関係指標 ………………………………………… 15
　2　日本の貧困測定の概要 ………………………………………… 18
　3　貧困問題と国際動向 …………………………………………… 20
　4　ワーキングプアの定義・概念 ………………………………… 28
　5　日本型ワーキングプアとは何か ……………………………… 32
　6　最低生活費の階層性と日本型ワーキングプア ……………… 37

第2章　要保護層の貧困の実態 …………………………………… 51
　1　世帯類型別実態調査の目的 …………………………………… 51
　2　世帯類型別実態調査の方法 …………………………………… 52
　3　世帯類型別実態調査結果の概要 ……………………………… 55
　4　深刻度を増す受給層の日本型ワーキングプア ……………… 72

第3章　被保護母子世帯の貧困ダイナミクス …………………… 77
　1　被保護母子世帯の貧困誘因 …………………………………… 77
　2　被保護母子世帯の実態調査の目的 …………………………… 81
　3　実態調査の方法 ………………………………………………… 83
　4　調査結果の概要 ………………………………………………… 84
　5　貧困に結びつきやすい要素 …………………………………… 89
　6　貧困に直接結びつかない要素 ………………………………… 97

7　被保護母子世帯の貧困ダイナミクス ……………………………… *101*
　　　8　調査結果と今後の課題 ………………………………………………… *107*

第4章　要保護層の就労自立支援プログラム ……………… *113*
　　　1　就労自立支援の取り組みの背景 ……………………………………… *113*
　　　2　調査の目的 ……………………………………………………………… *114*
　　　3　調査の方法 ……………………………………………………………… *114*
　　　4　調査の結果 ……………………………………………………………… *115*
　　　5　就労自立支援の推進と今後の課題 …………………………………… *121*

第5章　ホームレスの就労自立支援 …………………………… *127*
　　　1　取り組みの背景 ………………………………………………………… *127*
　　　2　研究の視点および目的 ………………………………………………… *130*
　　　3　調査の方法 ……………………………………………………………… *131*
　　　4　調査結果の概要 ………………………………………………………… *132*
　　　5　自立支援の結果と評価 ………………………………………………… *153*
　　　6　まとめと考察 …………………………………………………………… *160*
　　　7　おわりに ………………………………………………………………… *168*

終　章　日本型ワーキングプアと岐路に立つ生活保護 ………… *171*
　　　1　概要 ……………………………………………………………………… *171*
　　　2　セーフティネットの再構築 …………………………………………… *173*
　　　3　生活保護制度改革の視点 ……………………………………………… *176*
　　　4　ナショナルミニマムの視座 …………………………………………… *183*
　　　5　支援のための政策課題 ………………………………………………… *188*

参考文献・引用文献一覧　　*193*
おわりに　　*199*／索　引　　*200*

序　章
問題意識と研究の目的

1　はじめに

　日本経済の長引く不況は，雇用，賃金といった就業構造のビッグバンを加速させ，雇用状況に激的な変化をもたらした。デフレ経済の脱却とともに2006（平成18）年1月の国会論議を端緒とした経済格差の問題が国政上の論争となっている。経済格差の論議は単に経済学や社会学の分野にとどまらない社会のあり方に関する基本的な課題である。経済格差の問題から社会保障としての年金，医療，公的扶助など貧困問題へと学問的に本質的な問題が取り上げられること自体が極めて異例であるといわれている。この10年の間，パート・アルバイト，派遣社員・契約社員などの非正規雇用の労働者は増加し，1995（平成7）年には1,000万人だったのが2005（平成17）年には約1,600万人，2008（平成20）年で約1,800万人と3人に1人の割合にまで増加している。また，厚生労働省の2007年「賃金構造基本統計調査」によると非正規雇用者の賃金は，正規雇用労働者賃金の60％の水準にとどまっている。給与所得者の年収は，200万円以下が21.7％，300万円以下37.5％で10年前の17.7％，33.8％水準から低所得者層の占める割合は増加している。非正規雇用とワーキングプアの問題は不可分の関係にある。

　さらに非正規雇用労働者の急増は，低所得者層の増加を意味する一方，地域保険である国民年金や国民健康の被保険者の増加をもたらしている。低賃金である非正規雇用の広がりは，保険料の未納，滞納問題をクローズアップさせる

図表序-1　国民年金の納付率の推移（全国）

	1995年	1998年	1999年	2000年	2001年	2002年	2003年	2004年
収納率	84.5%	76.6%	74.5%	73.0%	70.9%	62.8%	63.4%	63.6%

（出典）　社会保険庁。

図表序-2　国民健康保険の保険料（税）の滞納世帯の推移（全国）　　（単位：世帯）

	1999年	2000年	2001年	2002年	2003年	2004年
全 世 帯	20,337,706	21,153,483	21,943,183	22,834,063	23,732,335	24,436,749
滞納世帯数	3,485,976	3,701,714	3,896,282	4,116,576	4,546,714	4,611,603
滞納世帯割合	17.14%	17.50%	17.76%	18.03%	19.20%	18.87%

（注）　1　滞納世帯は各年6月1日現在である。
　　　　2　全世帯は各年3月31日現在である。
（出典）　社会保険庁。

ことにとどまらず，保険制度の存在そのものをも揺るがしかねない深刻な事態を招来させている。国民年金の納付率の推移をみると1995（平成7）年の84.5％から2002（平成14）年には62.8％まで低下し，2004（平成16）年も63.6％と悪化の傾向にある（図表序-1）。社会保険庁が試算した2007（平成19）年の実質納付率は43.4％と実に5割を下回る納付率で改善がみられない状況となっている。その内訳では，年齢層が低いほど納付率が低いのが特徴となっており，実質納付率の年齢区分では40歳から44歳までの下の層はすべて50％を下回り，20歳から24歳までの年齢が22.2％と最も低くなっている。

　この間のパート・アルバイト，派遣社員等の非正規雇用労働者の増加や雇用の劣化とは無縁ではなく，ワーキングプアと呼ばれる多くの人々が将来，低額年金受給や無年金となり，要保護層となる可能性が高い。公的年金制度への不信感が高まるなかで「国民皆年金」の看板が大きくゆらいでいる。

　同様に，国民健康保険においてもこの間の産業構造の変化や雇用のビッグバンの進行で，リストラによる失業，非正規雇用，派遣労働等の不安定雇用者が増大している。これらの労働者が地域保険である国民健康保険に参入している。

　その結果，滞納世帯も増加し続けており，1999（平成11）年の348.5万世帯（17.1％）から2004（平成16）年には461.1万世帯（18.8％）まで増加している（図

図表序-3　資格証明書と短期保険証の交付世帯数の推移（全国）

	1999年	2000年	2001年	2002年	2003年	2004年
総　　数(A)	406,958	496,031	804,963	1,003,518	1,204,156	1,343,945
資格証明書(B)	80,676	96,849	111,191	225,454	258,332	298,507
短期保険証(C)	326,282	399,182	693,772	777,964	945,824	1,045,435
A/全世帯	2.00%	2.34%	3.67%	4.39%	5.07%	5.50%
B/全世帯	0.40%	0.46%	0.51%	0.99%	1.09%	1.22%
C/全世帯	1.60%	1.89%	3.16%	3.41%	3.99%	4.28%
A/滞納世帯	11.67%	13.40%	20.66%	24.38%	26.48%	29.14%
B/滞納世帯	2.31%	2.62%	2.85%	5.48%	5.68%	6.47%
C/滞納世帯	9.36%	10.78%	17.81%	18.90%	20.80%	22.67%

（注）　資格証明書，短期保険証の発行世帯数は各年6月1日現在である。
（出典）　社会保険庁。

表序-2）。また，正規保険証の引き上げの推移をみると，1999（平成11）年の40.7万世帯から2004（平成16）年の134.4万世帯と3.3倍まで増加している（図表序-3）。このように非正規雇用労働者の急増は，地域保険である国民年金や国民健康保険の被保険者の増加をもたらし保険料の未納，滞納問題を顕在化させ国民年金，国民健康保険の一次的セーフティネットの劣化に拍車をかける結果となっている。

　わが国の社会保障は社会保険制度を中心に制度設計されている。そのため公的扶助制度は，社会保険でカバーできない分野に限定され，社会保険からこぼれ落ちた人たちの最低生活を保障するいわば補完的機能を担っている。

　国民年金は，1959（昭和34）年に国民年金法として公布され，1961（昭和36）年から施行された。これにより，一般労働者に対する既存の厚生年金でカバーされていなかった5人未満の零細企業の従事者，自営業者，農林業従事者なども公的年金の被保険者として位置づけられることとなった。同様に国民健康保険も1961（昭和36）年に新国民健康保険法として施行され，それまで医療保険の被保険者が7割程度であったものから，全国民が被保険者となる保険制度が確立された。これが「国民皆年金」，「国民皆保険」といわれる所以である。

　しかしながら，これらの保険制度は零細企業の事業者，自営業者などの所得

の捕捉が困難なことなどを事由に保険料が一律とされ所得比例部分が少ない制度設計となっているため，保険料を支払うことができない低所得者，障害者，高齢者等に対しては，特別の措置を要した。こうした背景から1959（昭和34）年無拠出制の福祉年金が設けられた。この福祉年金は国民がすべて拠出制年金にカバーされるようになるまでの経過的措置である。国民健康保険についても1963（昭和38）年に低所得被保険者に対する保険料の軽減措置が講じられた。

このようにわが国の社会保障は社会保険を中心とした制度設計となり社会保険の成熟とともに，生活保護をはじめとする公的扶助制度の役割は小さくなっていった。しかし，社会保険は国民に最低生活を保障する制度ではなく，その機能は公的扶助の生活保護制度が担っている。これらの2つは制度目的が異なっており相互に補完的なもので単純な比較は困難であると言わざるを得ない。

社会保険の未納・未加入の問題は，公的年金や公的医療が保険原理で行われることを前提とする以上，保険料を支払わなければならず，そのことはもともと保険制度そのものに内在するリスクである。これらの社会保険でも最低生活が賄われなかった場合には生活保護制度の対象となる。とはいっても保険原理で運営される国民健康保険の保険料の滞納世帯は，2000（平成12）年6月から2004（平成12）年6月までの4年間に，370万世帯から461万世帯（18.9%）にまで増加している。図表序-3のとおり，長期滞納を理由に一旦，医療費を全額負担することを求められる「資格証明書」が市町村から交付され，保険証の使えない「無保険者」が全国で30万世帯以上に達し，2000（平成12）年度の3倍以上に増加しているという実態にある。

正規雇用から非正規雇用への流動化による雇用セーフティネットの綻びや国民年金・国民健康保険・介護保険の給付抑制など社会保障の劣化は，生活基盤が脆弱で不安定な低所得者層を直撃し暗い影を落とし，直接的に生活保護にドロップアウトさせる構図として見える。また，様々な保健福祉サービスへの応益負担の導入など社会保障や社会福祉制度が後退を余儀なくされている昨今，就学援助を受ける世帯の増加，国民健康保険・国民年金の保険料の収納率低下等に投影されているように低所得者層を取り巻く環境は一段と厳しい。

2　生活保護の制度改革

　1951（昭和26）年に制定された社会福祉事業法は，社会福祉制度の共通基盤制度として役割を果たしてきたが共通基盤制度と個別福祉制度や社会経済との間に様々な歪を生じ，制度疲労をおこしていた。そのため，社会福祉基礎構造改革によって2000（平成12）年に「社会福祉法」として全面改正された。しかしながら，生活保護については，制度改革の対象とはならなかったが，社会福祉法の施行後5年をめどに，生活保護のあり方について十分検討を行うこととして衆参両議院の附帯決議となった。こうして2004（平成16）年12月には，生活保護のあり方を議論していた「社会保障審議会福祉部会生活保護制度の在り方に関する専門委員会」（以下，「生活保護専門委員会」という）の最終答申が発表され，60年ぶりとなる生活保護制度の抜本的見直しに向けた政策論議が最終局面を迎えることとなった。

　もっとも，今回の「生活保護専門委員会」の最終報告は，財政再建や三位一体改革という足かせが課された中での議論であったために，法律改正を含めた生活保護制度の抜本的な改正という期待された見直しにつながっているとは言い難い。同委員会の各委員の考え方はともかくとして，結果的には生活保護法の改正には至らず，衆参両議院の附帯決議の趣旨とは程遠い老齢加算の廃止，母子加算の削減や多人数世帯への逓減率の導入等保護基準の見直しや実施要領の改訂レベルの内容にとどまったものとなっている。

　しかもその内容はもっぱら財政縮減が前面に出たものとなっている。最終答申後の生活保護費の補助率をめぐる三位一体改革での議論は，生活保護の制度改正とはかけ離れたものとなっている。また，今回の「自立支援プログラム」による自立支援をめぐっては，新しく導入されたものではなく，すでにこれまで生活保護の自立助長，適正化という形で幾度となく議論されてきた手ごわい問題であり，生活保護にとっては，いわば積年にわたる課題でもある。生活保護の受給層は，図表序-4および図表序-5のとおり社会的援護を要する人々で

図表序-4　世帯類型別被保護世帯の状況

	合計	高齢者世帯	母子世帯	障害者世帯	傷病者世帯	その他
世帯数	11,965,784	5,588,157	1,049,737	1,229,010	2,969,107	1,129,773
構成比	100%	46.7%	8.8%	10.3%	24.8%	9.4%

（出典）厚生労働省「平成16年度福祉行政報告例」2004年。

図表序-5　世帯類型別就労率の状況

	高齢者世帯	母子世帯	障害者世帯	傷病者世帯	その他
構成比	2.68%	49.36%	8.98%	17.50%	37.33%

（出典）厚生労働省「平成16年度被保護者全国一斉調査」2004年。

あり，就労率の低い非稼働世帯が大半を占めている。しかし，「生活保護専門委員会」が「自立支援プログラム」を提唱し，就労自立に限定せず自立を生活支援，社会参加を含めた広義の自立として捉え直し，自立概念を確認しつつそれを再構築したことの意義は大きい。[7]

3　問われる「自立支援プログラム」

　厚生労働省は2005（平成17）年度自立支援プログラムの導入の趣旨，策定の流れおよび運用方針を示し，都道府県等に通知している。すなわち，生活保護制度について，これまでの経済給付に加え，福祉事務所が組織的に被保護世帯[8]の自立を支援する制度に転換するため，その具体的手段として「自立支援プログラム」の導入を推進するものとされた。しかしながら，「自立支援プログラム」の基本方針は「福祉から就労へ」のベクトルの政策変更であり，「生活保護専門委員会」が報告している自立を生活支援，社会参加を含めた広義の自立として捉え直した自立概念が実態上，矮小化されたものとなっている。

　基礎自治体の「自立支援プログラム」の策定は，財務の優先性から被保護世帯の抱える多様な課題に対応する自立支援策としてのプログラムではなく，主として経済的な自立を主眼とした「就労自立支援事業」を選択せざるを得ないものとなっている。福祉事務所の現状においては全被保護世帯のうち高齢者や

障害者などの非稼働世帯が81.8％を占め，稼働年齢層にある世帯主が保護受給している世帯は9.7万世帯で，稼働年齢層にある全被保護世帯の18.2％を占めるに過ぎない。しかも傷病者等稼働阻害要因を有する非稼働世帯が被保護世帯の大半を占める実態にある。自立支援プログラムによる就労自立支援事業の対象者はわずか数パーセントと限定的なものとなっている。このように考えると財務縮減を目的とした就労に照準を絞った経済的自立型の「自立支援プログラム」に大きな経済的効果を期待することには無理がある。

　鳴り物入りで発足した「自立支援プログラム」は注目され期待も大きいが，一部において過剰期待があり，「自立支援プログラム」さえ策定されれば受給層の困難な課題がすべて解決されるという幻想が独り歩きしている。受給層にはこの「自立支援プログラム」からも取り残された人達が多くいる。

　一方では，支援する側の福祉事務所の保護の実施体制をめぐる問題がある。大幅な保護動向の増加が見受けられたこの間，福祉事務所の保護の実施体制は整備されないまま，ケースワーカーの属人的力量やケースワーカーと要保護世帯との関係性に依拠したままの体制であった。自治体の職員定数の管理が一層厳しい昨今，福祉事務所の実施体制は日々の業務に追われ質的にも量的にも弱体化し，福祉事務所の機能は既に限界となっていることが指摘されよう。

　被保護世帯が置かれている生活実態に対する現状認識は，政策形成のレベルと現場の実践レベルとの乖離が著しく，貧困に対する認識のずれが大きい。被保護者の自立を一層支援するためには，経済的自立分野のプログラムのみに偏向することなく，被保護者の抱える多様な課題に対応した幅広い社会参加分野や日常生活分野の自立支援プログラムの策定と，その実効性の確保が急務となっている。もちろん，福祉事務所のマンパワーの確保とその充実を図ることは言うまでもない。つまり，「福祉から就労へ」のベクトルに政策転換された就労の「自立支援プログラム」が強化されているが，先に述べたとおり受給層のほとんどは稼働能力のない非稼働世帯で構成されていることから，その効果については懐疑的とならざるを得ない。そのため労働の可能性の少ない人々を対象とする広範な社会的プログラム策定を推進し，財務優先ベクトルに対抗す

る社会的評価ベクトルを確立するため，その有効性の評価手法の検討を急がなければならない。

就労の自立支援とともに経済的自立としての就労以外の社会的自立や貧困問題に正面から向き合い，公的扶助のファイナルセーフティネットからも置き去りにされることのないよう実効性のある政策形成，施策や具体的な政策論の展開が望まれる。そのためには保護受給層の現実の生活実態やその属性，貧困誘因についてのより詳細な分析把握が急務で，政策的インプリケーションとして共通認識の得られるような実証研究の積み上げが不可決であると考える。

4　研究への視座

生活保護受給者を対象とした生活実態調査は重要な個人情報を扱うため，これまでほとんど行われておらず，先行研究も極めて少ない。著者は，これまでの福祉事務所や児童相談所，保健所などの現場実践において，日々遭遇する多くの個別事象から，それぞれのケースが抱える問題や課題とともに，貧困がいくつもの誘因が複合的に重なり合う負の相乗作用として表出されていることを追体験した。受給層のそれぞれの家族の抱える課題は深刻で貧困の熟度は高い。さまざまな不利が親から子へと世代間にわたって引き継がれ，貧困の連鎖という悪循環となっていることに気付かされた。これらの困難な事象の特徴や傾向は，福祉の実践者であれば誰もが体験し追認せざるを得ない共通認識であり，これらの貧困の様相は単なる符合とは言い切れないものばかりである。

世帯主が育った家庭でも生活保護を受け貧困から抜け出すことが難しく，親から子へと引き継がれ貧困の連鎖を認めざるを得ない現実や，貧困の固定化に強い危機感を抱かざるを得なかった。そのため本著は要保護層を対象に受給に至った要因分析のための実態調査を行い，保護を受給するに至った背景および要保護層の置かれている厳しい実相など現実認識を訴えつつ，貧困の様相やその特徴，貧困に関わる誘因を探りそれらを明らかにするものである。また，保護受給という貧困に至る原因や貧困誘因に関する調査による実証的データの分

析結果から得られた知見および福祉政策上の示唆を得ようとするものである。

貧困の様相は，夫婦間の係争や不和，離別，子どもの養育にまつわる問題，学習，社会規範，習慣などさまざまな課題として深化し顕在化している。しかし，これらの家族の抱える問題は，家庭内のプライベートな問題として処理されがちで，家族の中まで他者が入り込んだり公的機関が介入すべきものではないとされ，政策から取り残された分野となっている。家族の問題として突き放されてきたこれらの事象は，単に公的扶助としての対象者への個別援助の関係性にとどまらない構造的，社会的な問題として受け止めることができる。

社会的不利益を解消するため，要保護者や社会的援護を要する人々を対象とする綿密な実態調査と研究の必要性を感じ，政策的に取り組むべき緊急度の高い課題であると認識された。そのことが実態調査の端緒となり研究へと駆り立てる原動力となったものである。

本書では，第1章において生活保護の現状や先進各国のワーキングプアの状況にふれながら暫定的に日本型ワーキングプアの定義づけをし，わが国における貧困の基礎的な研究動向を整理している。第2章においては，働いても働いてもなお生活保護から脱却できない被保護世帯の日本型ワーキングプア化や，一生懸命働いても生活困難なため生活保護に参入せざるを得ない新たな貧困層の実態から，その貧困の基本的な誘因や構成要素を探るため，主として以下の仮説を検証するものである。仮説①「保護世帯および低所得者層をはじめとする貧困の裾野はみえないところで拡大を続け日本型ワーキングプアの固定化が考えられないか」が生成された。仮説②「被保護世帯は総じて低位学歴の可能性が高く就労に困難性がともなう」については，受給層の多くは中卒や高校中退といった学歴が厳しいアンダークラスであることから，就労が困難であったり不安定な非正規就労を余儀なくされていることを実証する必要に迫られたものである。続いて，稼働する受給層の多くは不安定就労であることから，仮説③「低位学歴と仮定すれば就労の機会が限定され就労しても期待される稼働所得が収入見込月額の目安の possibility 以下の閾下稼得の低賃金にとどまっている」が設定された。保護の受給履歴については現場実践の中で頻繁に確認され

る事象であることから，仮説④「保護の受給履歴として，一旦，保護からの脱却があっても生活基盤の脆弱性から再び受給世帯となっている」が設定された。さらには子どもの貧困はやはり親から引き継がれているという現場で起きている事実，感覚を理論的に実証するため，仮説⑤「保護受給という経済的貧困が親から子どもへと引き継がれ世代間継承している」が生成された。受給層の就労意欲を助長するためのインセンティブ（Incentive）政策として，まず仮説⑥「稼働世帯において世帯類型，最低生活費の階層区分間で就労インセンティブ・ディバイド（Incentive divide）が生じている」が考えられた。

　これまで保護受給世帯の動向及び就労実態，生活実態等から保護受給層の一体どのような人達が日本型ワーキングプア化しているのか，その特徴は何かについて，保護動向や外見だけでは受給層の生活実態や就労実態は捉えられないことから直接的な被保護世帯に対する実態調査と就労に関する実態調査を実施した。受給層の実態調査による実相の把握と貧困の誘因，分析がなければ世代間継承という悪循環を断ち切ることが出来ない。実態から見えてくる貧困の様相は，これまで外面的にしか捉えられていなかった保護受給世帯とは様相が随分と異なり認識の乖離が認められている。

　また，就労インセンティブ（Incentive）の弛緩によるインセンティブ・ディバイド（Incentive divide）が生じていること等，生活保護世帯の特徴的な属性や就労実態など貧困の様相を明らかにし，生活保護の老齢加算の削除，母子加算の削減，逓減率の導入，高校の就学費用の認定等，これまでとは異なるナショナル・ミニマム設定上の評定尺度に関する制度改革の妥当性や問題点，課題を探りつつ，生活保護制度改革の方向性についてより実証的な基礎を与え，今後の生活保護制度の改革誘導に資するための知見を得ようとするものである。

　生活保護制度には「2つの神話」があった。1つは「仕事は一生懸命努力して探せば見つかる」というものであり，2つは「頑張って仕事をすれば何とか喰っていける」という暗黙知である。これまで福祉事務所では，この神話により保護の運用として稼働年齢層にある要保護者は，特段の事由や病気でもない限り窓口から排除してきた。しかしながら，雇用のセーフティネットの綻びか

らこぼれ落ちる現在の貧困層にはもはやこの神話は通用しない。自助努力により一生懸命働いても生活できないという厳しい現実がある。いわゆるワーキングプアに代表される貧困の顕在化が指摘されよう。

わが国の社会保障は社会保険制度を中心に制度設計されている。そのため公的扶助制度は，社会保険でカバーできない分野に限定され，社会保険からこぼれ落ちた人たちの最低生活を保障するいわば補完的機能を担っている。生活保護制度に社会保険制度の補完的機能としての二次的セーフティネットを担わせている現状から，今後，大幅な増加が予測される稼働する貧困層のワーキングプア層やボーダーライン層の保護への参入を含め，保護費の財政拡大の方向は当然の帰結と思われる。

社会保障や社会福祉の諸制度が，ますますさきぼそりするなか，経済的な格差の拡大とともに，これらの負担増に耐え得ない困難な低所得者層の裾野が広がってきている。つまり，年金，医療を中心とする社会保障や社会福祉の諸制度の改革は，日本型ワーキングプア層や低所得者層（貧困層）にとっては一段と厳しく，セーフティネットとしての生活保護への落層を容易にさせているのである。

生活保護制度は貧困問題に対する1つのバロメーターとしての役割を果たしており，また，貧困問題は保護の受給層やホームレスに端的に表象されているといえよう。

笛木俊一（2006）は，公的扶助ソーシャルワーカーの4つの社会的役割の1つとして「貧困問題に対する『社会診断家』の役割（マクロの視点）」[11]を提起しているが，これは本来，生活保護制度そのものに内在化する機能であると理解される。

本研究は，貧困問題へのアプローチの方法として要保護層の世帯類型別の属性に関する実態調査[12]を中心に行ったものである。保護の受給層にある世帯の特徴やその属性に着眼した生活実態を明らかにし，貧困の誘因を分析するとともに稼働して就労収入を得てもなお要保護層から抜け出せない貧困の固定化や，親から子どもに引き継がれる貧困の連鎖，貧困の世代間継承を実証することに

ある。

　本著は実証的な根拠を欠いた政策決定の危うさに対する警鐘である。本研究から得られた実証結果は，要保護層における貧困の現実認識を高めることに貢献するとともに，社会政策上の重要な知見と要保護世帯の自立支援のための政策の再考を迫るものとなろう。

注
(1)　わが国の「公的扶助」は国民の最低生活を保障することを目的とし，通常ミーンズテスト（資力調査）を前提とした制度のことをいい，一般的には生活保護制度のことを指す。しかし，その概念は必ずしも統一されたものではない。「公的扶助」の広義の解釈では，児童扶養手当や福祉年金，恩給，戦争犠牲者援護，公営住宅なども含まれる。
(2)　総務省統計局「労働力調査2006」年平均（詳細集計）総括表「就業状態別，15歳以上人口，就業者数，完全失業率，非労働力人口」。
(3)　国税庁長官官房企画課「民間給与実態統計調査——調査結果報告」平成19年9月。
(4)　社会保険庁は所得の低い保険料免除者や猶予者を未納者とは区別し，納付率の計算式から除いて納付率を算出している。この免除・猶予者を含めて本当に支払った人の比率を示すのが実質納付率である。
(5)　多人数世帯の生活保護基準額は多人数（多子）ほど基準額が割高になっていることから「逓減率」という考え方が導入され，2005（平成17）年度から2007（平成19）年度までの3年計画で実施された。「逓減率」の導入により多人数世帯（4人以上）の基準額が適正化された。生活保護基準は，1類経費（個人的経費・人数分を単純に加算して算定）と2類経費（世帯共通の経費・スケールメリットの効果が薄れる結果，多人数になるほど基準額が高くなる）により算定されるが，「逓減率」は1類経費の算定に際して適用され，4人世帯の場合，1類経費を3年間で5％削減，5人以上世帯は1類経費を3年間で10％削減することになった。
(6)　厚生労働省は平成17年3月31日付け社会・援護局保護課長事務連絡において，「自立支援プログラム」は，経済的自立分野のプログラム（①生活保護受給者等就労支援事業活用プログラム，②福祉事務所の就労支援プログラム，③若年者就労支援プログラム，④精神障害者就労支援プログラム），社会生活自立分野のプログラム（①社会参加活動プログラム），日常生活自立分野のプログラム（①日常生活意欲向上プログラム，②高齢者健康維持・向上プログラム，③生活習慣病患者健康管理プログラム，④元ホームレス等居宅支援プログラム，⑤多重債務者対策プログラム）の3分野とし，11例のプログラムを例示している。
(7)　当時の厚生省社会局保護課長であった小山進次郎は，自立助長の解釈として「最

低生活の保障と共に，自立の助長ということを目的の中に含めたのは，『人をして人たるに値する存在』たらしめるには単にその最低生活を維持させるというだけでは十分ではない。凡そ人はすべてその中に何等かの自主独立の意味において可能性を包蔵している。この内容的可能性を発見し，これを助長育成し，而して，その人をして，その能力に相応しい状態において社会生活に適応させることこそ，真実の意味において生存権を保障する所以である」と述べている。しかしながら，現実の福祉事務所の保護運営においては「自立」＝「保護廃止」という概念が強い。

(8) 保護の実施機関としての福祉事務所は2006（平成18）年度で全国1,233か所であり，設置主体の内訳は，都道府県設置が246か所，市設置が979か所，町村設置が8か所となっている。

(9) 個人情報には住所，氏名，年齢などの個人情報や収入や学歴，結婚歴，職業などといったプライバシー情報がある。福祉事務所では重要なプライバシー情報の個人情報を取扱っていることから個人情報の有用性に配慮しつつ個人の権利利益を保護するため，個人情報は特に厳しく管理され保護されている。またケースワーカー等の職員には地方公務員法により守秘義務が課せられている。

(10) 受給層における就労インセンティブ・ディバイド（Incentive divide）は，稼働年齢層にあり，かつ稼働阻害要因のない者が就労収入を得ている場合で，その収入金額が就労意欲によって稼働者間に稼得格差が生じることによって表出されるものと考えられる。長期間の生活保護受給によって就労意欲が減退し，給付への依存状態から不就労や低収入といった事象として表出されることから，自立支援プログラムとしてインセンティブ（Incentive）政策が必要とされる。

(11) 笛木（2006）「第8講「セーフティネットとは？──公的扶助」宮田和明・柿本誠・木戸利秋ほか編 『現代の社会福祉入門』みらい，78-87頁。

(12) 世帯類型別とは福祉行政報告例に基づく分類であり①高齢者世帯，②母子世帯，③障害者世帯，④傷病者世帯，⑤その他の5分類である（資料序-1）。

資料序-1　世帯類型分類表

世帯類型	定　　　義
① 高齢者世帯	男女とも65歳以上の者のみで構成されているか，これらに18歳未満の者が加わった世帯をいう。
② 母子世帯	現に配偶者のいない（死別，離別，生死不明及び未婚等を含む。）18歳以上60歳未満の女子と18歳未満のその子（養子を含む。）だけで構成されている世帯をいう。
③ 障害者世帯	世帯主が障害者加算を受けているか，身体障害，知的障害等の心身上の障害のため働けない者である世帯をいう。
④ 傷病者世帯	世帯主が入院しているか在宅患者加算を受けている世帯，又は世帯主が傷病のため働けない者である世帯をいう。
⑤ そ　の　他	上記のいずれにも該当しない世帯をいう。

第1章
生活保護の現状と日本型ワーキングプア

1 保護の動向と関係指標

　序章で指摘したような背景のなかで格差問題のみならず「貧困」が論じられるようになってきた。わが国の場合，保護受給層への自立支援がもっぱら就労という政策ベクトルとして優先的に取り組まれているが，その評価は十分効果があったとは疑わしい。そのことは，すなわち，保護受給層をはじめとする要援護者への支援を単に失業という視点のみで捉えるのではなく，貧困の問題として認識しなければならないことを示唆する。今日の貧困の顕在化は，年金や医療保険等の地域保険，最低賃金，雇用保険等それぞれの制度に依拠するセーフティネットの綻びとともに，さらに貧困の顕在化に拍車をかけ，保護の受給層に繋げている。

　年金制度と生活保護制度との関係性のごとく，社会保障はそれぞれのセーフティネットが相互補完的なものであるとしても，社会政策上の防貧的セーフティネットや救貧的セーフティネットの目が粗く，担うべきはずのそれぞれの社会保障分野での一次的セーフティネットの役割が十分果たされていない。そのため本来，二次的セーフティネットとして位置づけられるべき生活保護制度が前面に押し出され，国民生活のくらしといのちの「最後の砦」としてその重要な役割を果たしている。

　近年の社会福祉政策は，「福祉と就労」に視座をおき「自立支援」をキーワードに展開されている。とりわけ生活保護においては，「就労自立支援プログラ

ム」のように就労支援のための援助サービスの提供体制を整備しつつ,「就労」というベクトルに強いまなざしが向けられ就労自立を焦点化させている。

　生活保護の動向は,現代社会のなかで構造化された循環型の市場経済的要因と社会的要因から被保護世帯数および被保護人員とも大きく増加している。保護の増加要因の1つに,稼働年齢層にある者を含む稼働世帯の生活保護受給や受給層全体に占める単身高齢者世帯の増加がある。稼働世帯においては,働く意思をもって一生懸命働いても就労形態は非正規雇用であり,最低賃金かそれを若干上回る程度の低賃金で短時間就労を余儀なくされている,いわゆるワーキングプア[2]といわれる「新たな貧困層」を形成しつつある。わが国において議論されているワーキングプアは,単に低賃金労働者を指す場合もあれば,貧困ラインを最低生活費の保護水準と定め保護の最低生活費以下の収入で働く労働者を意味する場合もあり,定義は曖昧となっている。貧困にかかわる政策的な問題として,若い世代で増加が著しいニートと呼ばれる若年無業者やワーキングプア,ボーダーライン層の大半を占める非正規労働者の増加がマスコミの注目を浴びるようになって久しい。

　総務省「就業構造基本調査」(2007年)によると5,189万人の雇用者のうち年間所得が200万円に満たない労働者は1,677万人(32.3％)で,250万円未満の累計で2,245万人(43.3％),300万円未満では2,691万人(51.9％)に達する。そのうち,年間所得200万円未満層の8割近くをパートタイマー,アルバイト,派遣労働者,契約社員などの非正規雇用が占めている。

　過去5年間で年間200万円未満の労働者は157万人,250万円未満は223万人も増加している。グローバル化した過酷な市場原理のもとでの雇用の多様化や規制緩和による労働基準の低下が急激に進行しており,今や非正規雇用とワーキングプアの問題とは不可分の関係にある。

　ワーキングプアが社会問題化した背景には,低賃金・非正規雇用が現役世代の若年層や男性のなかにも拡大したことが挙げられ,そのことが社会不安を引き起こしていると考えられる。男性労働者の約3,000万人のうち3分の1は年間所得300万円未満となっており,進行する労働市場の二極化はワーキングプ

図表1-1　労働市場の構造改革

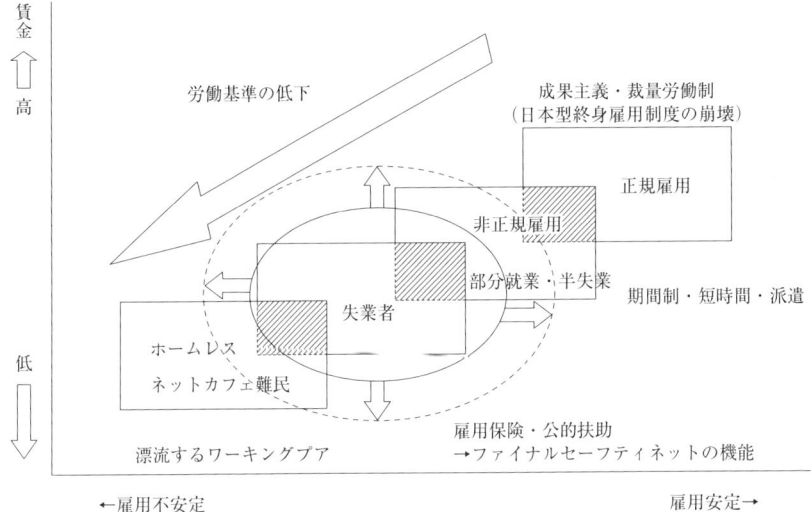

（図：賃金高↑↓低、雇用不安定←→雇用安定の軸上に、労働基準の低下、成果主義・裁量労働制（日本型終身雇用制度の崩壊）、正規雇用、非正規雇用、部分就業・半失業、期間制・短時間・派遣、失業者、ホームレス・ネットカフェ難民、漂流するワーキングプア、雇用保険・公的扶助→ファイナルセーフティネットの機能、が配置されている）

（出典）著者作成。

アの大量存在を生み出している。

　被生活保護世帯と人員の増加はこのワーキングプア，ボーダーライン層の一部を生活保護制度で吸収しつつあることが原因とも考えられる。これらの貧困層の多くは，今のところ生活保護の非受給者である（図表1-1）。

　しかし，雇用や就業，社会保険のセーフティネットの修復のないまま社会保障の劣化が進行するとすれば，最後のセーフティネットとして公的扶助はワーキングプア，ボーダーラインの貧困層を着実に吸収していくことになろう。

　その意味で二次的セーフティネットである生活保護の動向は，社会政策上の重要なバロメーターとなる。稼働能力を有する世帯への最低賃金制度や基礎年金の充実，低収入で被用者保険や地域保険から脱落する非正規労働者への労働・生活を保障することなど，一次的セーフティネットとしての社会政策的な対応が緊要な課題となっている。

　OECDによるとその国の平均的な世帯所得の半分以下しかない人の比率を示す「貧困率」は，日本は15.3％である。これは，加盟国27か国中第5位の高

率であり，デンマーク，スウェーデンなど北欧諸国の約3倍となっている[3]。わが国の生活保護制度の給付額と諸外国の制度を比較すると図表1-2のとおりである。

ここでは貧困問題を生活保護受給層に特定し，社会政策上，就労による自立支援のベクトルが有効とする通説的理解に反省を迫るため，実証を踏まえ貧困の本質や貧困動態を捉えようとするものである。

わが国の貧困研究における生活保護世帯の個別事項や特定の世帯類型に限定した調査研究は一部において見受けられるものの，受給層としての被保護世帯そのものの特徴やその属性に着眼した実態調査はほとんど見受けられず，利用可能なこの分野の先行研究としての文献は少ない。その理由は，生活保護受給にかかる対象者の極めてデリケートな個人情報（プライバシー情報）であり行政上の厳しい制約下にあることや，生活保護事務が国の法定受託事務であり学術研究の対象とされにくいこと，わが国の貧困研究そのものの低調さに加え，生活保護受給世帯に対するアクセス上の困難性もあり学術的な調査研究の立遅れ等の背景が指摘されよう。

2　日本の貧困測定の概要

貧困研究の主たる着眼点は，それぞれの研究が依拠する貧困基準であるが，これは貧困とされる個人や世帯の占める割合を推計する場合の尺度となる概念であり，この貧困基準そのものが貧困研究の重要な研究テーマとなっている。貧困研究のアプローチは様々なものがあるが，それぞれ長所と短所がある。

貧困基準にかかる貧困測定については，生活保護基準による貧困測定の先行研究を集約し検討した中川清（2002）の研究[4]や貧困を日本の家計収支構造の特徴とジェンダーの視点から捉えようと先行研究を一覧にして概説し検討した室住眞麻子（2006）の研究[5]がある。

いずれにしても先行研究の多くは，非貧困層に占める貧困層の割合がどの位かという推計に用いる貧困基準そのものの尺度の概念に重大な関心が払われて

第1章　生活保護の現状と日本型ワーキングプア

図表1-2　給付額の比較

制　度　名		イギリス	フランス	ドイツ	スウェーデン	アメリカ	日本
		所得補助	参入最低限所得(RMI)	社会扶助	社会扶助	TANF	生活保護
給付水準	基本原則	全国統一基準（地域差なし）	全国統一基準（地域差なし）	州・市ごとに独自の基準を設定（全国標準あり）	市ごとに独自の基準を設定（全国標準あり）	州ごとに独自の基準を設定（全国標準なし）	全国統一基準（地域差あり）
	以下の比較表で用いた給付額算出の元データ	全国統一基準	全国統一基準	全国標準の基準額	全国標準の基準額	イリノイ州	1級地-1 2級地-1 3級地-1
現地通貨	単身者	週£ 54.65 月額換算 £242.10	月額E 411.70	月額E 339	月額Kr 3,255	月額$ 223（シカゴ）	—
	カップル	週£ 87.75 月額換算 £379.87	月額E 617.55	月額E 613	月額Kr 5,455	月額$ 292（シカゴ）	—
	カップル+子ども（4歳）	週£125.83 月額換算 £557.43	月額E 741.06	月額E 840（但し10歳の子ども）	月額Kr 7,210	月額$ 396（シカゴ）	—
為替レート（対米ドル）		1.603	1.073	1.073	0.117	1.000	0.841
為替レート		1ポンド=190.61円	1ユーロ=136.86円	1ユーロ=136.86円	1クローナ=13.91円	1ドル=118.91円	—
日本円換算	単身者	46,146円	52,513円	43,249円	45,284円	26,356円	84,850円
	カップル	72,407円	78,769円	78,189円	75,890円	34,511円	129,940円
	カップル+子ども（4歳）	106,251円	94,523円	107,143円	100,306円	46,803円	162,490円
通貨インデックス（家賃除く）（東京=100）		ロンドン 91.5	パリ 83.7	フランクフルト 73.6	ストックホルム 85.4	シカゴ 91.1	東京 100.0
調整後日本円表記給付額インデックス	単身者	50,433円	62,740円	58,750円	53,026円	28,931円	84,850円
	カップル	79,133円	94,109円	106,235円	88,864円	37,883円	129,940円
	カップル+子ども（4歳）	116,121円	112,931円	145,575円	117,454円	51,375円	162,490円
給付水準インデックス（東京=100）	単身者	59.44	73.94	69.24	62.49	34.10	100.0
	カップル	60.90	72.42	81.76	68.39	29.15	100.0
	カップル+子ども（4歳）	71.46	69.50	89.59	72.28	31.61	100.0

（注）　全国標準あり：各自治体等が基準を設定する際に、ガイドラインとして中央政府が提示する給付基準がある場合。
（出典）　厚生労働省社会・援護局保護課「我が国の生活保護制度の諸問題にかかる主要各国の公的扶助制度の比較に関する調査報告」平成16年3月。

おり，貧困測定の際に用いられるデータおよび調査対象と測定結果から概説し多くの知見を見出している。しかしながら，生活保護受給層を対象とした属性調査は限られたものとなっている。保護受給層を限定的に特定した上でどのような調査手法で，どのようなデータを用いて貧困を測定し，どのような世帯や個人が貧困に陥っているのかといった個別の世帯類型別の属性や貧困の誘因にかかる事項・要因は何かといった生活実態調査に基づく貧困の実証的研究は極めて少ない。しかし，なかでも図表1-3に示す実証研究は，新しい貧困研究の潮流として注目され，貧困の現実と政策的な課題を浮き彫りにしている。

3 貧困問題と国際動向

（1）ワークフェアの動向

自立支援プログラムは「就労なき福祉」からの脱却をめざすワークフェア（Workfare）にかかる国際的動向の影響が窺われている。宮本太郎は，まずワークフェアを次のように規定する。

> 欧米福祉国家では近年，グローバル化と脱工業化のインパクトを受けて，雇用政策や所得保障政策における再編が進んでいる。そこでは，福祉国家が人々の自立と就労を促進する機能を高め「就労なき福祉」から脱却することが焦点となっている。こうした方向での政策展開は，ワークフェア（Workfare）やアクティベーション（Activation）と呼ばれる[7]。

その背景について，宮本は次のように分析している。

> 新しい環境のもとでは，従来の条件型福祉[8]のあり方では，コストの負担者と受給者が分化し固定化しがちである。所得調査付のセーフティネットは，市民を「失業の罠」や「貧困の罠」に追い込み福祉の恒常的な受給者としてしまう場合が多く，その結果，コストの負担者の反発を招く。同時

第1章 生活保護の現状と日本型ワーキングプア

図表1-3　保護受給層における貧困研究の概要

	研究者	基準・定義等	調査方法	結果の概要	出　典
1	青木 紀 (2001)	①貧困の世代的再生産：貧困が2世代以上にわたって社会的に受容できない程の貧困な生活状態が継続するような，特定の集団・層として形成されている実態を捉えた概念。②就業，健康など貧困の世代的再生産の関係指標を作りこの指標の得点によって貧困継承を推計。	・生活保護を受給する稼働・非稼働の母子世帯を対象に合計28世帯を抽出した調査。・札幌市近郊に居住する母子世帯等を対象として訪問聞き取りによる調査。	①「非保護世帯」では健康問題は見られないが「被保護世帯」のうち非稼働世帯のほとんどが健康問題を抱えている。②生活保護受給世帯の多くは，中卒・高校中退で前夫も同様の傾向。③妻の離婚理由は，夫の借金，家庭内暴力など。④妻本人の実家も経済的困窮にあると回答したケースが多い。⑤生活保護受給世帯は子どもの非行，不登校経験が多い。	・青木紀編（2003）『現代日本の「見えない貧困」』明石書店。
2	杉村 宏 (2004)	①貧困の世代間継承に関する調査で首都圏の区部と北海道の山麓部及び農村部，九州旧産炭地都市における聞き取り，アンケート調査。	・一般母子世帯と生活保護受給母子世帯を対象とした聞き取り，アンケート調査。	①母子双方に健康障害が認められ，就学，就労に課題を抱える世帯は生活保護受給母子世帯，生活保護受給経験世帯に集中。②前夫と母親自身及び前夫の出身家庭における類似性。③前夫の飲酒，ギャンブルなど浪費と妻子への暴力が生活困窮化や家族解体の直接な原因。	・杉村宏（1988）『貧困層子弟の社会的自立と貧困の世代的継承に関する基礎研究』（昭和63年度文部省科学研究成果報告書）・杉村宏（2004）『貧困の世代間再生産の緩和・解消するための支援に関する基礎研究』平成16（2004）年度厚生科学研究費補助金行政政策研究分野政策科学推進研究』。
3	道中 隆 (2006)	①稼働阻害要因のない保護受給層の「就労自立支援事業」の就労自立支援状況の調査。②稼働能力を有する受給層の就労収入について最低賃金をベースとした稼得，閾下稼得に分け収入金額級間を6段階に区分した指標を作成し分析した実証研究。③稼働能力を有する就労支援対象者の就労構造の分析や収入金額から捉えた就労インセンティブに関する調査。	・大阪府下K市6福祉事務所の保護受給層のうち就労自立支援プログラムに参加した対象者506人の就労支援結果を分析。・2003年から2004年の2か年の就労支援相談員による就労支援状況について稼働・非稼働，職種，就労形態，賃金等を調査分析。	①稼働阻害要因のない就労者の就労収入は10万円以下の閾下稼得が71.7％，そのうち5万円以下36.8％で低賃金にとどまっており，受給層の就労インセンティブに課題。②就労自立支援プログラム事業で就労した者の86％は非正規就労で就労形態が不安定。③就労支援により就労し保護から離脱（廃止）したケースはわずか4.6％で保護を継続して受給するケースが大半を占める。④就労支援を受け就労しても低賃金で保護からの脱却が困難なワーキングプアの実態を浮き彫り。⑤就労自立支援事業の財政的側面からの財政縮減効果は限定的。	・道中隆（2006）『生活保護における最低生活費と就労インセンティブ――被保護者の就労支援方策と就労自立の困難性』『帝塚山大学心理福祉学部紀要』第2号，97-120頁。

		① ②			
4	道中 隆 (2007)	①保護受給層において親から子どもに引き継がれる貧困の再生産と貧困の固定化に関する生活実態の属性を調査。②保護受給層の稼働能力を有する就労支援対象者の就労構造の分析や就労インセンティブに関する生活実態調査。	・大阪府下A市自治体の保護受給層3,924世帯のうち390世帯をランダム抽出（抽出率10%）し世帯類型別，項目別に属性を調査。・調査項目は最終学歴，受給期間，就労形態・稼働・非稼働別，収入，扶養，受給履歴，保護の世代間継承，10代出産等の14基本項目を設定。・それぞれの項目について個別のケースファイルを精査した生活実態調査であり，原票に基づく直接的なデータを集約した実証研究。	①保護受給層の最終学歴は72.6%が中卒もしくは高校中退で総じて低位学歴。②学歴の低位性と日本型ワーキングプアは基本的に相関関係にある。③保護受給履歴率が21.6%と高率で生活基盤の脆弱性がある。④貧困が親から子へと世代間にわたって継承している世代間継承率が，全体の25.1%，高齢者世帯を除いた場合は28.8%。母子世帯では40.6%出現。⑤10代出産の深刻なハイリスク母子が106世帯中28世帯の26.4%という実態。⑥母子世帯，その他世帯における稼働者の就労インセンティブの弛緩の可能性という課題を提起。	・道中隆（2007）「生活保護と日本型Working poor——生活保護の稼働世帯における就労インセンティブ・ディバイド」社会政策学会第114回全国大会報告。・道中隆（2007）「保護受給層の貧困の様相——保護受給世帯における貧困の固定化と世代的連鎖」『生活経済政策』（生活経済政策研究所）no.127，August 2007。
5	道中 隆 (2007)	①最も厳しいホームレス生活を余儀なくされていたホームレス自立支援施設入所者を対象とした生活実態調査。②入所者の多くは生活保護の医療扶助を受給。③支援によって「就労自立したグループ」と支援によっても「自立できなかったグループ」とを比較検討し自立の阻害要因を検証するとともに直接的データによるホームレス自立支援事業の評価を行った実証研究。	・2005年から2007年10月までの間ホームレス自立支援施設に入所した252人を対象とした生活実態調査。・自立支援施設の直接処遇職員からの聞き取り調査や現入所者50人のアンケートによる調査。	①就労自立を目的とした施設入所者の多くは，健康問題を抱え生活保護の医療扶助を受給し，有病率71.0%（歯科のみを除くと66.3%）。②入所者の疾病構造には糖尿病，高血圧等慢性疾患の基本的な特徴が窺がわれ放置すると重篤な経緯をたどる要加療者。就労の前にまず治療が必要という実態。③入所者の最終学歴が中卒50.8%，高校中退8.7%で60%が低位学歴。④就労自立率は36.6%。就労しても低賃金，不安定就労であり就労自立の困難性。⑤福祉的援護による退所者は31.7%，その他の退所理由は31.7%で，今後入所者の就労自立は減少し福祉的援護による退所者の増加が見込まれる。⑥平均年齢が高くなり多くの年金の未納・未加入者や被保険者資格を有していても加入期間を満たさない者などが大半。近い将来，無年金者予備軍を構成するとともに生活保護受給層となることが予測。	・道中隆（2007）「ホームレス自立支援の結果と今後の課題——S市における取り組みの実践からみえてくるもの」『格差と社会保障のあり方に関する研究』厚生労働科学研究費補助金政策科学推進研究事業報告書，2008年3月。・道中隆「貧困化する日本と政策課題—ホームレス自立支援の結果と今後の課題」『社会政策研究』第9号，東信堂，2009年。

第1章　生活保護の現状と日本型ワーキングプア

				⑦退所理由別での平均年齢およびホームレス（野宿）期間をTukeyの平均値の多重比較。「就労自立グループ」に比較して「自立できなかったグループ」の平均年齢は有意に高く，同様にホームレス（野宿）期間についても「自立できなかったグループ」は「就労自立グループ」の約2.4倍で高い相関関係。	
6	道中隆(2008)	①被保護母子世帯の貧困誘因に関する実態調査。被保護母子世帯の貧困にかかわる誘因や特徴として，離死別経験，子どもの数（2人以上），離死別者（相手）双方の学歴，就労形態，また離死別前後の転居状況や扶養援助，疾病構造などを調査した実証研究。・被保護母子世帯において貧困が親から子どもに引き継がれる貧困の再生産と固定化に関する生活実態調査。	・大阪府下B市自治体の被保護母子世帯1,408世帯のうち281世帯をランダム抽出しそのうち有効抽出数214世帯（抽出率15.2％）を対象に行われた実態調査。・被保護母子世帯では貧困誘因が重層的で貧困の「担い手」となり貧困の固定化が考えられることから世帯類型として母子世帯に限定した調査。・調査は貧困に結びつきやすい仮説10項目を設定の上，個別のケースファイルを精査した実態調査であり，原票に基づく直接的なデータを集約し分析した実証研究。	①被保護母子世帯の最終学歴は中卒が57.0％（高校中退率22.0％）と低学歴。②離死別者（相手）の学歴も中卒等の低位学歴（55.6％）であり双方がマッチング。③離死別経験の有無は貧困誘因であり平均1.4回の離死別経験を有していた。④子どもの数（2人以上）は強い貧困誘因となっている。⑤頻繁な住居の変動による社会的孤立がある（1世帯当たり1.9回の転居）。⑥10代出産母子の児童虐待リスクが高率（発生率14.5％）。⑦経済的不利益がさまざまな変数（項目）として重層的に関与し被保護母子世帯はアンダークラスを代表する。⑧被保護母子世帯の疾病構造の特徴として精神疾患がある。うつ病，不安神経症等精神疾患が全世帯の33.6％を占める。	・道中隆「被保護母子世帯の貧困ダイナミクス－保護受給層の母子世帯をめぐる貧困誘因について」社会政策学会 第117回全国大会（岩手大学）報告，2008年。・道中隆「内閣府男女共同参画局『有識者会議』公開資料」2008年11月2日。

（出典）　著者作成。

に，条件型福祉において想定されていたリスクの切り取り方の多くは，しだいに現実に合わなくなっている。競争セクターの労働者やその家族さえ，条件型福祉が想定した安定した雇用や福祉はもはや保障されない。[9]

その上で，宮本太郎は，ワークフェアの包括的なモデルを2つ設定している。

　①　アメリカの労働力拘束モデル（labor-force attachment model）

就労義務を最重視するモデル。社会的排除との闘いよりも依存の一掃が強調される。クライアントと行政が交渉する余地は小さく，就労せずペナルティを加えられたときに制度的に代替しうる所得保障はほとんど存在しない。(中略) 職業訓練は，同時に追求されるとしても，そのプログラム規模は小さく，また民間のイニシアティブに期待し，あるいは雇用主の関与を重視する場合が多い。(就労や労働についてのインセンティブ強化のための—引用者) 民間の職域ごとの労使協約や企業福祉が制度の中心になる。[10]

② スウェーデンの人的資本開発モデル (human-capital development model)

福祉が就労を支援することを重視し，職業教育などの社会サービスで失業手当などの受給者の就労可能性を高めることをめざすモデルである。(中略) 積極的労働市場政策における職業訓練やリカレント教育を最重視する。ここでは制度の公共性が重視され大きな財政資金が投入される。(中略) 就労に向けた権利充実や社会的排除との闘いが制度の理念となる。クライアントと行政の交渉，協議の可能性があり，ペナルティがあってもそれは最後のセーフティネットを除去するものではない。(中略) 公的なプログラムのなかでの所得比例原理の徹底で労働インセンティブを高めることが目指される。[11]

ドイツでは，「求職者基礎保障」(社会法典Ⅱ，2005) が創設された。就労支援については社会扶助制度として就労可能かどうかで要扶助者を区分し，就労支援を体系化し就労可能な者については「ワークフェア」として受給者の義務を強化している。社会法典Ⅱでは，2006年度で370万世帯，570万人が受給しておりワーキングプアや子どもの貧困を顕在化させた。布川日佐史 (2007) は，ドイツのワークフェアについて，次のような指摘をしている。[12]

　　ドイツは失業を克服すべき課題としてワークフェア的性格の「求職者基礎保障」を導入し，貧困を新たに顕在化させた。ワーキングプアを顕在化

させたが，失業を重視した制度設計のため，ワーキングプアの就労支援ができないというジレンマを抱えている。

また，布川（2007）は，就労可能な要扶助者への最低生活保障と就労支援について日本とドイツを比較し，生活保護改革論議として以下の課題を提示している。

> 日本の場合，就労可能な要扶助者を，失業ではなく貧困として捉え，対策を講じることになろう。貧困の顕在化とは，生活保護に繋げるということである。就労可能な要扶助者の貧困は顕在化していない。貧困を顕在化させるには，生活保護の入り口の見直しが必要である。また，就労可能な要扶助者が生活保護を受給してからの「増収指導」を見直し，就労支援のための援助サービスの提供体制を整備することが必要である。

（2）アメリカの福祉改革

アメリカの所得保障政策については，特に1996年の「個人責任・就労機会調停法」による福祉改革（AFDCから困窮家族への一時扶助プログラムTANFへの転換）を中心に，下夷美幸（1999），阿部實（2002），青木デボラ（2003），後藤玲子（2006），藤原千沙・江沢あや（2007）などの研究があり，少なくない。しかし，それらの研究の多くは，その改革の成果について懐疑的である。なかでも後藤（2006）は次のように述べている。

> 事実，各州は積極的に就労政策を進め，現金給付の削減におおむね成功してきている。だが，その一方で就労政策への転換は多元的な就労支援サービスの必要性を増加させていることに留意する必要があるだろう。たとえば，食糧支援，育児支援，住宅支援，訓練・教育支援，医療支援など，各州が提供する就労支援サービスの種類も増加している。福祉に要する財政支出の総額が減少したわけでは決してない。

さらに近年のアメリカで，最低生活の指標とされている貧困水準の半分未満の所得しかもたない極貧層が増加している現実を見るとき，市場への参加を応援する施策，もしくは市場への接続を目標とする施策の限界性に気づかされる。[13]

　一方，舟場正富（2005；2006）はAFDCからTANFへの政策の改革に関する[14]詳細な分析を通して，改革を成功させたポイントについて，次のことを指摘している。

　　アメリカのAFDCのコスト削減を意図した，ワークフェアとして理解されてきた新自由主義型の福祉給付から就労への置き換えの政策は，既存の行財政システムの中では実際にはほとんど機能せず，80年代の貧困者の拡大の中で給付対象を却って増大させ，必要財源も増やしてしまったが，ウェルフェア・ツー・ワークという新しいフレームの下で，州・地方の創発力に依拠することにより，はじめて自立の方向を目指した改革に成功することが示唆された。[15]

　1990年代のアメリカは繁栄を謳歌し失業率は低下し続けたが，反面，雇用不安も増大した。雇用不安は企業のリストラクチャリングや減量経営の徹底とともに，雇用の流動化が一層進展した。好景気であるにもかかわらず，貧富の格差は縮小しなかった。そのため社会政策としては，労働者への税制面からの就労インセンティブ政策が推進され，1996年に福祉改革が行われ，公的扶助の受給者を労働市場に参入させるいわば，「福祉から就労」への政策が展開された。また，アメリカの本来時限立法であるTANF後をどうするかについて議論があがっていたが，そのなかで雇用に対して多くのバリヤーを持つ個人を対象にしたコミュニティ・ジョブ・プログラムの経験をもとにした「移行的雇用（Transitional Jobs）」という考え方が提案され生活再建に向けた支援の段階的ステップとして有効なツールであることから注目されよう。[16]

第1章　生活保護の現状と日本型ワーキングプア

(3) OECD報告

OECD (2005) による「社会保障大臣会合報告」は，壮年期における貧困と疎外について，「多くの少数者が社会的疎外の危機にさらされている」と同時に「あまりに多くの人びとが社会扶助と他の給付プログラムに陥って」おり，その「貧困と疎外は地域的に集中している」と指摘している。そして「貧困および疎外を削減するために，広範な政策が必要」として，①「福祉から就労へ」の課題の完遂，つまり社会的包括に取り組むための試みとの一貫性を欠く受動的所得支援プログラムにとどまっていることへの取り組みの推進，②就労した方が得になり，低賃金労働者の仕事の維持，キャリアの見通しを増大させる政策を必要とする「労働における福祉」の進展，③労働の可能性の低い人々を対象とする社会的プログラムの有効性の強化，④特定分野における政策の意図しない影響を削減し，制度に対する利用者の信頼性を増加させるため，政府各省，各レベルの政府における貧困と疎外に影響を与える異なる政策の一貫性の促進など4つの点をあげている。

(4) EUにおける貧困対策

欧州委員会は2003年に「メイク・ワーク・ペイ」報告を採択して以来，就業促進政策に傾斜している。しかし，「EUのメイク・ワーク・ペイは，単に給付を切下げて就労せざるを得なくするという考え方ではなく，まっとうな仕事に永続的に就くことこそが社会的統合の王道であるという考えに立脚している[18]。」としており注目される。

2006年2月になって懸案であった「労働市場から排除された人々の統合についての全ての関係者への協議」が，「労働市場から最も遠い人々の積極的な統合を促進するためのEUレベルの行動に関する協議に関するコミュニケーション[19]」として，①雇用機会や職業訓練を通じた労働市場として開始された。ここでは積極的な統合（active inclusion）として，「①雇用機会や職業訓練を通じた労働市場とのリンク，②尊厳ある生活を送るのに十分な水準の所得補助，③社会の主流に入っていくうえで障壁を取り除くためにサービスへのアクセス（具

体的にはカウンセリング，保健医療，保育，教育上の不利益を補うための生涯学習，情報通信技術の訓練，心理社会的リハビリテーション）などの3要素を結合した包括的な政策ミックス」[20]が求められている。イギリスでは，Jobcentre（雇用）と社会保障事務所（福祉）を統合した Jobcentre Plus が設置され，職業安定所としての機能と社会保障給付を一括管理している。そこには，対象者が雇用につけるよう相談・援助を行う New Deal Personal Adviser（公務員）が配置される一方，雇用訓練が必要な者に対しては，民間の事業者（営利・非営利）への委託事業が行われている。

このように，国際的な動向をみても，貧困者層に対し，その生活を保障するため金銭的な給付を行う場合，懲罰的な対応ではなく，いかに社会（市場）に参加させていくか，ということに政策のベクトルは向いている。

4 ワーキングプアの定義・概念

（1）ワーキングプアとは

そもそもワーキングプアとは一体どのようなものであろうか。ワーキングとはどの程度の労働をいうのか，プアのラインとはどのように設定されているのか，ワーキングプアの概念が単に貧困労働者をいうのか，低賃金労働者を指すのか，生活保護の最低生活費以下の低賃金労働者なのか，あるいは就労する保護受給者を対象に含めず生活保護基準以下の稼働収入を得ているが保護の非受給層を指すものなのか，明確に把握しておく必要があろう。つまり，貧困問題を考えるとき，どのような状況が貧困状態とされるのか，その定義・概念を整理し比較しておく必要がある。

久本貴志（2006）はワーキングプアの定義を「①1年間に一定期間（1～6ヵ月）労働力であったか，それに相当する時間だけ労働力であった，②貧困とみなされる世帯に住んでいること」[21]としている。また，後藤（2006）は「その世帯の一人あるいは複数がフルタイムで働いているか，あるいは働く準備があるにも拘わらず，最低限度の生活水準を保てない収入の世帯」[22]としている。駒村

康平（2007）は「生活保護制度で定める最低所得額を基準に，それを下回る所得で就労している世帯」を「ワーキングプア」・「ボーダーライン」層と定義している。その結果，「ワーキングプア」・「ボーダーライン」層は，1999（平成11）年で5.46％存在し，1984（昭和59）年と比較すると倍増し，特に若い世代で増加が著しいことを報告している。

このようにワーキングプアの概念については，広範に捉えられており明確な定義づけがなされないまま使用されている実態にあるが，多くの論者はワーキングプアを「働いて得た収入が生活保護の基準生活費に満たない場合でその世帯が困窮している世帯」としている。

しかし，このようにワーキングプアの明確な定義づけを困難とさせているのは，①稼得のある個人をどのように捉えるのか，②稼得のある個人とその家族全体の貧困状態をどう捉えるのかということであり，稼得すなわち賃金と最低生活費とをめぐる根源的な議論としての二元論的な包摂があるためである。

生活保護の受給層をワーキングプアに含めるべきかどうかの議論もあるが，そこで本論では雇用のポバティラインである最低賃金に着目し，低賃金により就労収入が最低生活費を下回り，一定の条件にある保護の受給者層はこのワーキングプアの概念に含まれるものとした。その理由は，一義的にまず，生活保護を受給する稼働者は低賃金労働者であり，この低賃金では最低生活が維持できないということであるとともに，ワーキングプアの困窮状態を捉えるとき，低賃金による労働者の稼得のみでなく，その労働者の世帯に属する世帯の収入により貧困状態が判断されるべきものと考えるからである。貧困の判断は全世帯員の最低生活費の基準額によることとされるからである。そのため低賃金による労働者のみでなくその労働者の属する世帯の状態を含めて検討されなければならない。

総じて，ワーキングプアという状態は「就労意欲をもって一生懸命働いても貧困である」という状態を示すものとして，この2～3年前からマスメディアを中心に多用されてきた概念である。ワーキングプアはその定義とは別に「最低限度の生活を営むにたる所得以下の稼働世帯」を指すことから，ワーキング

プア層の拡大は大きな社会問題として認識され社会保障の改革や社会政策の見直しへの強力なインパクトをもたらすことになる。

ワーキングプアの概念の持つ広範性からは保護の受給者層のみに限定しての分析は妥当なものであるとは言い難い。要するに賃金，年金，生活保護といったわが国のポバティラインの議論が不可避的となり，保護の捕捉率をどのように考えるかの問題が残る。駒村（2003）は公的扶助（生活保護）の捕捉率の国際比較において，アメリカのFood Stamp（食料切符）制度の捕捉率は75％，ドイツが34〜37％，フランスのRMIとAPI制度の捕捉率は52〜65％，日本の捕捉率は10〜20％と推計している。

わが国の貧困問題として公的扶助（生活保護）を考えるとき，ナショナル・ミニマムとしての生活保護基準と保護の捕捉率の低さという問題が指摘されるが，本論においてはあえて生活保護の受給層に限定してアプローチしていきたい。

（2）諸外国のワーキングプア

諸外国においてもワーキングプアの定義はまちまちで統一的な定義はない。ワーキングプアはその定義，統計の取り方で所得格差の程度や貧困者数に大きな開きがみられる。The European Foundation for the Improvement of Living and Working Conditionによる報告書『Working poor in the European Union』(2004)では，図表1-4のとおり，EU諸国やEU以外の先進各国のワーキングプアに関する各国別分析および比較分析を行い，ワーキングプアの考え方を整理している。

たとえば，Eurostatを見てみるとEUではワーキングプアの対象となる労働者を週15時間以上とし，世帯規模を等価尺度で調整した上で各国の中位所得の60％の所得水準未満を貧困ラインとしている。一方，アメリカでは労働状態の定義によっている。US Census Bureau（カンサス局）は家族員の年間の労働時間の合計が，1,750時間以上（年44週）労働している者を労働者として定義し，その上でワーキングプア率を単身で5.8％，世帯で7.1％としている。アメリカではわが国のような全国統一的な公的扶助制度がないため，US Census Bu-

第1章 生活保護の現状と日本型ワーキングプア

図表1-4 各国のワーキングプアの定義

国名	統計	対象となる労働者	貧困ライン
EU	Eurostat	・週15時間以上の労働者（Marlier, 2000）	世帯規模を等価尺度で調整した上での各国の中位所得の60%の所得水準未満
フランス	Institute National de la Statistique et del'Econommie (INSEE) Academics National Action Plan for Social Incíusion 2001-003/2003-2005	・労働市場において年間に最低6週間以上かかわった（就労，求職を含む）個人	世帯規模を等価尺度で調整した上での各国の中位所得の60%の所得水準未満
ベルギー	National Action Plan for Social Inclusion 2001-2003/2003-2005	・労働市場において年最低半年以上かかわった（就労，求職を含む）個人 ・最低6カ月以上就業している労働者	世帯規模を等価尺度で調整した上での各国の中位所得の60%の所得水準未満
スイス	Swiss Federal Statistical Office	・就労時間にかかわらず就労しているすべての労働者	行政が定めた修正済み給付単価（標準的な住宅費や社会保険料で調整済）
	●Academics	・週36時間以上働いているフルタイム労働者 ・週40時間以上収入を得る労働にかかわる者	Administrative flat rates of social security modified.[1]
アメリカ	US Census Bureau	・家族員の労働時間の合計が，1,750時間以上（年44週）	連邦貧困ライン（Federal poverty line [FPL]）
	US bureau of Labor Statistics	・労働市場に年最低半年（27週）以上かかわった（就労，求職を含む）個人	
	US researchers in general	・年間約1,000時間以上就労している成人	連邦貧困ラインの125%，150%，200%の貧困ライン Less than 125%-150%-200% of FPL[2]
カナダ	National Council of Welfare (NCW)	・家族の収入に占める賃金や報酬の割合が50%以上の労働者か自営業者	カナダ統計局が定める貧困線（金銭ベース）
	Canadian Council on Social Denvelopment (CCSD)	・少なくとも週30時間以上の労働，パートタイムが年49週以上の成人した就業者	CCSDが定めた貧困線
	Canadian Policy Research Networks (CPRN)	・年間を通してフルタイム労働者	年2万カナダドル（$ 20,000）
オーストラリア	Social Policy Research Centre	・労働時間にかかわらず就労している個人	ヘンダーソンの絶対貧困線（Henderson absolute poverty Line）[3]

(注) 1 The threshold is calculated by adding the cost a 'moderate' rent and that of a basic health insurance premium to the Confederation Suisse des Institutioun d'Action Sociaie's 'vital' minimum.
2 The use of alternative poverty thresholds expresses the general perception of US researchers that the federal poverty line is too low to assess poverty to its full extent (Warren C, R. 2002 ; Employment Policies Institute. 2002).
3 The Henderson poverty line was developed by Professor R, F. Henderson in the 1970s while undertaking the Australian government commission into poverty. His widely used formula calculates the amount of money which individuals and families or different sizes need to cover basic living costs.

(出典) Pena-Casas, Ramon and Mia Latta, Working Poor in the European Union, Denmark, The European Foundation for the Improvement of Living and Working Condition, 2004, p.7, Table 1.
European Foundation for the Improvement of Living Working Condition (2002) より引用。

reau（カンサス局）が公式貧困基準を定めている。US bureau of Labor Statistics（労働統計局）では労働市場に年最低半年（27週）以上かかわった（就労，求職を含む）個人を労働者として厳しく定義している。その結果，ワーキングプア率は単独で5.3％，世帯で6.6％となっている。また，貧困基準については，非現金給付や課税取り扱いから大きな幅がある。各国とも労働・雇用問題，貧困問題としてのワーキングプアの政策や対応は，それぞれ取り組みの歴史がある。社会保障制度の発展や歴史的経緯から諸外国との比較は，単なる国際比較にとどまり，わが国の現行の社会保障制度や公的扶助制度に具体的にどのような問題があるのか，明確なインプリケーションにつながらない。本書では諸外国のワーキングプアに対する制度を展望することを目的とするものではないが，諸外国のワーキングプアの状況を把握することはわが国の貧困ラインのあり方を議論するうえで有効であるといえるだろう。

5　日本型ワーキングプアとは何か

（1）日本の貧困ライン

　先に述べたとおりワーキングプアの定義は統一されたものはなく明確なものとなっていない。ワーキングプアは「稼働収入が生活保護の基準生活費に満たない場合でその世帯が困窮していること」と一般的に使われているが，「生活保護」というネガティブなイメージが先行しているきらいがあり，今日の生活保護やワーキングプアの実態を反映したものになっていない。

　わが国の貧困に対する基本認識には大きな格差があると言われており，貧困研究の多くはこの貧困の基準そのものが研究の対象とされてきた。その貧困ラインは，憲法で保障される生存権と最低限度の生活を保障したものであるとともに国民にナショナル・ミニマムとして共通に保障される最低生活とされている。この最低限度の生活保障は生活保護制度により具現化されている。しかし，非正規就労者として就労収入を得ている勤労世帯においてはこの最低生活限度の生活保障をはるかに下回る場合が多く存在する。

雇用の劣化とともに就労収入が生活保護の最低生活費以下のワーキングプアは勤労世帯全体の20～30％と推定されるまでになっている。現実の最低生活保障は一般的な姿とは相当に異なったものとなっている。働いて得る収入が生活保護の最低生活費以下の水準であることのみをもってワーキングプアと定義することについては，生活保護の「貧困問題」と雇用・賃金の「労働問題」とを混同することとなり妥当性を失する。わが国の最低生活の保障の枠組みは社会保障制度の公的扶助と雇用の賃金問題との両面から分析する必要がある。

ワーキングプアを生活保護の最低生活費に包含することの限界が存在するという見解に正当な根拠を示すことが要求される。その根拠は大きく2点ある。

1点目は，生活保護の「貧困問題」については，わが国の最低生活の保障する公的扶助は諸外国のバリエーションのある貧困政策と異なりもっぱら生活保護に委ねられていることから貧困ラインの主流は生活保護制度の最低生活費の保護基準が用いられている。保護基準は貧困の定義・概念として政策的に位置づけられ，この基準に基づき実践的に低所得対策や貧困対策として行われてきた。そのため①最低生活費は包括的で広範性があること，②最低生活費は多層性のある二重構造となっていることが指摘される。①の最低生活費は生活扶助をはじめ住宅扶助，教育扶助，医療扶助，介護扶助など8種類の扶助（経理事務からは施設事務費を含めた9扶助となる）から構成され世帯の必要に応じ算定される。そのため最低生活費は非稼働の世帯員を多く含む世帯全体の包括的最低生活費となっている。②の最低生活費は外形的な基準生活費と実可処分所得としての実質最低生活費の二重構造となっていることがあげられる。この最低生活費の二重構造こそが諸外国の貧困ラインと異なるわが国の特徴となっているが，この最低生活費の多層的な構造と広範な包括性については，次節で詳細に述べる。

2点目は最低賃金制度の脆弱性を指摘することができよう。戦後のわが国では終身雇用や年功序列賃金といった雇用慣行が築かれてきたが，企業は人件費抑制を目指しパート等の非正規雇用で対応する傾向を一層強めている。ワーキングプアの急増は，「働けば生活できる」というこれまでの雇用のあたりまえ

図表1-5 最低賃金額に関する国際比較（1997年ポンド表示）

	購買力評価に基づいて評価された時間あたり最低賃金額	フルタイマーの中位の賃金に対する最低賃金の比率（％）	最低賃金以下の賃金しか受け取っていない人の労働者比率（％）
ベルギー	4.56	50	50.4
カナダ	3.80	40	39.6
フランス	3.97	57	57.4
日本	2.41	31	30.8
オランダ	4.27	49	49.4
ニュージーランド	3.18	46	45.6
ポーランド	1.57	―	44.6
スペイン	2.10	32	32.4
アメリカ	3.67	38	38.1

（出典） Metcalf, "The Low Pay Commission and The National Minimum Wage", *The Economic Jounal*, Vol. 109, 1999, pp. 46-66.

の常識が通用しなくなっていることを意味する。橘木（2006）は，図表1-5のとおりOECD諸国のいくつかの国の最低賃金を比較して日本の最低賃金が9か国中，下から3番目に低く，平均賃金に対する最低賃金比率では最下位となっていることを指摘している。このようにわが国の最低賃金の実態は明らかに低すぎることがわかる。

　働く者の生活保障として，賃金水準の下限は最低賃金制度で決められているが，現在の労働市場の雇用実態からは「最低生活保障」となっていないという問題性が指摘される。すなわち，図表1-6のとおり，生活保護と最低賃金とを比較すると，生活保護の「生活保護基準（1類経費と2類経費）」に住宅扶助費のみを加えた場合でも生活保護支給額が最低賃金を大きく上回っていることがわかる。このことは生活保護が最低生活を保障する水準として設定されているものであるが，働いて得る賃金の最低賃金が生活保護基準額よりも低く，最低賃金が生きていくための生活費を支払っていないということになる。

　労働政策としての雇用・賃金のポバティラインが崩壊するなかナショナル・ミニマムの貧困のポバティラインとの不整合を顕著に露呈していることである。

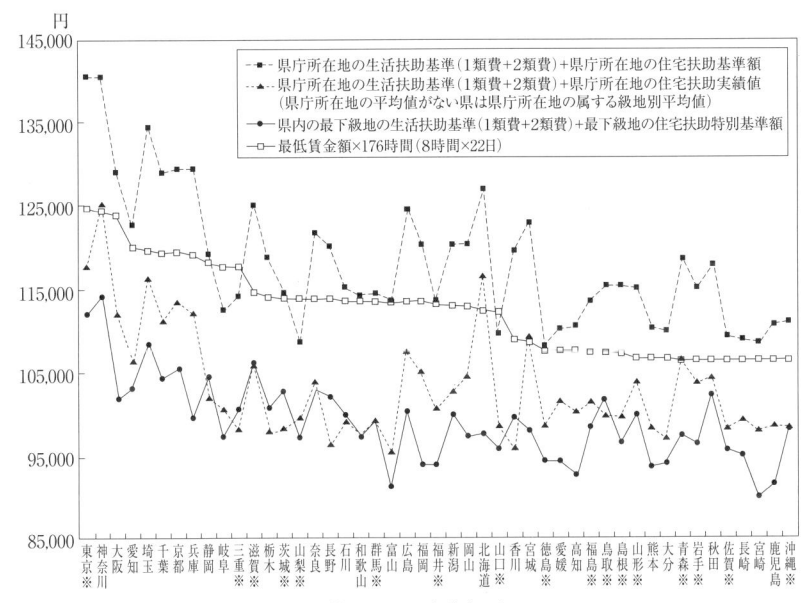

第1章　生活保護の現状と日本型ワーキングプア

図表1-6　生活保護と最低賃金

凡例:
- 県庁所在地の生活扶助基準(1類費+2類費)+県庁所在地の住宅扶助基準額
- 県庁所在地の生活扶助基準(1類費+2類費)+県庁所在地の住宅扶助実績値（県庁所在地の平均値がない県は県庁所在地の属する級地別平均値）
- 県内の最下級地の生活扶助基準(1類費+2類費)+最下級地の住宅扶助特別基準額
- 最低賃金額×176時間(8時間×22日)

横軸（都道府県）：東京※、神奈川、大阪※、愛知、埼玉、千葉、京都※、兵庫、静岡、岐阜、三重※、滋賀※、栃木※、茨城、山梨、奈良、長野、石川、和歌山、群馬、富山、広島、福井、新潟、岡山※、北海道、山口、香川、宮城、徳島、愛媛、高知、福島、島根、山形、熊本、大分、鳥取、岩手、青森、秋田、長崎、佐賀、宮崎、鹿児島、沖縄※

(注) 1　生活扶助基準(1類費+2類費)は18〜19歳単身である。
　　 2　▲の住宅扶助の平均値については，※がついていない都道府県は県庁所在地の平均値を，※がついている都道府県は県庁所在地の属する級地の平均値を用いて算出。
　　 3　生活扶助基準額には冬期加算を含めて計算。
(出典)　厚生労働省（2005）「最低賃金制度のあり方に関する研究会報告書：参考資料」，33頁。

（2）日本型ワーキングプア

わが国の貧困ラインで定められている最低生活費は一般的な姿とは随分と異なった様相となっていることは先に述べたとおりである。最低賃金と生活保護支給額との比較からさらに，最低賃金と実質的最低生活費とを比較してみればその乖離が著しいことが理解される。その理由は3点ある。1点目は働きながら保護を受給することで実質上の可処分所得が大幅に増加することである。保護の受給層が稼働した場合には，就労にともなう経費として「必要経費控除」，「基礎控除」，「特別控除」，「新規就労控除」，「未成年者控除」等が適用され，最低生活費の階層性から実質的最低生活費は相当高くなることである。生活保

図表1-7　ワーキングプアと日本型ワーキングプアの概念図

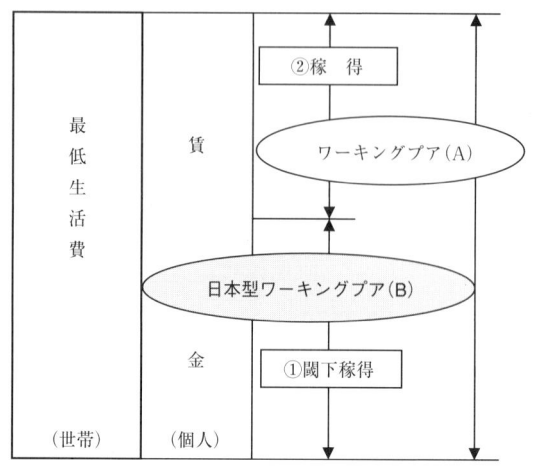

```
                    ↑
              ②稼　得
最
低         賃      ワーキングプア(A)
生
活                     ↕
費
                  日本型ワーキングプア(B)

           金      ①閾下稼得
                    ↓
(世帯)    (個人)
```

(注)　1　筆者は稼働収入が地域別最低賃金に基づきフルタイム稼働で換算した月額賃金より少ない場合を「閾下稼得」とし，「閾下稼得」を超える稼働収入を「稼得」として区分している。
　　　2　ワーキングプア（A）は稼働収入が生活保護の最低生活費以下の収入である場合とされるが，筆者はこれには実態が反映されず限界が存在するとして，ワーキングプアを稼働収入が閾下稼得にある層に限定しこれを「日本型ワーキングプア」（B）と定義した。また「稼得」層は労働問題としてのワーキングプアではなくWorking poor householdの「貧困問題」として捉えられるべきであるとしている。
(出典)　著者作成。

護を受けながら稼働収入として20～30万円程度あるいはそれ以上の賃金を稼いでいる被保護者は珍しいことではない。2点目は生活保護制度の「世帯」という概念である。就労者の収入が個人を単位としていることに対し，生活保護は世帯単位の原則で運用されている。生活保護の基準生活費は世帯員の個々人の1類経費を積算し，それに世帯の共通経費の2類経費を算定する方法をとるため最低生活費が拡大することである。賃金と生活保護とはパラレルな関係ではない。3点目は最低生活費は多層構造となっており一様に扱えないことである。受給層には多様な世帯が混在しており，1類経費と2類経費に加えてさらに必

要な扶助・加算や臨時的な給付も手当てされる。当然，世帯員が増せば基準生活費もそれに応じて高くなるというシステムとなっている。このことを念頭においてワーキングプアの概念を捉え直し最低生活費を客観的に分析する必要がある。

　つまり，雇用・賃金や年金，生活保護のポバティラインの不整合が顕著となっている今日，これまでのような保護受給する就労者をすべてワーキングプアとして取り扱うことについては疑問であり，雇用実態を反映したものにならない。たとえば，単身世帯の最低賃金のフルタイム賃金と単身受給層とを同じ条件で比較すれば，図表1‐10のとおり，東京都の1級地の1の場合，非受給者104,958円，受給者186,085円と大きな格差が浮かび上がってくる。そのため現実的なワーキングプアを定義する必要に迫られている。本章では図表1‐7のとおり，受給層を稼働世帯に特化し，収入を①最低賃金をベースとした就労見込み額（possibility＝実現可能閾）より低い収入（閾下稼得）(30)にとどまっている場合，②最低賃金をベースとした就労見込み額（possibility＝実現可能閾）の閾下稼得をこえる収入（稼得）の場合の2つに区分した上で，①の収入が最低賃金をベースとした就労見込み額（possibility＝実現可能閾）より低い収入（閾下稼得）にとどまっている世帯を限定的に捉え，この層を「日本型ワーキングプア」として暫定的に定義した。また，①の閾下稼得をこえる収入がある層は「貧困問題」として切り離して考えるべきであるが，これまで通り「ワーキングプア」とした。要するに働いて得る収入が世帯の最低生活費を下回りその収入が賃金の下限を定める最低賃金を基礎に算定した月額賃金より低い収入の場合を「日本型ワーキングプア」と呼称するのである。

6　最低生活費の階層性と日本型ワーキングプア

(1) 生活保護の多層的構造と広範な包括性

　ワーキングプアについては，一定，企業が労働者に支払う賃金の下限を定めた最低賃金法による最低賃金（稼働能力を有し失業状態にある者を除く）と生活保

護法に基づく最低生活費の保護基準額を用いた捉え方が考えられ，その妥当性について具体的に検証する必要がある。

　生活保護制度においては，世帯単位の原則により構成員が1人の場合も含めて同一世帯，同一生計の家計として算定されWorking poor householdの意味として捉えられる。同一世帯生計の場合は，ナショナルミニマムの保護基準の多層的構造が指摘され，現行の生活保護基準は基準生活費であるナショナルミニマムの構成要素の条件設定により，階層性のある多層的構造となっている。このことは生活保護の捕捉率の数値に影響を及ぼす可能性がある。つまり多層的構造はポバティラインの大きな変動要因となり得る。しかしながら，その生活保護基準については，きちんと「成分表示」して議論されることは少ない。ここでは「隠された最低生活費」をクリアに捉え，その問題点を明らかする。

　これまでの最低生活費の基準額に関する設定について厚生労働省は，もっぱら全国消費実態調査のマイクロデータを基礎として算定するというものであり，世帯生計費について具体的にどのような調整が行われているかあるいはそれに対して，最低賃金や失業給付，年金制度等の関連指標にどのような影響を与えているかについては，社会保障全体の制度設計の中で政策的な議論や研究分析があまりされてこなかったため各制度間での不整合が著しい。最低生活費の階層性は，まず，図表1-8のとおり，基準生活費のみを基準生活費群(A)，各種控除群を(B)，各種加算群を(C)と類型化し，(A)基準生活費群にそれぞれ要件に該当する加算，控除を加えた実質可処分所得として最低生活費の算出方法を図表1-9のとおり階層を1区分から4区分とした。

　このように生活保護の実質可処分所得としての「最低生活費」は，階層性が認められ，さらに生活保護を受給することによって様々な反射的利益がある。そもそも最低生活費の「控除」や「加算」制度の創設目的は，就労意欲を高めたり自立意欲を喚起するためのものではない。最低生活費にふさわしい「特殊な需要をどうみるか」という考え方に基づき，特殊なニーズへの対応，一般基準ではなし得ないものを加算という形で上乗せしている。

　1960（昭和35）年に勤労控除および加算について議論され，老齢加算が創設

第1章　生活保護の現状と日本型ワーキングプア

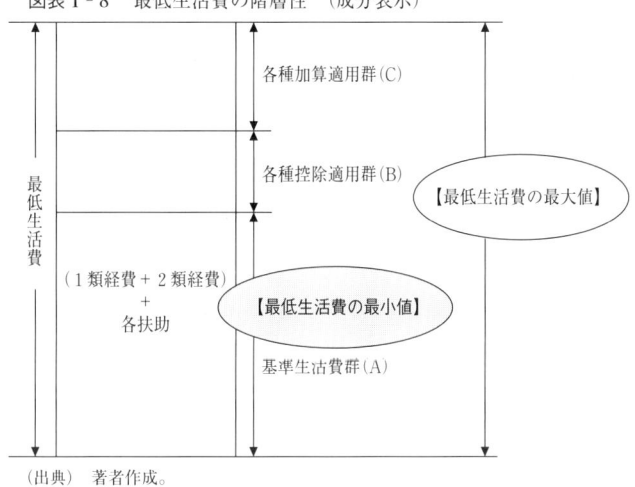

図表1-8　最低生活費の階層性　（成分表示）

```
             ┌─ 各種加算適用群(C)
             │
最低  ┤      ├─ 各種控除適用群(B)      【最低生活費の最大値】
生活  │
費    │   (1類経費＋2類経費)
      │         ＋              【最低生活費の最小値】
      │       各扶助
             └─ 基準生活費群(A)
```

（出典）　著者作成。

図表1-9　最低生活費の多層構造

階層区分	最低生活費の内訳
1	(A)基準生活費群
2	(A)基準生活費群＋(B)各種控除群
3	(A)基準生活費群＋(C)各種加算群
4	(A)基準生活費群＋(B)各種控除群＋(C)各種加算群

（注）　基準生活費群(A)は冬季加算及び期末一時扶助，住宅扶助の特別基準額を含むものである。
（出典）　著者作成。

されることとなった。母子加算，障害者加算については増額された。同年「新規就労控除」，1961（昭和36）年には「勤労控除」・「基礎控除」が創設され，続けて1963（昭和38）年に未成年者控除が追加された。さらに1966（昭和41）年の「勤労控除」・「基礎控除」については，それぞれ，「業種別基礎控除」，「収入金額別基礎控除」に統合され特別控除の新制度も加わり，控除制度の整合・充実がはかられた。すなわち，創設当初の勤労控除は自立助長や動機づけの意図はなく，単に勤務にともなう必要経費を補塡するという主旨のものであった。

　1960（昭和35）年の生活扶助基準は，1級地70歳男性の場合で，1類経費は2,035円，冬季加算を加えた2類経費は3,081円で，老齢加算は1,000円であった。

この老齢加算額が,一般保護基準2類経費の額の3分の1にも及んだことから,加算のない者との格差が大きな問題とされた。また,勤労控除については額もさることながら「保護基準の統一性」や「保護の補足性」,「無差別平等性」の建前とは異なるいわば,生活保護の「公平性」が問題となった。

(2) 生活保護の具体的モデルの比較

ここで包括的な構造となっている最低生活費の成分を表示し,内容をクリアにしたうえで,実際の可処分所得を検討してみる。図表1-10および図表1-11,図表1-12はそれぞれ具体モデルであり,実際の最低生活費の階層性による格差をみてみると図表1-13のとおりである。

最低生活費の階層性による階層間格差について階層区分1(最低生活費の最小値)と階層区分4(最低生活費の最大値)とを比較すると,ケース1の場合で1.31倍,ケース2の場合で1.35倍,ケース3で1.14倍もの格差が生じている。このように同じ生活保護制度でありながらナショナルミニマムは加算および控除の有無により,実際の最低生活費において多段階の大きな格差がクリアに浮かび上がる。「最低生活費」,「生活保護基準額」を論じる場合,この複雑な「カラクリ」構造に十分,留意しなければならない。

生活保護の基準額の算定方式が,他の社会保障制度のように画一的でなく,それぞれの世帯ニーズの個別性,必要即応性に対応するという原則となっている[32]。しかし,同じ受給層間において著しく格差が拡大すれば「保護基準の統一性」,「無差別平等性」,「公正性」といった建前と不整合が生じる可能性も否定できないのではないか。

一方,生活保障という観点から最低賃金と生活保護の図表1-12のケース標準3人世帯モデル(33歳の夫稼働)とを比較すると,図表1-14のとおり2.62倍と大きな格差が生じている。

したがって,ワーキングプアを生活保護以下の収入しかない者と定義した場合,階層区分4の実質保障水準が約27万5千円となり,これ以下の賃金労働者はワーキングプアということになる。さらに4人世帯,5人世帯と世帯人員が

第1章　生活保護の現状と日本型ワーキングプア

図表1-10　最低賃金と最低生活の比較①（東京都平成18年度）

区　分		最低賃金		生活保護の最低生活費（1級地—1）				（円）
				項　目	階層1	階層2	階層3	階層4
ケース1	18歳	東京都区部 1時間714円 714円×7時間×21日 =104,958円	(A)	1類経費 2類経費 冬季加算 期末一時扶助 住宅扶助	42,080 43,430 1,288 1,182 53,700	42,080 43,430 1,288 1,182 53,700	42,080 43,430 1,288 1,182 53,700	42,080 43,430 1,288 1,182 53,700
			(B)	基礎控除 特別控除 必要経費控除 未成年者控除 新規就労控除		23,510 10,495 10,400		23,510 10,495 10,400
			(C)	加算				
		104,958		合　計	141,680	186,085	141,680	186,085

（出典）　生活保護手帳編集委員会編（2006）『生活保護手帳（2006年度版）』中央法規出版にもとづき著者作成。

図表1-11　最低賃金と最低生活の比較②（東京都平成18年度）

区　分		最低賃金		生活保護の最低生活費（1級地—1）				（円）
				項　目	階層1	階層2	階層3	階層4
ケース2	母子世帯 27歳 7歳	東京都区部 1時間714円 714円×7時間×21日 =104,958円	(A)	1類経費 2類経費 冬季加算 期末一時扶助 住宅扶助 教育扶助	74,340 48,070 1,666 2,363 69,800 9,451	74,340 48,070 1,666 2,363 69,800 9,451	74,340 48,070 1,666 2,363 69,800 9,451	74,340 48,070 1,666 2,363 69,800 9,451
			(B)	基礎控除 特別控除 必要経費控除 未成年者控除 新規就労控除		23,510 10,495 10,400		23,510 10,495 10,400
			(C)	母子加算 児童養育加算			23,260 5,000	23,260 5,000
		104,958		合　計	205,690	250,095	233,950	278,355

（注）　1　母子加算については、平成17年度に縮減され、さらに19年度、20年度の2か年で母子加算そのものが全廃されることとなった。なお、19年度において母子加算の廃止に伴い、ひとり親世帯の自立支援を目的として18歳以下の子どもを養育し就労、職業訓練、自立支援プログラムに参加するひとり親世帯を対象に「就労促進費」が一時扶助として制度創設された。
　　　2　階層区分1および2の母子加算は、保護の実施要領局第6-2-(2)による加算要件に該当しない場合とし、算定しないものとした。
（出典）　生活保護手帳編集委員会編（2006）『生活保護手帳（2006年度版）』中央法規出版にもとづき著者作成。

図表1-12 最低賃金と最低生活の比較③（東京都平成18年度）

区分		最低賃金	生活保護の最低生活費（1級地—1）（円)					
				項目	階層1	階層2	階層3	階層4
ケース3	標準3人世帯（33歳男・29歳女・4歳子）	東京都区部 1時間714円 714円×7時間×21日 =104,958円	(A)	1類経費 2類経費 冬季加算 期末一時扶助 住宅扶助 教育扶助	106,890 53,290 1,988 3,545 69,800	106,890 53,290 1,988 3,545 69,800	106,890 53,290 1,988 3,545 69,800	106,890 53,290 1,988 3,545 69,800
			(B)	基礎控除 特別控除 必要経費控除 未成年者控除 新規就労控除		23,510 10,495		23,510 10,495
			(C)	母子加算 児童養育加算	5,000	5,000	5,000	5,000
		104,958		合計	240,513	274,518	240,513	274,518

（出典）　生活保護手帳編集委員会編（2006）『生活保護手帳（2006年度版）』中央法規出版にもとづき著者作成。

図表1-13　最低生活費の階層性による階層間格差（東京都平成18年度）

	階層区分1	階層区分4	差額	格差率
ケース1単身者（図表1-8）	141,680円	186,085円	44,405円	1.31
ケース2母子2人（図表1-9）	205,690円	278,355円	72,665円	1.35
ケース3標準3人（図表1-10）	240,513円	274,518円	34,005円	1.14

（出典）　生活保護手帳編集委員会編（2006）『生活保護手帳（2006年度版）』中央法規出版にもとづき著者作成。

図表1-14　最低賃金と最低生活費の格差（東京都平成18年度）

	最低賃金法	生活保護		最低賃金と階層区分4との差額	格差率
	最低賃金	階層区分1	階層区分4		
ケース1単身者（図表1-8）	104,958円	141,680円	186,085円	81,127円	1.77
ケース2母子2人（図表1-9）	104,958円	205,690円	278,355円	173,397円	2.65
ケース3標準3人（図表1-10）	104,958円	240,513円	274,518円	169,560円	2.62

（出典）　生活保護手帳編集委員会編（2006）『生活保護手帳（2006年度版）』中央法規出版にもとづき著者作成。

増えるとどうであろうか。実質保障水準は約34万円，46万円となり，現実に相当な就労収入を得ている者も保護の要否判定上では保護「要」となる。すなわち，客観的に最低生活費と世帯の収入との対比において収入が最低生活費を上回らなければ保護が必要と判断され保護受給することとなる。この生活保護制度のもつ構造的な「カラクリ」を理解すると，生活保護を受給しつつ働く労働者が必ずしもワーキングプアではないことがわかる。

したがって，生活保護の最低生活費を念頭においた久本（2006）の「①1年間に一定期間（1～6ヵ月）労働力であったか，それに相当する時間だけ労働力であった，②貧困とみなされる世帯に住んでいること」や後藤（2006）の「その世帯の一人あるいは複数がフルタイムで働いているか，あるいは働く準備があるにも拘わらず，最低限度の生活水準を保てない収入の世帯」とするワーキングプアの定義や概念は，現実の生活保護の受給層を捉えるとき適切なものではないことが理解されよう。

このようにワーキングプアを単純に生活保護基準に依拠した「働いて得る収入が生活保護の最低基準額以下の場合」と機械的に考えることは実態に合わない非現実的なものであることが証明された。では年金と生活保護の場合はどうであろうか。年金支給額と稼働年齢層以外の生活保護基準額について，具体的モデルとして単身高齢者世帯で検討してみる。生活保護の実質可処分所得は，住宅扶助を含めて月額135,698円となり，年金受給者の月額66,208円の約2倍の額となっている。同様に高齢者夫婦2人モデルの場合では，月額194,102円で年金受給者の月額132,416円より最低生活費が61,686円高くなる（いずれのモデルの場合も老齢加算は含まない）。生活保護の高齢者世帯における年金受給年齢層の49.6%が無年金となっていることから，この逆転現象の矛盾が指摘される。

しかしながら，年金と生活保護を単純に比較することについては，年金はもともと老齢，障害，死亡といった将来のリスクヘッジとして位置づけられる所得保障であり，生活保護制度のように最低生活を保障するという考え方ではないということを念頭に置いておく必要がある。年金のミニマムの考え方と生活保護の最低生活基準とは制度設計として根本的に異なっているのである。年金

制度が保険料の拠出という保険原理で運営する限り，未納，未加入のリスクは制度上，想定されたものであろう。したがって，年金制度からこぼれおちた低年金，無年金者層は，社会保障として年金制度と補完的関係にある生活保護の対象となり，保護受給に繋がっていることは当然といえよう。特に基礎年金と生活保護の基準額との格差に関する議論は，先に述べたとおり制度の設計上から単純な比較は妥当性を失するものの，現実の生活者としての視点から単身高齢者の最低生活保障として，生活保護の最低生活費と基礎年金額とを比較することは意味があるものと考える。

厚生労働省は，2004（平成16）年度から生活保護の老齢加算を経過的措置として段階的に縮減し，2006（平成18）年度に全廃した。結果的には，高齢の非受給層の年金生活者と保護受給層の高齢者世帯との格差は一定幅縮小されたもののなお，現行の生活保護基準額と年金額とを比較してみれば，年金額の低さが歴然としている。

社会政策として貧困問題に視座をおいた場合，年金制度についても最低賃金法の最低賃金や雇用保険の失業給付の場合と同様，生活保護との制度間における一体的な整序をはかることは当然であるが，決して簡単なことではない。問題は単に給付水準や基準見直しということではなく，社会保障の再構築をはかるため制度設計として社会保障のあり方や根本的な枠組みに向けた議論が緊要な課題となっている。

働いても生活保護から脱却できないいわゆる生活保護下における日本型ワーキングプア層が大きく裾野を広げていく可能性がある。今後，貧困問題が一層顕在化するとすれば，この日本型ワーキングプア層を生活保護が吸収することになり，今後の保護の動向に投影されることになろう。特に，日本型ワーキングプアは，稼働しているにもかかわらず生活保護から脱却することが困難なため，長期間の保護受給や貧困の固定化が懸念されるとともに「貧困の罠」，「失業の罠」という伏兵に悩まされることとなろう。この日本型ワーキングプアの増加は，今後，取り組むべき社会政策の対象となり得ることを示唆する。

生活保護の動向がこのような構造的な要因から増加していることを見逃す理

第1章　生活保護の現状と日本型ワーキングプア

図表1-15　保護開始理由別被保護世帯の構成割合の推移　　　　　　（単位：%）

年　度	平成2	平成7	平成9	平成10	平成11	平成12	平成13	平成14	平成15	平成16	平成17
総　数	100.0	100.0	100.0	100.0	100.0	100.0	100.0	100.0	100.0	100.0	100.0
傷病により働けなくなったため	80.8	78.1	61.2	59.6	53.8	43.2	42.5	40.0	38.6	40.1	42.8
働きによる収入減	3.5	6.8	9.3	11.2	12.7	13.9	14.4	16.6	15.5	15.3	14.8
稼動以外の収入の減少・喪失	1.8	2.7	3.0	3.4	3.3	4.1	4.4	4.5	4.4	4.5	4.6
働いていた者の死亡・離別	7.3	5.9	5.4	5.2	5.1	5.7	5.7	5.6	4.9	5.1	4.7
その他	6.6	6.6	21.1	20.6	25.0	33.1	33.1	32.4	36.6	35.0	33.1

（注）　各年度調査結果をもとに筆者が割合を算出したもの。
（出典）　厚生労働省「生活保護動態調査」。

由はない。このことは生活保護の開始理由においても図表1-15のとおり，「働きによる収入減」が1990（平成2）年の3.5%から2005（平成17）年14.8%へと増加し，一方「傷病によるため」を理由とする保護開始が統計上「急迫保護」理由の新設による影響を考慮したとしても80.8%から42.5%に減少していることからも理解されよう。

　貧困については，先行研究において「生活保護における最低生活費と就労インセンティブ——被保護者の就労支援方策と就労自立の困難性——として稼働する生活保護世帯の就労収入が『閾下稼得』を下回るといった低所得者層をはじめとする貧困の裾野はみえないところで拡大し，いわゆるWorking poor層が固定化」し，「就学援助を受ける世帯の急増」，「家庭の所得格差や階層の固定化，学力の社会階層間格差」といった指摘や「子どもの貧困研究の動向と課題」による課題の提起が相次いでなされている。一方，これらは図表1-16のとおり，最低賃金がナショナル・ミニマムの生活保護基準に満たないものとなっているという指摘である。昨今，「格差社会」「所得格差」など格差という

図表1-16　全国地域別最低賃金表　　　　　　　　　　　　　　　　　　　（単位：円）

	都道府県	15年度 2003	16年度 2004	17年度 2005	18年度 2006	19年度 2007	20年度 2008	21年度 2009	22年度 2010	23年度 2011	発効日	引き上げ額
1	北海道	637	638	641	644	654	667	678	691	705	10. 6	▽14
2	青森県	605	606	608	610	619	630	633	645	647	10. 16	2
3	岩手県	605	606	608	610	619	628	631	644	644	10. 30	1
4	宮城県	617	619	623	628	639	653	662	674	675	10. 29	▽1
5	秋田県	605	606	608	610	618	629	632	645	647	10. 30	2
6	山形県	606	607	610	613	620	629	631	645	647	10. 29	2
7	福島県	610	611	614	618	629	641	644	657	658	10. 24	1
8	茨城県	647	648	651	655	665	676	678	690	692	10. 8	2
9	栃木県	648	649	652	657	671	683	685	697	700	10. 1	3
10	群馬県	644	645	649	654	664	675	676	688	690	10. 7	2
11	埼玉県	678	679	682	687	702	722	735	750	759	10. 1	○9
12	千葉県	677	678	682	687	706	723	728	744	748	10. 1	4
13	東京都	708	710	714	719	739	766	791	821	837	10. 1	○16
14	神奈川県	707	708	712	717	736	766	789	818	836	10. 1	▽18
15	新潟県	641	642	645	648	657	669	669	681	683	10. 7	2
16	富山県	644	644	648	652	666	677	679	691	692	10. 1	1
17	石川県	645	646	649	652	662	673	674	686	687	10. 20	1
18	福井県	642	643	647	649	659	670	671	683	684	10. 1	1
19	山梨県	647	648	651	655	665	676	677	689	690	10. 17	1
20	長野県	646	647	650	655	669	680	681	693	694	10. 1	1
21	岐阜県	668	669	671	675	685	696	696	706	707	10. 1	1
22	静岡県	671	673	677	682	697	711	713	725	728	10. 14	3
23	愛知県	681	683	688	694	714	731	732	745	750	10. 7	5
24	三重県	667	668	671	675	689	701	702	714	717	10. 1	3
25	滋賀県	651	652	657	662	677	691	693	706	709	10. 20	3
26	京都府	677	678	682	686	700	717	729	749	751	10. 17	○2
27	大阪府	703	704	708	712	731	748	762	779	786	9. 30	○7
28	兵庫県	675	676	679	683	697	712	721	734	739	10. 1	○5
29	奈良県	647	648	652	656	667	678	679	691	693	10. 7	2
30	和歌山県	645	645	649	652	662	673	674	684	685	10. 29	1
31	鳥取県	610	611	612	614	621	629	630	642	646	10. 31	4
32	島根県	609	610	612	614	621	629	630	642	646	10. 24	4
33	岡山県	640	641	644	648	658	669	670	683	685	10. 27	2
34	広島県	644	645	649	654	669	683	692	704	710	10. 1	○6
35	山口県	637	638	642	646	657	668	669	681	684	10. 6	3
36	徳島県	611	612	615	617	625	632	633	645	647	10. 16	2
37	香川県	619	620	625	629	640	651	652	664	667	10. 16	3
38	愛媛県	611	612	614	616	623	631	632	644	647	10. 5	3
39	高知県	611	611	613	615	622	630	631	642	645	10. 21	3
40	福岡県	644	645	648	652	663	675	680	692	695	10. 22	3
41	佐賀県	605	606	608	611	619	628	629	642	646	10. 6	4
42	長崎県	605	606	608	611	619	628	629	642	646	10. 12	4
43	熊本県	606	607	609	612	620	628	630	643	647	11. 5	4
44	大分県	606	607	610	613	620	630	631	643	647	10. 24	4
45	宮崎県	605	606	608	611	619	627	629	642	646	11. 4	4
46	鹿児島県	605	606	608	611	619	627	630	642	647	10. 28	5
47	沖縄県	605	606	608	610	618	627	629	642	645	11. 5	3
	加重平均額	664	665	668	673	687	703	713	730	737	−	7

（注）1　最低賃金は、原則として事業場で働く常用・臨時・アルバイトの雇用形態や呼び方にかかわらず、すべての労働者に適用される（外国人労働者にも適用）。ただし、最低生活費には、割増賃金、精皆勤手当、通勤手当、家族手当など最低賃金に含まれない賃金がある。
　　　2　最低賃金には、地域別最低賃金と産業別最低賃金の2種類がある。地域別最低賃金は原則として各都道府県内のすべての労働者とその使用者に適用され、また、産業別最低賃金は各都道府県内の特定の産業の労働者とその使用者に適用される。
　　　3　生活保護との逆転が解消＝○、生活保護との逆転が残る＝▽。
（出典）　厚生労働省各年度『地域別最低賃金』に基づき筆者作成。

ことばが市民権を得た感がある。所得格差についても，樋口美雄・法専充男ほか編（2003）『日本の所得格差と社会階層[38]』において，その社会が所得配分の面でどのような方向に向かおうとしているのか把握しようとしている。

本研究は道中（2007；2007a；2007c）による「生活保護における最低生活費と就労インセンティブ——被保護者の就労支援方策と就労自立の困難性[39]」，「ホームレス自立支援の結果と今後の課題——S市における取り組みの実践からみえてくるもの[40]」をさらに掘り下げ，被保護世帯の属性そのものに着目した貧困の調査研究を行ったものである。また，生活保護制度における保護動向に影響を与えていると考えられる日本型ワーキングプアの拡大とその固定化，閾下稼得と就労インセンティブに関する課題および問題を検証するとともに，生活保護を受給する世帯の世帯類型別および稼働・非稼働別世帯の状況に焦点をあて，最終学歴，就労収入，保護受給の履歴など14項の調査項目を設定し，貧困の様相を把握しようとするものである。特に稼働する母子世帯の閾下稼得や，就労実態，その基本的な特徴を明らかにするため調査を実施し，その調査結果を踏まえて生活保護の制度改革や自立支援方策のあるべき方向性を探ろうとするものである。

注
(1) 生活保護における「就労自立支援プログラム」は，社会保障審議会福祉部会の「生活保護制度のあり方に関する専門委員会」（2004）の報告を受け，被保護世帯に対する自立支援サービスとしての「自立支援プログラム」の一環として2005（平成17）年度から導入された。就労支援は，就労促進支援にシフトしたプログラムと2005（平成17）年度から厚生労働省の生活保護自立政策の一環としてハローワークと組織的連携のもとに推進される「就労自立支援プログラム」との2種類がある。
(2) ワーキングプアの意味するところは，「働いているが貧困状態にある者」の意味で「働いている個人」の状態と「貧困の世帯の状態」を結合した概念として捉えることができる。一方，生活保護は世帯を単位として「貧困または困窮状態にあると認定される」ことによって受給される。その困窮の概念としての基準が「最低生活費（保護基準）」である。日本におけるワーキングプアの議論は少ないが「最低生活費（保護基準）」が，ワーキングプアの尺度と考えられており，広義には就労し稼得のある生活保護受給者はワーキングプアに含まれると解されている。アメリカ

などにおいては失業者ではなく就業していることから，失業問題としては把握されていないもののその賃金水準が低く，また技能の向上や職業上の地位の向上の可能性が低いことから隠れた労働問題として捉えられている。筆者は保護基準の尺度を用いることについては，実質上の可処分所得としての最低生活費の基準の多様性から，ワーキングプア層の過大な取り込みとなり，実態を反映したものにならないことや非稼働の世帯員を含む世帯全体の膨張した最低生活費となることの不適切さ等の理由から妥当性を欠くことを指摘している。

(3) 「OECDワーキング・レポート22」(2000) OECD Social, Employment and Migration Working Papers 22.
(4) 中川清 (2002)「生活保護の対象と貧困問題の変化」『社会福祉研究』第83号。
(5) 室住眞麻子 (2006)『日本の貧困』法律文化社。
(6) イギリス，フランス，ドイツなどの主要各国における公的扶助制度の比較については，㈱UFJ総合研究所 (2004) 参照。スウェーデンの公的扶助制度については㈱UFJ総合研究所 (2003) 参照。また，諸外国の最低生活保障制度およびECの貧困と社会的排除に対する政策論などが紹介されている栃本一三郎・連合総合生活開発研究所編 (2006) が詳しい。
(7) 宮本太郎 (2005)「ソーシャル・アクティベーション――自立困難な時代の福祉転換」『NIRA政策研究』18巻4号，17頁。
(8) 宮本は条件型福祉を，「あるリスク構造を所与として社会保険制度などで受給資格を設定し，想定されたリスクが顕著化した場合に給付を行う。併せて所得調査付の社会扶助によるセーフティネットを張る。というものである。これをグロートとファン・フェーネンの概念をやや拡張しつつ条件型福祉 Conditional Welfare と呼んでおこう」と規定している（宮本太郎，同前書）。
(9) 宮本太郎 (2004)「ワークフェア改革とその対象　新しい連携へ？」『海外社会保障研究』Summer No.147, 34頁。
(10) 宮本太郎 (2004)「就労・福祉・ワークフェア――福祉国家再編をめぐる新しい対立軸」塩野谷祐一ほか編『福祉の公共哲学』東京大学出版会，218-219頁。
(11) 宮本太郎，前掲書(10)。
(12) 布川日佐史 (2007)「わが国の生活保護改革論議とワークフェア」社会政策学会第115回大会報告。
(13) 後藤玲子 (2006)「アメリカの最低所得保障」栃木一三郎『積極的な最低生活保障の確立――国際比較と展望』第一法規，209-233頁。
(14) 舟場正富 (2005)「アメリカにおける社会福祉財政の改革――Welfare to Work政策は成功したか(1)」『流通科学大学論集 経済・経営情報編』14(2), 43-55頁。
(15) 舟場正富 (2006)「アメリカにおける社会福祉財政の改革――Welfare to Work政策は成功したか(2)」『流通科学大学論集 経済・経営情報編』14(3), 29-42頁。
(16) 藤原千沙・江沢あや (2006)「アメリカ福祉改革再考――ワークフェアを支える

仕組みと日本への示唆」『季刊社会保障研究』国立社会保障・人口問題研究所, Vol.42, No.4, 413-416頁。

(17) OECD編著, 井原辰雄訳 (2005)「OECD社会保障大臣会合報告」『世界の社会政策の動向——能動的な社会政策による機会の拡大に向けて』明石書店。

(18) 濱口桂一郎 (2006)「EUにおける貧困と社会的排除に対する対策」栃本一三郎・連合総合生活開発研究所編『積極的な最低生活保障の確立』第一法規, 273-85頁。

(19) 濱口桂一郎, 同前書, 282頁。

(20) 濱口桂一郎, 同前書, 282頁。

(21) 久本貴志 (2006)「アメリカにおける Working poor」渋谷博史・C. ウェザーズ編『アメリカの貧困と福祉』日本経済評論社, 2頁。

(22) 後藤道夫 (2006)「過労をまぬがれても待っている『貧困』」『週刊エコノミスト』2006年7月25日号。

(23) 駒村康平 (2007)「ワーキングプア・ボーダーライン層と生活保護制度改革の動向」『日本労働研究雑誌』労働政策研究・研修機構, No.563, 48-60頁。

(24) わが国の生活保護の基準生活費の算定は, 終戦直後の標準生計費方式 (昭和21年3月13日), マーケットバスケット方式 (昭和23年8月1日〜), エンゲル方式 (昭和36年4月1日〜), 格差縮小方式 (昭和40年4月1日〜) を経て, 現行の水準均衡方式 (昭和59年4月1日〜) となっている。

(25) 保護の捕捉率とは, 本来生活保護を受ける権利があるもののうちで, 現に生活保護を受けている割合である。先進国の割合に対して日本の生活保護の捕捉率は10〜20%程度とされる。

(26) 駒村康平 (2003)「低所得者世帯と生活保護」『三田商学研究』46巻3号。

(27) 捕捉率の低さは, 貧困基準を定める重要な指標であるが, その基準については①最低生活費の計算の条件設定, ②年齢や就労状況の判断を世帯主に限定していること, ③保護の運用上, 扶養能力, 資力調査があることなど所得が生活保護の水準以下であっても直ちに保護の受給用件が具備するわけではないといった課題がある。したがって, 現実の生活保護制度の運用基準では①から③を勘案すれば保護の捕捉率は相当高くなることが予測される。

(28) Pena-Casas, Ramon and Mia Latta (2004) *Working Poor in the European Union, Denmark,* The European Foundation for the Improvement of Living and Working Condition, p.8, Table 1.

(29) 橘木俊詔 (2006)『格差社会——何が問題なのか』岩波書店 (岩波新書), 78-81頁。

(30) 筆者は最低賃金法に基づく地域別最低賃金の時間単価をベースにフルタイムで稼働した場合に得られる標準月額以下の稼得の場合を「閾下稼得」とし, これを超える就労収入がある場合を「稼得」として区分した。

㉛ 加算には，老齢加算，障害者加算，母子加算，放射線障害者加算，妊産婦加算，在宅患者加算算，児童養育加算，介護施設入所者加算，介護保険料加算，人口栄養費加算，冬季加算があり，これらを各種加算群とした。このうち老齢加算は2004（平成16）年度から段階的に削減され2006（平成18）年度に全廃された。また人口栄養費加算は2005（平成17）年度に廃止された。母子加算については，2005（平成17）年度に縮減さたが2007（平成19）年度，2008（平成20）年度の2か年で全廃が決定された。なお冬季加算は各種加算群に含めず基準生活費群として分類した。
㉜ 生活保護法第8条（基準及び程度の原則）は「保護は，厚生労働大臣の定める基準により測定した要保護者の需要を基とし，そのうち，その者の金銭又は物品で満たすことのできない不足分を補う程度において行うものとする。」と規定し，同法第9条（必要即応の原則）は「保護は，要保護者の年齢別，性別，健康状態等その個人又は世帯の実際の必要の相違を考慮して，有効且つ適切に行うものとする。」と規定するなど保護の原則を定めている。
㉝ 「被保護者」とは，生活保護法第6条第1項の規定により現に保護を受けている者をいい，「要保護者」とは，同法第2項の規定により現に保護を受けているといないとにかかわらず，保護を必要とする状態にある者をいう。
㉞ 筆者は，稼働所得の収入見込み月額の目安（possibility＝実現可能閾）として，最低賃金法に基づく地域別最低賃金（大阪府708円，東京都714円）時間給708円×7時間×21日≒100,000円（千円単位は四捨五入）を基準とした場合，これを下回る稼働収入を「閾下稼得」としている。
㉟ 小西祐馬（2003）「生活保護世帯の子どもの生活と意識」『教育福祉研究』第9号。
㊱ 苅谷剛彦（2001）『階層化日本と教育危機――不平等再生産から意欲格差社会』有信堂。
㊲ 小西祐馬（2005）「子どもの貧困研究の動向と課題」『社会福祉学』第46-3巻，日本社会福祉学会。
㊳ 樋口美雄・法専充男ほか編（2003）『日本の所得格差と社会階層』日本評論社。
㊴ 道中隆・杉本正（2006）「生活保護における最低生活費と就労インセンティブ――被保護者の就労支援方策と就労自立の困難性」『帝塚山大学心理福祉学部紀要』第2号，97-120頁。
㊵ 道中（2007 c）「ホームレス自立支援の結果と今後の課題――S市における取り組みの実践からみえてくるもの」『厚生労働科学研究費補助金政策科学推進研究事業報告書――格差と社会保障のあり方に関する研究』（研究代表者：駒村康平），169-193頁。

第2章
要保護層の貧困の実態

1　世帯類型別実態調査の目的

　近年，わが国の経済状況はデフレを脱し，一旦は景気拡大による雇用も拡大した。しかし2008（平成20）年の後半以降，米国のサブプライム問題に端を発した金融危機により，世界は100年に一度といわれる大不況に見舞われた。生活保護受給者が増加し，保護率も上昇し続けている。特に都市部において増加が顕著で，地方と大都市とにおいて地域間格差が生じているともいわれている。世帯類型別では単身高齢者世帯や母子世帯，その他世帯の増加など保護動向の様相に変化が生じている。

　わが国において雇用システムの激変等から格差が拡大し二極化してきているといわれる昨今，富裕層と貧困層の両極のうち，貧困層を代表としていると考えられる生活保護の受給層の実態調査を行い，本章では貧困の様相やその特徴，貧困にかかわる誘因を明らかにする。そして，保護受給という貧困に至る原因や貧困の誘因に関する調査を実施することにより，貧困に関する実証的データの分析結果から新たな知見および福祉政策上の示唆を得ようとするものである。貧困に陥るライフステージとして，「子育て期」，「就労期」，「高齢期」が考えられるが，ここではライフステージにはこだわらず保護の受給層を対象に受給に至った要因分析を行うこととする。

　調査は保護受給世帯の動向および就労実態，生活実態等から保護受給層の一体どのような人々が日本型ワーキングプア化しているのか，その特徴は何かに

ついて，様々な調査結果を引用するとともに，保護の動向という数値だけでは生活保護受給者の生活実態や就労実態は捉えられないことから，直接的な被保護世帯の実態調査として，世帯類型別および被保護者の属性と就労に関する調査「世帯類型別実態調査」を実施する。

2　世帯類型別実態調査の方法

（1）調査研究の視点

　世帯類型別および被保護者の属性と就労に関する調査「世帯類型別実態調査」は，次の仮説の検証を行い，さらには新たな仮説を生成しようとするものである。この仮説は，筆者の生活保護ワーカーという実体験と図表1-3の近年の貧困研究に基づき，導いたものである。

① 被保護世帯および低所得者層をはじめとする貧困の裾野はみえないところで拡大を続け，日本型ワーキングプアの固定化が考えられないか。

② 被保護世帯は総じて低位学歴の可能性が高く就労に困難性がともなうものとなっていないか。

③ 被保護世帯は低位学歴と仮定すれば就労の機会が限定され就労しても期待される稼働所得が収入見込月額の目安の可能性（possibility）以下の閾下稼得の低賃金にとどまっていることが考えられないか。

④ 保護の受給履歴として，過去に生活保護を受給し，一旦保護からの脱却があっても生活基盤の脆弱性から，再び生活保護受給世帯となっている状況が考えられないか。

⑤ 保護受給という経済的貧困が親から子どもへと引き継がれ世代間継承していることが考えられないか。

⑥ 稼働する被保護世帯において世帯類型，最低生活費の階層区分間で就労インセンティブ・ディバイド（Incentive divide）[1]が生じているのではないか。

以上の観点から生活保護世帯に関する調査を行い，貧困の基本的な誘因や構

成要素を探っていく。こうした仮説を検証することは，就労してもなお生活保護から離脱できない被保護世帯の日本型ワーキングプア化の実態を探ることにもつながる。また，就労インセンティブ（Incentive）の弛緩によってインセンティブ・ディバイド（Incentive divide）が生じていることや，生活保護世帯の特徴的な属性，就労実態など貧困の様相を明らかにする。併せて生活保護の老齢加算の削除，母子加算の削減，逓減率の導入，高校の就学費用の認定等これまでとは異なるナショナル・ミニマム設定上の評定尺度に関する制度改革の妥当性や問題点，課題を探りつつ生活保護制度改革の方向性についてより実証的な基礎を与え，今後の生活保護制度の改革誘導に資するための知見を得ようとするものである。

（2）世帯類型別実態調査の方法

本調査では，A市自治体（以下「AWO」という）およびB福祉事務所（以下「BWO」という），C福祉事務所（以下「CWO」という）の被保護世帯（平成18年4月1日現在）から調査対象ケースを以下により無作為抽出した。

調査対象ケースは，図表2-1のとおり，総被保護世帯数3,924世帯（AWO被保護世帯数1,338世帯，BWO被保護世帯数1,784世帯，CWO 802世帯）のうち，被保護世帯390世帯をランダム抽出（抽出率9.94％）した。抽出した調査対象ケースについては，それぞれ世帯類型別，調査項目別にケース実態を調査した。

① 地区担当ケースワーカー（以下，CWとする）ごとの担当ケースをそれぞれ厚生労働省大臣官房統計情報部の福祉行政報告例に則って高齢者世帯，母子世帯，傷病者世帯，障害者世帯，その他世帯の世帯類型別に分類した。
② 地区担当CWごとに「ケース登載簿」に登載されているケース番号の下1桁の数を乱数表により特定し順次，下2桁，下3桁と移行して担当ケース総数の12％を目処に無作為抽出した。ただし高齢者世帯の抽出は，入院ケース，施設入所ケースを除く居宅ケースのみを対象とした。
③ 抽出したケースのうち保護の停止および廃止決定となっているケースは調査対象から排除し，欠落補充は行わない。

図表2−1　世帯類型別実態世帯の調査対象ケース数

世帯類型	被保護世帯数				抽出率	調査対象被保護世帯数			
	小計	AWO	BWO	CWO	(％)	小計	AWO	BWO	CWO
高齢者世帯	1,625	501	783	341	5.60	91	18	59	14
母子世帯	631	237	270	124	16.80	106	34	54	18
障害者世帯	432	169	199	64	9.26	40	14	21	5
傷病者世帯	1,012	359	436	217	9.88	100	31	55	14
その他世帯	224	72	96	56	23.66	53	12	25	16
総　　計	3,924	1,338	1,784	802	—	390	109	214	67

(注)　1　AWOおよびBWO，CWOの福祉行政報告例の数値である。
　　　2　被保護世帯総数欄の数値は，平成18年4月1日現在の被保護実世帯数である。
(出典)　著者作成。

調査は，①世帯類型，②世帯主の年齢，③世帯主の性別，④世帯主の最終学歴，⑤世帯人員数，⑥保護の受給期間，⑦稼働・非稼働，⑧就労形態，⑨稼働収入額，⑩扶養，⑪年金受給の有無・受給額等，⑫保護受給履歴，⑬保護の世代間継承，⑭10代出産の計14の基本項目についてであり，相談記録およびケースファイルの記録，ケースファイルに編綴された関係資料から個別に精査の上，世帯ごとに「調査個別検討票」（筆者が作成した世帯個票）に記載し，さらに世帯類型別にとりまとめ「実態調査総括表」を作成した。

(3) 倫理上の配慮

本調査では，情報管理者に調査目的および主旨を十分説明した上で，インフォームド・コンセントをとった。また，職場内でのコンセンサスが得られるよう直接指導職員にも情報管理者から説明した。原票から得られたデータ，「調査票」の個票，集計表の基礎資料は，A市自治体および調査場所から持ち出さないこととし，持ち出すのは得られたデジタルデータのみとした。

以上により，本調査研究における個人情報およびプライバシー保護に細心の注意をはらい研究倫理を遵守し，人権尊重，権利擁護に万全を期した。

図表2-2　A市自治体の世帯類型別実態調査総括表

	総世帯数	調査世帯数	世帯実人員	保護受給期間(月)	平均年齢	学歴					月額稼働収入平均(円)	稼働率(%)	扶養履行件数	扶養1件当り金額(円)
						低位学歴率(%)	中卒件数	中卒率(%)	高校中退件数	高校中退率(%)				
高齢	1,625	91	107	30.10	73.60	79.12	67	73.63	5	5.49	28,517	3.29	6	21,550
母子	631	106	312	32.65	37.46	66.04	41	38.68	29	27.36	74,475	37.73	16	27,381
障害	585	40	47	44.13	52.88	72.50	26	65.00	3	7.50	26,754	7.50	2	19,104
傷病	859	100	159	29.11	53.01	76.00	64	64.00	12	12.00	81,230	11.00	2	5,759
その他	224	53	132	31.08	53.77	67.92	29	54.72	7	13.21	74,831	56.60	0	0
計	3,924	390	757				227		56				26	
平均				32.11	56.11	72.56		58.21		14.36	72,221	22.31		23,735

(注)　高齢者世帯，障害者世帯を除いた平均の低位学歴は70.27％。
(出典)　道中隆（2007b）「保護受給層の貧困の様相―保護受給世帯における貧困の固定化と世代的連鎖」
　　　　『生活経済政策』August. No.127. 生活経済政策研究所。

3　世帯類型別実態調査結果の概要

（1）受給層の稼働収入は閾下稼得の低収入

　調査の結果は，図表2-2の世帯類型別実態調査総括表のとおりである。

　稼働する被保護者の平均収入は，最低賃金をベースとした閾下稼得である月額100,000円を大きく下回る月額72,221円となっている。世帯類型別では稼働率の高いその他の世帯が74,831円，母子世帯が74,475円と低収入となっていた。このことは稼動収入と最低生活費との対比を勘案すると，就労していながらも低賃金であるため生活保護を受給せざるを得ないという稼働世帯の実態を示しているものとして注目される。本調査でも生活保護を受給する稼働世帯の日本型ワーキングプアが浮き彫りとなった。

　生活保護の稼働世帯においては，働く意志をもって一生懸命働いているにもかかわらず保護からの脱却がより困難となっているという実態が確認され，日本型ワーキングプア層の固定化が推測された。したがって，仮説①「低所得者層をはじめとする貧困の裾野はみえないところで拡大を続け，日本型ワーキン

グプア層の固定化が考えられないか」については，本調査の結果では確認することができた。また，保護受給層の世帯主の最終学歴として，約72％が中卒等の低位学歴であったこと，貧困が親から子へと次世代に引き継がれているという世代間継承が約25％見受けられたこと，保護の受給履歴が約42％と高率であったこと，高齢者世帯を除く世帯で10代出産が約10％を超えていたことなどが実証され，これらの調査結果は繰り返し新聞や経済誌等のマスメディアで大きく取り上げられた。これまでグレーゾーンとされていた受給層の生活実態が明らかとなり現実認識を高めるものであった。

（2）受給世帯は総じて低位学歴
　仮説②「被保護世帯は，総じて低位学歴の可能性が高く就労に困難性がともなうものとなっていないか」については，予想された低位学歴よりもかなり高率で，72.56％であった。「教育は良き投資である」といわれる通説に無関心ではいられない驚くべき結果となった。
　生活保護の受給者層において図表2‐2のとおり，72.56％が低位学歴（390ケース中，283ケースが低位学歴）となっていた。学歴別にみると中卒が58.21％，高校中退が14.36％と予想をはるかに超える低位学歴である。とりわけ高校へ進学したものの何らかの事由で1年時もしくは2年時の早い時期に学校教育から退出したことを意味する高校中退率が全体の14.36％にも及んでいることは特筆されよう。
　世帯類型別にみると高齢者世帯，障害者世帯を除く低位学歴率は，全体で70.27％と高い。その内訳は傷病者世帯が76.00％と最も高く，その他世帯が67.92％，母子世帯が66.04％となっており，被保護世帯の世帯類型により格差が顕著となっている。
　保護受給層の高齢世帯のうち無年金である者をAグループとし，年金受給者をBグループに分類した。その結果，高齢者世帯の特徴としては次の4点があげられる。
　1点目は最終学歴として時代的背景等から低位性が推測されたが結果的にも

第2章　要保護層の貧困の実態

図表 2-3　年金と最終学歴

区　分	最終学歴	実人員(人)		構成(%)	平均年齢(歳)	保護期間(月)	年金受給総月額(円)	平均年金受給月額(円)
無年金者 (Aグループ)	A-1	53	49	92.45	71.06	36.24		
	A-2		4	7.55	75.75	27.00		
年金受給者 (Bグループ)	B-1	54	43	79.63	74.00	37.53	2,127,296	49,472
	B-2		11	20.37	73.27	42.81	730,963	66,451
合　　計		N = 107					2,858,259	52,930
平　　均					73.73	32.83	52,930	

（注）　1　年金担保貸付金を利用している者で収入認定除外者及び年金基金のみの受給者は無年金者（Aグループ）とし，それ以外は年金受給者（Bグループ）として分類する。
　　　　2　A-1とB-1は中卒・高校中退のグループ，A-2とB-2は高卒以上のグループとする。
　　　　3　無年金者（Aグループ）の無年金率は49.59%，年金受給者（Bグループ）の年金受給率は50.41%となる。
（出典）　著者作成。

79.12%の高い低位学歴率であったこと。2点目は無年金率が高いということである。図表2-3のとおり，保護受給者層の49.59%が無年金者（Aグループ）で占められていたこと。3点目は無年金者（Aグループ）の大半の92.45%が中卒・高校中退（A-1）の低位学歴で占められていたこと。4点目は年金受給者（Bグループ）のうち，中卒・高校中退（B-1）の平均年金受給月額が49,472円であるのに対し，高校卒業以上の者（B-2）の平均受給月額が66,451円となっており，最終学歴が年金受給額の多寡に強い影響を与えていること。5点目は世代間継承のクロスでは図表2-4のとおり，無年金者（Aグループ）のA1が18.87%で無年金の低位学歴者の場合の方が世代間継承の割合は高いことがわかる。

高校中退率は，全世帯で14.36%，高齢世帯，障害世帯を除く高校中退率は，13.53%となっており，母子世帯で27.36%，その他世帯で13.21%，傷病者世帯で12.00%となっている。母子世帯の高校中退率は27.36%と突出しており，さまざまな困難な課題を抱えるハイリスク母子の姿が浮き彫りとなった。

高校中退理由に成績不良，怠学，不適応などが散見されるが，そのなかの1つに妊娠・出産が確認された。今後，高校就学を阻害している要因の詳細について分析する必要があるなど新たな仮説生成への端緒となった。

図表2-4　年金と保護受給履歴および世代間継承

区　分		最終学歴	実人員(人)	保護受給履歴件数	受給履歴率(%)		世代間継承	世代間継承(%)	
無年金者		A-1	53	49	13	30.19	26.53	9	18.87	18.37
(Aグループ)		A-2		4	3		75.00	1		25.00
年金受給者		B-1	54	43	11	29.63	25.58	1	3.70	2.33
(Bグループ)		B-2		11	5		45.45	1		9.09
合　　計				107	32	29.91		12	11.21	

(注)　1　年金担保貸付金を利用している者で収入認定除外者及び年金基金のみの受給者は無年金者（Aグループ）とし、それ以外は年金受給者（Bグループ）として分類した。
　　　2　A-1とB-1は中卒・高校中退のグループ，A-2とB-2は高卒以上のグループとする。
(出典)　著者作成。

　西田芳正（2006）は、「不利な条件に置かれた若者たちが十分な学校教育を受けないまま早期に学校を離れていく傾向も確認された。『勉強しない』『勉強がわからない』のは、本人の努力不足や親の問題とされる傾向が根強い。しかし、社会教育学の研究成果は、低い階層出身の子どもが学校で成功する（勉強がわかる）には大きな不利を伴うことを明らかにしている」[2]と指摘している。また「同時に、ジェンダー、家族生活や職業に関するモデルの限定性のために、リスク、困難の多い大人の生活への移行が当り前のものと受止められている」とし、貧困の誘因の重要な示唆として困難な家庭出身者の場合の「モデルの限定性」をも指摘する。

　一方、小西祐馬（2007）は「家庭の経済的条件、自身の学力・学歴、サポートの欠如などから、彼／彼女らは高校卒業後に選び取れる進路が非常に狭められており、将来に対して具体的な展望を見出せずにいたということである。選択肢が制限されていることから勉強や仕事に対するアスピレーションを失い、結果、不安定な生活に陥る可能性の高い選択を自らせざるを得なくなっていた」[3]と指摘している。

　本調査の結果から、生活保護受給世帯の学歴の低位性は、彼／彼女らが幾多の厳しい困難な条件を抱えた家庭での生育歴を持っており、「社会的排除」を受けた対象者であることが推測され、西田らの先行研究を裏付ける結果となっ

た。また，小西が最終学歴を高校卒業としているのに対し，本調査においては，「低位学歴」を最も厳しい下限アンダークラスの中卒，高校中退に設定している。その結果，低位学歴率は72.56％と高率で，彼／彼女らを取り巻く環境条件は最悪であった。この低位学歴が，世帯の職業，収入などをはじめとする社会生活上の様々な困難に深く関与しており，将来にはかりしれない影響を及ぼすであろうことは容易に想像できる。

（3）受給履歴率の高さが示す生活基盤の脆弱性

仮説④「生活保護の受給履歴として過去に生活保護を受給し，一旦，保護から脱却があっても，生活基盤の弱さ等から，再び生活保護受給世帯となっている状況が考えられるのでないか」についてを検証していく。社会福祉行政業務報告第32表「保護歴有保護開始世帯数」の全国一斉調査の数値によれば申請17,050件のうち受給履歴のあるものが3,690件で保護受給履歴率は，21.6％となっている。一方，本調査の結果では，図表2-5のとおり，単純には比較できないものの現に生活保護を受給する世帯の多くが，過去においても生活保護を受給していたことを意味する生活保護受給履歴を有しており，全国のほぼ2倍の42.8％となっていた。

生活保護の受給履歴率については，世帯類型上，障害者世帯が50.0％と最も高く，次いで母子世帯が106ケース中，51ケースで48.1％と高率となっていた。

保護受給履歴が全国の約2倍の数値となっていることの理由について，相談記録およびケースファイルの記録を詳細に吟味すると，保護の受給期間との関係において生活保護の受給履歴が他市となっているケースが相当数確認され，あちこちを「転々と引っ越す世帯」の実態が浮かび上がった。子どものいる世帯では転校を繰り返し，子どもを不利な教育環境に追いやっている世帯，多重債務を抱えて同一自治体にとどまれない世帯，軽度の知的障害を疑わせる不適応な状況，精神疾患による近隣とのトラブル，慢性的な家賃滞納など生活の不安定さや親戚縁者からも見放され社会的に孤立した世帯など，さまざまな困難な生活課題を抱える実態が浮かび上がった。

図表2-5　世帯類型別の受給履歴，世代間継承及び10代出産の状況

区分		抽出数	調査項目	調査の結果		
				構成比(%)	該当	非該当
1	高齢者世帯	91	保護受給履歴	35.2	32	59
			世代間継承	13.2	12	79
			10代出産	0.0	0	91
2	母子世帯	106	保護受給履歴	48.1	51	55
			世代間継承	40.6	43	63
			10代出産	26.4	28	78
3	障害者世帯	40	保護受給履歴	50.0	20	20
			世代間継承	35.0	14	26
			10代出産	0.0	0	40
4	傷病者世帯	100	保護受給履歴	42.0	42	58
			世代間継承	19.0	19	81
			10代出産	2.0	2	98
5	その他世帯	53	保護受給履歴	41.5	22	31
			世代間継承	18.9	10	43
			10代出産	1.9	1	52
被保護世帯合計		390	保護受給履歴	42.8	167	223
			世代間継承	25.1	98	292
			10代出産	7.9	31	359

(注)　高齢者世帯を除いた場合の被保護世帯合計数値は，保護受給履歴率45.2%，世代間継承率28.8%，10代出産率10.4%となる。
(出典)　道中隆（2007b）「保護受給層の貧困の様相――保護受給世帯における貧困の固定化と世代的連鎖」『生活経済政策』August. No.127，生活経済政策研究所。

　要するに受給履歴率の高さは，要保護状態が継続するなかでの転居であり，従前の居住地での保護受給を保護歴とみなすために生じている。保護の受給履歴率と受給期間との関係においても同様のことがいえる。つまり，従前の保護の実施機関での受給期間を不算入とし，現居住する転入先の基礎自治体のみ受給期間として処理しているため，実際は保護の継続であるにもかかわらず，再度生活保護の決定が行われ，履歴として記録されるのである。しかし，仮にそうであったとしても，転々と「引っ越す世帯」そのこと自体が生活の不安定さ

図表2-6 母子世帯の最終学歴別10代出産および保護の世代間継承の状況

	母子世帯全体		10代出産		保護の世代間継承	
	実数	構成(%)	実数	構成(%)	実数	構成(%)
中　　卒	41	38.68	13	46.43	18	41.86
高校中退	29	27.36	11	39.29	13	30.23
高卒以上	36	33.96	4	14.28	12	27.91
合　　計	106	100.00	28	100.00	43	100.00

(出典) 著者作成。

や脆弱性を示しているものと考えられ，地域社会での生きる力，適応力の弱さを物語っているといえよう。

(4) 貧困の世代間継承

仮説⑤の「被保護世帯において保護受給という経済的貧困が次世代へと引き継がれ世代間継承していることが考えられないか」について検証する。図表2-5のとおり，現に生活保護を受給する世帯の世帯主が，過去に生育した家庭の出身世帯において生活保護を受けていたということが明確に確認される世帯，つまり貧困の世代間継承が確認される世帯は全体の25.1%で，高齢者世帯を除いた場合は28.8%と相当高い比率となった。また母子世帯の生活保護の世代間継承は図表2-5に示した通りである。最終学歴別にみると図表2-6に示したとおり，世代間継承の総数43件のうち，中卒者もしくは高校中退者の低位学歴者が31件（72.1%），高卒以上は12件（27.9%）となっている。これらのことから保護の世代間継承は，最終学歴の低位性とも深く関与していることが明らかとなった。

生活保護を受給する世帯の世代間にわたる継承は，保護開始決定時のケース記録による生育歴および扶養調査による扶養届出書等から確認されたものだけでも390ケース中，98ケース（25.1%）であり，保護受給の世代間継承率の高さは想定を超えた。加えて被保護世帯から転出した子の世代の生活保護受給件数を加えた場合，世代間継承率はさらに高率な数値に修正されるべきことが推測される。この結果は保護の受給層の自立の困難性を物語っており，貧困の固定

化という厳しい現実認識を高めるものである。受給世帯の処遇困難性や接近困難性といったことにとどまらない社会政策上のインプリケーションのある重要な課題として捉えることができる。

生活保護受給という貧困の世代間継承は，明白な「該当」のみを計上したが，生育歴，エピソード，周辺事情等からその可能性の高いものも相当数見受けられ，貧困が世代を超えて継承されていることを数量的に実証することができた。

従来，福祉の実践のなかで個別事案としては，貧困が世代にわたって継承されることが論じられてきたものの数量的な根拠を示すことが容易でなかった。本調査の結果から，生活保護受給世帯において，「生活困窮」や「社会的排除」が世代を超えて引き継がれていることが浮き彫りにされ，貧困の世代間連鎖を実証することができた。

(5) 10代で出産するというリスク

本調査の実施過程において第1子を10代で出産する事象が散見されるところとなり，調査過程で項目追加を余儀なくされた。すなわち，すでに述べたとおり，高校中退率と第1子の10代出産することとの関係においては高い相関関係にあるのではないか，つまり，10代出産は妊娠，出産という就学阻害要因を招きやすいことから低位学歴との相関が高いのではないか，また妊娠，出産は同時に就労阻害要因となり離職，転職や無職の空白期間を生じさせているのではないか，その空白期間は就労構造から職種，機会の限定や低賃金といった形の水平移動が想定され，貧困への誘因となっているのではないかということが推測される。このように10代での出産に着目したとき，母子世帯特有の何らかの基本的な特徴があるのではないか，貧困の世代間継承の一要素を構成するのではないかなどの強い疑いと新たな視点が生じることとなり，調査の実施過程上における反射的な仮説生成となった。これらの事項のうち，第1子の10代出産について付帯項目として調査を追加実施した。

調査の結果は，10代出産は被保護母子世帯において高率であった（図表2-5）。抽出した被保護母子世帯106ケース中，28ケースの26.4%が，第1子を10

代で出産していることが明らかとなった。さらに母子世帯における10代出産と最終学歴との関係については，10代出産総数28件中，24件（85.7％）が中卒者もしくは高校中退者の低位学歴者で占められ，10代出産者のうち高校中退者は11件で39.29％にも及んでいる（図表2-6）。この10代出産の問題については，第3章で詳述する。

　室住（2006）は「今日の貧困において子どもの存在は，二重の意味で重大な影響を及ぼしている。子どものための支出が世帯の支出を増大させる一方で，子どものケアと市場労働との調和が難しく，母親の就労中断によって世帯所得が減少するからである。子どもの存在は，世帯の貧困リスクの大きな要因となっている可能性が高い。子ども個人にとっても，経済的に困難な家庭に誕生した場合，経済的に豊かな家庭で成長した子どもと同等の機会や発達条件，将来の可能性から排除される危険の高い状況は重大な問題である」(4)と論じている。本調査の結果は，それらの重要な指摘を数量的に実証することができたといえるだろう。

　受給者とのちがいについての10代出産の場合，子どもに対してしばしば「うっとおしい」，「時間をとられじゃまになる」といった否定的感情にしか捉えられない母親がいる。また，世俗的なことばでいうなれば「できちゃった不幸」，「望まない出産」，「出産が不幸の始まり」などということばで表現されるサポートのない未成年の母にとって子どもの存在は，貧困の基本的な要素を構成する。それは貧困リスクとして悲しいほどの典型パターンとなっており，子育て支援を含めた様々な援助を要するハイリスクな被保護母子世帯の実態が明らかとなった。

（6）被保護母子世帯の社会的孤立

　該当ケースのなかには，婚外による出産，DVにより加害者から逃れている母子，母子世帯の子どもが子どもを出産する母子世帯の母子，児童虐待，うつ病など精神疾患で健康問題を持つ母子，非行，不登校・いじめ・引きこもりなどの子どもの問題（親の問題）を有する母子，多重債務を抱える母子，児童福

祉施設での生育歴を持ち，出産した自分の子を第1子，第2子と児童福祉施設に入所させるという二代にわたる「ホトトギスシンドローム」や両親の職業を知らされず病理的家庭での生育歴を有する母子など貧困の負の相乗作用としての多様な事象が凝縮していた。

　今回の世帯類型別実態調査の付帯調査の結果においては，A市自治体の被保護世帯の母子世帯のうち，保護継続中で配偶者のいない世帯における出産が少なからず出現している。これらの事象については個々人の人生観や主観的な側面に強くかかわり，人々の内面的な価値判断に依存するところが大きいことを念頭に置いておく必要がある。つまり，保護を受給していてもライフスタイルというものは千差万別で個人の価値観に大きく左右される。しかし，現実的に考えると，そういった状況での出産は新たな生活課題をかかえこむことを意味するのである。

　また，A市自治体の調査の過程において児童虐待が散見された。いずれにしても困難な生活課題を抱えている要保護層の多くは，社会的に孤立化していることから問題の熟度が高く，世帯自身の問題解決能力を引き出す働きかけや，地域のネットワークによる支援関係などコミュニティケアのニーズの高い世帯であることが確認された。被保護母子世帯が抱える様々な課題については第3章でさらに詳しく述べる。

（7）子どもの貧困と教育

　被保護世帯は，世帯主自身の低位学歴による稼得の限界や高等教育に対する指向性の低さなどから，子どもに十分な教育機会を与えることができない可能性がある。2004（平成16）年の子どもの学習費の状況については図表2-7のとおりである。

　わが国では，形式的にはすべての子どもたちに教育の機会を保障するしくみがある。近年では，高校等へはほぼ全数（97％）が，大学・短大等ではほぼ半数が進学している。教育の機会はさらに高等教育へと拡がっている。しかしながら，保護の受給層の子どもに対し，支給される教育扶助は，図表2-8のと

第2章 要保護層の貧困の実態

図表2-7　子どもの学習費の状況（全国中学校）　　　　　　　　　　　（単位：円）

区　分	公立(第1～3学年)		私立(第1～3学年)	主な内容
	平　均	政令市	平　均	
学習費総額 （月額）	468,773 (39,064)	572,290 (47,691)	1,274,768 (106,231)	
学校教育費	132,603	121,789	956,233	授業料，修学旅行・遠足・見学費，学級・児童会・生徒会費，PTA会費，その他の学校納付金，寄付金，教科書費・教科書以外の図書費，学用品・実験学習材料費，教科外活動費，通学費，制服，通学用品費，その他
学校給食費	36,701	29,419	3,100	
学校外 活動費	299,469	421,082	315,435	補助学習費（家庭内学習費・物品費・図書費，家庭教師費・学習塾費・その他） その他の学校外活動費（体験活動・地域活動・芸術文化活動・月謝等・その他，スポーツ・レクレーション活動・月謝等・その他，教養・その他・月謝等・図書費・その他）

（注）　1　生活保護の教育扶助は，中学校の基準額（月額）4,180円と教材費等の実費が給付される。
　　　　2　生活保護の教育扶助は，中学校の基準額4,180円（月額）および学習支援費4,330円（月額）と教材費の実費が給付される。
（出典）　文部科学省（2004）「平成16年度子どもの学習費調査」をもとに著者作成。

図表2-8　生活保護の教育扶助の基準額（月額）

学校別 区　分	小　学　校	中　学　校
基　準　額	2,150円	4,180円
学　級　費　等	620円以内	740円以内
教　材　代	正規の教材として学校長又は教育委員会が指定するものの購入に必要な額	
学　校　給　食　費	保護者が負担すべき給食費の額	
通学のための交通費	通学に必要な最小限度の額	

　　（注）　1　平成20年度の教育費基準額（月額）。
　　　　　　2　平成21年7月から「学習支援費」が新設され，小学校2,560円（月額），中学校4,330円（月額）が支給される。なお，高等学校等に就学している場合は生業扶助の「高等学校等就学費」の学習支援費として，5,010円（月額）が支給される。
　　（出典）　生活保護手帳編集委員会（2008）『生活保護手帳（2008年度版）』中央法規出版，212頁を著者一部修正。

おりであり，図表2-7の全国の子どもの学習費の状況と比較すると経済的に明らかに大きな格差が認められる。生活保護受給世帯の子どもたちは十分な教育コストがかけられていない不利な条件に置かれている。子どもの貧困は，このように教育の低位性となり，最終学歴の低位性は，彼／彼女らの職業の選択を困難とし，誰でも，いつでもできる将来のない仕事，つまり「袋小路の職業（Job of blind alley）」が準備されることとなる。

（8）母子世帯およびその他世帯における就労インセンティブ（Incentive）の弛緩

　生活保護を受給する世帯の世帯類型のうち，高齢，障害の世帯を除く稼働年齢層（15歳から64歳）にある稼働者をより多く含むことが予測される母子，傷病，その他の世帯について，その実態調査を行った。稼働率は，その他の世帯で56.60％，母子世帯で37.73％で高く，次いで傷病世帯11.00％となっている（図表2-2）。世帯類型全体では22.31％の稼働率となっている。したがって，日本型ワーキングプア層はその他世帯と母子世帯に凝縮されている可能性が高い。

　筆者の長年の実務経験によれば，その他世帯および母子世帯は稼働率が高いものの多くの場合，低賃金で最低生活費以下の低収入にとどまっていることが多い。

　稼働率では，その他世帯および母子世帯の稼働率は高いものの，内容は最低賃金もしくはそれを若干上回る程度の低賃金，短時間労働であり，稼働するその他世帯および母子世帯の低収入が顕著となっている。パートから常用をはじめとする福祉事務所の増収・転職指導等に対して，「5万円でも働いている。それでエエやんかー」，「何で転職（増収）せなアカンのー」というような言動もしばしば見受けられるところとなっている。福祉事務所の現場では，稼働阻害要因のない稼働年齢者に対しては，本人の意向を受けて極力，フルタイムの正規就労にむけて就労支援を行っているが，ハローワークの窓口では，本人からパート等の非正規就労の希望となっているなど求人側と求職側とがマッチン

グしていない。このことは子どもを養育していることのハンディを考慮したとしても，生活保護を受けて稼働するその他世帯および母子世帯における就労インセンティブ（Incentive）の弛緩が考えられる。雇用環境の厳しさと相俟って稼働世帯の世帯類型間において，就労インセンティブ・ディバイド（Incentive divide）が生じている可能性を示唆するものとして注目されよう。

しかしながら，本人はフルタイムの就労を希望しているにもかかわらず，雇用主側が賃金コストを考えてパートしか雇わないことや年齢・学歴のハンディによる困難性など，非正規就労は望まないが意に反してパート就労に甘んじているという実態もある。これらのことから就労していないということは，「自己責任」とは言い切れない政策から取り残された人々の姿であるとも捉えられ，社会構造を基底とした隠れた労働問題として認識されよう。

したがって，就労支援をするには個別具体なアセスメントを行うとともに就労阻害要因を軽減化し，①学歴，②職業履歴，③年齢等を考慮する必要がある。さらに今後，優先度の高い新たな政策上の課題として，就労インセンティブ（Incentive）政策が焦点化されよう。就労意欲を獲得する支援として，「働いた結果が報われる」ような実効性のあるものが望まれる。現行制度では就労に伴う必要経費控除，基礎控除，特別控除等がある。これらの勤労控除が単に就労に伴う増加需要を補填するという位置付けだけでなく，就労インセンティブ（Incentive）や保護からの脱却のための備えという位置付けに政策変更することが重要である。

（9）生活保護の受給期間の長期化

低賃金・非正規雇用が広がりワーキングプアが社会問題化するなかで，働いても生活が成り立たないといった低所得者層が大量に生活保護にドロップアウトすることが考えられる。要保護世帯の稼働収入が最低賃金もしくはそれを若干上回る程度の低賃金に止まることから収入が生活保護基準額を下回るため生活保護からの脱却が困難となる。そのため生活保護受給層において稼働世帯の増加といった日本型ワーキングプア化とともに，ここ数年の間に生活保護を受

図表2-9　世帯類型別の保護受給期間の推移（A市）　　　　　　　　　　　（単位：構成比％）

受給期間	高齢		母子		傷病障害		その他		計	
	平成14年3月	平成18年8月	平成14年3月	平成18年8月	平成14年3月	平成18年8月	平成14年3月	平成18年8月	平成14年3月	平成18年8月
1年未満	10.1	6.5	31.0	12.4	24.9	13.8	36.1	23.8	18.7	11.0
1～3年	21.7	20.2	32.8	36.1	24.0	29.4	38.0	41.1	24.2	26.5
3～5年	13.4	16.1	16.2	24.7	15.8	18.8	9.3	14.7	14.5	18.0
5～10年	18.1	27.5	15.9	22.2	17.1	21.7	7.3	15.8	17.2	24.0
10年以上	36.7	29.7	4.1	4.6	18.2	16.3	9.3	4.6	25.4	20.5
合計	100.0	100.0	100.0	100.0	100.0	100.0	100.0	100.0	100.0	100.0

（注）　1　本表は被保護世帯訪問計画表の保護開始年月日により保護受給期間を算出したものである。
　　　　2　本表はA市自治体の被保護世帯数3,191世帯実数の構成比である。
（出典）　著者作成。

図表2-10　世帯類型別の保護受給期間の推移（全国）　　　　　　　　　　（単位：構成比％）

受給期間	高齢		母子		傷病障害		その他		計	
	平成14	平成17	平成14	平成17	平成14	平成17	平成14	平成17	平成14	平成17
1年未満	9.7	8.0	22.7	18.0	17.4	14.4	24.7	19.5	14.6	12.5
1～3年	18.4	17.0	31.8	32.9	24.1	24.4	26.1	31.1	22.2	22.5
3～5年	14.2	15.3	18.4	20.6	15.5	17.2	15.3	17.2	15.2	16.7
5～10年	20.7	25.0	19.2	22.0	19.6	22.0	15.8	17.9	19.8	22.9
10年以上	37.0	34.7	7.9	6.5	23.4	22.0	18.1	14.3	28.2	25.5
合計	100.0	100.0	100.0	100.0	100.0	100.0	100.0	100.0	100.0	100.0

（出典）　「被保護者全国一斉調査（個別調査）」14年度および17年度。

給する期間が総じて長期化している。

　保護の受給期間10年以上はA市で20.5％，全国で25.5％となっており，これに保護受給期間5～10年の世帯を合わせると，A市では44.5％，全国では48.45％とともに被保護世帯総数の約4～5割を占めている。このことは一旦，生活保護を受給すると長期化し，固定化する実態にあることを意味する（図表2-9，図表2-10）。図表2-9のとおり保護受給期間は3～5年（14.5％→18.0％），5～10年（17.2％→24.0％）の間で31.7％から42.0％と10.3ポイントと増加しており，総じて生活保護受給期間の長期化の様相を呈している。内訳では，特に母子世帯が14.8ポイント，その他世帯が13.9ポイントとそれぞれ高い伸びを示し，

保護からの自立がより困難となっていることが推測される。

　A市においては，保護受給期間1年未満の世帯の構成割合は，2002（平成14）年度3月時点でみると，母子31.0％，その他36.1％，傷病障害24.9％から，2006（平成18）年8月では母子12.4％（18.6％減），その他23.8％（12.3％減），傷病障害13.8％（11.1％減）と，この4年間に短期の1年未満の受給者が大幅に減少している。このことは1年以内の短期間に生活保護からの脱却が困難な世帯が増加しているともいえ，保護受給層の受給期間の長期化と固定化が推測される。

　藤原千沙（2006）は，「母子世帯になってからの期間と生活水準」の調査研究で児童扶養手当から「自立した世帯は，母子世帯になった初期に短い期間で自立している。母子世帯として暮らし始めたとき，収入の増加が見込める安定した正規職に就けるかどうかが鍵であり，母子世帯になる前段階での相談体制や支援体制の充実が求められている[5]」と指摘しているが，基本的には生活保護を受給する母子世帯においても同様のことがいえよう。

　しかしながら，藤原の調査研究の客体が最終学歴の低位学歴の中卒者がわずか2％で，多くが高等教育を受けていることや経済的にも必ずしも不安定ではない対象者であることに対して，本調査の客体は生活保護の受給者であり，これまで述べてきたとおり，低位学歴，世代間継承，10代出産，保護の受給履歴など，より厳しい環境下での生育歴を有する母子世帯である。そのことから藤原の指摘する事前の対策部門「母子世帯になる前段階での相談体制や支援体制の充実」と併せて，事後の対策部門として政策パッケージの必要性がより強調されよう。

　保護の受給期間に関する詳細な議論は，保護の開始件数，保護の廃止件数の推移等詳細な動向を分析把握した上で実証的に明らかにする必要がある。生活保護を受給する世帯には，稼働能力を有しない高齢者世帯や傷病・障害世帯などが多く，保護から脱却するという自立が困難な実態にあり，保護の受給期間の長期化は避けられない。一方，自立支援政策の見地から，稼働年齢層にある世帯の保護の長期化については懸念される。

図表2-11　世帯類型別被保護世帯数の年次推移（1か月平均）

	13年度	14年度	15年度	16年度	17年度	対前年度 増減数	対前年度 増減率(%)
総　　　数	805,169	870,931	841,270	998,887	1,041,508	42,621	4.3
高齢者世帯	370,049	402,835	435,804	465,680	451,962	△13,718	△2.9
障害・傷病者世帯	303,554	319,301	336,772	349,844	389,818	39,974	11.4
その他世帯	61,930	72,403	84,941	94,148	107,259	13,111	13.9
母子世帯	68,460	75,097	82,216	87,478	90,531	3,053	3.5

（注）　総数には保護停止中の世帯を含む。
（出典）　厚生労働省大臣官房統計情報部（2006）「社会福祉行政業務報告（福祉行政報告例）結果の概要」。

　保護世帯の稼働・非稼働割合は，「生活保護運営計画書（平成18年度）A市」においては稼働世帯が12.4%，非稼働世帯は87.6%であり，保護の開始原因は，「疾病によるもの」（43.7%）がもっとも多く，次いで「働きによる収入減」（15.3%）となっている。

　現行の生活保護のなかで稼働年齢層にあり，稼働者を含む可能性の高いのは，母子世帯とその他世帯である。しかし，稼働能力を有し，就労する母子世帯やその他の世帯については，働いて得た就労収入が「閾下稼得」にとどまっており，結果的に，就労所得だけをみると母子世帯，その他世帯が日本型ワーキングプアとなっている。したがって，稼働する母子世帯，その他世帯においても保護の受給期間が長期化し，かつ固定化している実態が確認された（図表2-11）。

　生活保護の受給期間については，通常，同一自治体内の保護の受給期間を単純に算定する方法が採用されている。しかし，統計にあらわれない保護受給期間として，被保護者が，要保護状態を継続したまま他の自治体へ転出するような場合，保護の実施機関間におけるケース移管という変動が生じることから，直近のケース受移管による保護開始年月日を起算点とする実態がある。

　受給期間は，複数の自治体における保護受給期間を合算して正確に算定しなければならないが，本調査では前者の福祉行政報告例による数値を採用した。

したがって，世帯類型別被保護世帯の調査結果における世帯類型別調査総括表（図表2-2）の保護受給期間には，転居前の自治体における受給期間が含まれていないことから，図表2-2の数値はより大きくなることが推測される。しかしながら，本調査ではこれらの2グループの誤差を検証するための調査は困難である。したがって，「保護の受給期間の長期化」の仮説については，周辺的で直接的な論拠を導き出すことはできなかったものの，棄却できるだけの具体的な論理性もない。

以上から少なくとも既述の生活保護受給履歴率が，母子世帯では48.1％と高率になっており（図表2-5），さらに保護の受給期間はこの調査による保護受給期間より相当長期間に及んでいるとも解釈することができる。つまり本調査で確認した保護受給期間は"みせかけ"の受給期間であることが推測され，実際は従前の地方自治体での受給期間を転入した地方自治体での受給期間に算入し合算する必要があることがわかる。

ここでは生活保護の受給機関が長期に及んでいることを否定的に捉え，自立を就労による保護廃止など，生活保護からの脱却のみを奨励するという趣旨ではない。自立とは社会福祉法が示すように地域社会を構成する一員としてその有する能力に応じ自立した日常生活を営むことであり，社会，経済，文化その他あらゆる分野の活動に参加することであるとする考え方に異論はない。生活保護の受給層のなかにはさまざまな事由から受給期間が長期にわたる人がいるのは当然である。むしろ，生活保護が「脱却しにくい」制度となって貧困が固定化することが問題なのである。保護の受給期間の長期化の問題は，特に稼働年齢層にある者が一生懸命に働いても生活が成り立たないといったワーキングプア層や低所得者層が生活保護を受給し，そこから抜け出すことが難しくなっていることを示す指標として捉えることができる。

生活保護から抜け出すためのステップとして，勤労控除額の大幅な拡大や貯蓄の容認など，備えができるような制度改正や，脱却後の不安定な時期に対処できるような包括的な支援制度を整備することである。そのことが貧困の世代的再生産を防ぐことになるであろう。

図表2-12　稼働・非稼働別世帯構成割合の推移

	被保護世帯数				稼働世帯数					非稼働世帯数				
	総計	AWO	BWO	CWO	小計	AWO	BWO	CWO	構成(%)	小計	AWO	BWO	CWO	構成(%)
平成13	2,465	920	991	554	388	169	122	97	15.74	2,077	751	869	457	84.26
平成14	2,971	1,106	1,239	626	485	200	165	120	16.32	2,486	906	1,074	506	83.68
平成15	3,281	1,178	1,428	675	565	225	205	135	17.22	2,716	953	1,223	540	82.78
平成16	3,592	1,263	1,575	754	650	250	256	144	18.10	2,942	1,013	1,319	610	81.90
平成17	3,924	1,338	1,784	802	751	279	331	141	19.14	3,173	1,059	1,453	661	80.86
平成18	4,023	1,383	1,818	822	660	246	294	120	16.41	3,363	1,137	1,524	704	83.59

(注)　本表の被保護世帯数は平成17年度を除いて年度平均の数値であり平成17年度の被保護世帯数は4月1月現在である。
(出典)　A市「福祉行政報告例」。

4　深刻度を増す受給層の日本型ワーキングプア

　生活保護を受給する稼働世帯の実数および構成割合は図表2-12のとおり，2001（平成13）年度の15.74％から2005（平成17）年度は19.14％と3.4ポイント上昇し，実数においても388世帯から751世帯と倍増している。この4年間の短いスパンに被保護世帯における稼働世帯に大きく増加し，逆に非稼働世帯の占める割合は84.26％から80.86％と低下している。

　著者のかかわってきた多くの自治体での実務経験からいえば，保護の実施機関の厳しい運用実態として稼働能力の活用がはかられることを前提とし，保護の抑制が行われていた。このことから，数年前までは健康で稼働能力を有した稼働年齢者層は，「稼働能力の活用」を最優先させ，生活保護制度とは別に，保護の運用により生活保護の窓口から排除されてきたという認識がある。「保護の2つ神話」，すなわち稼働能力を有する者は「一生懸命に探せば仕事は見つかる」，「努力して仕事さえすれば何とか食べて行ける」という認識があった。これらの対象者には，そもそも保護制度利用者の地位から排除されていることについての暗黙の了解すらあった。しかし，近年，その認識は崩壊し，生活保護制度において「稼働能力の活用」は意志・意欲と実態に乖離が生じるように

なってきている。

　林訴訟では,この「稼働能力の活用」の意思の有無が争点となった。この稼働能力の活用の意思があるかどうかの判断は,稼働能力を活用する「就労の場」が現実に得られるかどうかを参酌する必要があり,個人差が大きく一律に判定することは困難である。したがって,稼働能力の活用については,「活用しようとしても,実際に活用できる場がなければ『利用し得る能力を活用していない』とはいえない」と判示された。

　産業構造の大幅な転換,雇用のビッグバンという潮流のなかで非正規就労が増え,低所得者層は厳しい労働市場にさらされるようになった。このことは運よく就職できたとしても,正規雇用ではなく,低賃金で不安定な非正規就労を余儀なくされることを意味している。「働いても最低生活が維持できない層」,つまり低賃金労働者層が増加し,保護の受給要件を具備する非保護受給層の拡大と現に保護をうけている受給層の日本型ワーキングプアが着実に増加していることに他ならない。

　福祉行政報告例（平成18年3月分A市）によると,世帯類型別の稼働・非稼働世帯の構成割合は,稼働世帯が16.41％,非稼働世帯は83.59％となっている（図表2-12）。これを世帯類型別にみると,稼働年齢層で稼働者をより多く含むと考えられる母子世帯で稼働率は51.72％,その他世帯で稼働率が43.90％と高率となっており,稼働収入が最低賃金を下回る閾下稼得の日本型ワーキングプア化は,特に母子世帯,その他世帯で確認され,深刻度が増している。

　一方,全国の生活保護動態調査によると,図表2-13のとおり,保護の開始理由が,1989（平成元）年では傷病（76.2％）,稼働収入減（5.5％）,その他（18.3％）であったものが,2005（平成17）年には傷病（42.8％）,稼働収入減（14.8％）,その他（42.4％）と傷病を理由とするものが激減（33.4％減）し,逆に稼働収入減（14.8％）とする理由が大きく伸び（9.3％増）ており,ここ数年の間に保護の開始理由の様相に大きな変化があらわれている。このことからも被保護世帯における稼働世帯の日本型ワーキングプア化についての論拠の一端を見出すことができる。

図表2-13　保護の開始理由別被保護世帯数の年次推移（全国）

	実　数					構　成　比				
	総数	傷　病			稼働収入減	その他	総　数	傷　病			稼働収入減	その他
		総数	世帯主	世帯員				総数	世帯主	世帯員		
	世帯	世帯	世帯	世帯	世帯	世帯	%	%	%	%	%	%
昭和31年	15,968	5,738	4,334	1,404	3,731	6,499	100.0	35.9	27.1	8.8	23.4	40.7
32	15,536	10,065	6,559	3,556	5,471		100.0	64.8	41.9	22.9	35.2	
33	20,920	10,254	—		10,666		100.0	49.0	—		51.0	
34	20,633	11,250	6,444	4,806	2,570	7,146	100.0	53.7	30.7	22.9	12.3	34.1
35	20,250	11,714	7,354	4,360	2,294	6,242	100.0	56.8	35.9	20.9	8.1	35.1
36	20,974	11,270	7,422	3,848	2,580	7,124	100.0	53.7	35.4	18.3	12.3	34.0
37	20,544	10,824	7,238	3,586	2,634	7,086	100.0	52.7	35.2	17.5	12.8	34.5
38	21,678	11,598	8,036	3,562	3,020	7,060	100.0	53.5	37.1	16.4	13.9	32.6
39	19,916	11,100	8,242	2,858	1,922	6,894	100.0	55.7	41.4	14.4	9.7	34.6
40	18,990	13,092	9,684	3,408	1,614	4,284	100.0	68.9	51.0	17.9	8.5	22.6
41	18,900	13,262	10,254	3,008	1,554	4,084	100.0	70.2	54.3	15.9	8.2	21.6
42	18,012	12,832	10,180	2,652	1,498	3,682	100.0	71.2	56.5	14.7	8.3	20.4
43	16,966	12,459	10,195	2,264	1,160	3,347	100.0	73.4	60.1	13.3	6.8	19.7
44	17,394	12,732	10,530	2,202	1,233	3,429	100.0	73.2	60.5	12.7	7.1	19.7
45	16,435	13,297	11,265	2,032	744	2,394	100.0	80.9	63.5	12.4	4.5	14.6
46	17,009	13,025	10,913	2,112	1,133	2,851	100.0	76.6	64.2	12.4	6.7	16.7
47	17,740	13,667	11,481	2,186	1,051	3,022	100.0	77.0	64.7	12.3	5.9	17.0
48	14,402	11,134	9,467	1,667	802	2,466	100.0	77.3	65.7	11.6	5.6	17.1
49	14,438	10,862	9,692	1,170	841	2,735	100.0	75.2	67.1	8.1	5.8	19.0
50	15,431	11,593	10,401	1,192	1,021	2,817	100.0	75.1	67.4	7.7	6.6	18.3
51	14,854	11,104	9,997	1,107	850	2,900	100.0	74.8	67.3	7.5	5.7	19.5
52	15,615	11,527	10,427	1,100	940	3,148	100.0	73.8	66.8	7.0	6.0	20.2
53	15,485	11,145	10,087	1,058	1,069	3,271	100.0	71.9	65.1	6.8	6.9	21.2
54	14,132	9,926	8,991	935	1,146	3,060	100.0	70.2	63.6	6.6	8.1	21.7
55	15,115	10,637	9,687	950	1,211	3,267	100.0	70.4	64.1	6.3	8.0	21.6
56	15,250	11,216	10,311	905	0,046	2,988	100.0	73.6	67.6	5.9	6.9	19.6
57	14,907	10,973	10,232	741	1,069	2,865	100.0	73.6	68.6	5.0	7.2	19.2
58	14,908	10,675	10,006	669	1,223	3,010	100.0	71.6	67.1	4.5	8.2	20.2
59	13,447	9,539	8,906	633	902	3,006	100.0	70.9	66.2	4.7	6.7	22.4
60	12,240	8,836	8,373	463	847	2,557	100.0	72.2	68.4	3.8	6.9	20.9
61	11,810	8,702	8,279	423	729	2,379	100.0	73.7	70.1	3.6	6.2	20.1
62	11,057	8,144	7,812	332	698	2,215	100.0	73.7	70.7	3.0	6.3	20.0
63	10,242	7,809	7,512	297	562	1,871	100.0	76.2	73.3	2.9	5.5	18.3
平成元年	9,136	7,177	6,908	269	438	1,521	100.0	78.6	75.6	2.9	4.8	16.6
2	7,942	6,420	6,254	166	278	1,244	100.0	80.8	78.7	2.1	3.5	15.7
3	7,906	6,370	6,188	182	329	1,207	100.0	80.6	78.3	2.3	4.2	15.3
4	8,584	6,874	6,662	212	478	1,232	100.0	80.1	77.6	2.5	5.6	14.4
5	9,911	8,017	7,809	208	531	1,363	100.0	80.9	78.8	2.1	5.4	13.8
6	9,892	7,677	7,453	224	679	1,536	100.0	77.6	75.3	2.3	6.9	15.5
7	10,048	7,843	7,630	213	685	1,520	100.0	78.1	75.9	2.1	6.8	15.1
8	10,011	7,386	7,165	221	724	1,901	100.0	73.8	71.6	2.2	7.2	19.0
9	11,305	6,916	6,724	192	1,046	3,343	100.0	61.2	59.5	1.7	9.3	29.6
10	13,685	8,155	7,932	223	1,537	3,993	100.0	59.6	58.0	1.6	11.2	29.2
11	14,957	8,042	7,852	190	1,906	5,009	100.0	53.8	52.5	1.3	12.7	33.5
12	14,681	6,118	6,118	229	2,046	6,288	100.0	43.2	41.7	1.6	13.9	42.8
13	14,757	6,265	6,032	233	2,125	6,367	100.0	42.5	40.9	1.6	14.4	43.1
14	16,894	6,905	6,692	213	2,086	7,183	100.0	40.9	39.6	1.3	16.6	42.5
15	19,440	7,498	7,234	264	3,022	8,920	100.0	38.6	37.2	1.4	15.5	45.9
16	17,050	6,833	6,578	255	2,607	7,610	100.0	40.1	38.6	1.5	15.3	44.6
17	15,662	6,704	6,465	239	2,315	6,643	100.0	42.8	41.3	1.5	14.8	42.4
18	15,348	6,595	6,374	221	2,140	6,613	100.0	43.0	41.5	1.4	13.9	43.1

（資料）　1　「生活保護動態調査」各年9月調査分である。
　　　　2　1997（平成9）年以降は福祉行政報告例の数値である。
（出典）　生活保護の動向編集委員会編『生活保護の動向（平成20年版）』中央法規出版、84-85頁。

第2章 要保護層の貧困の実態

　働き方が多様化し労働そのものが不安定となっている現代社会のなかで，保護の受給層における日本型ワーキングプアの増加は，救貧機能と自立支援機能を有する生活保護制度の果たす役割がより大きくなっていること，そして，わが国の貧困が顕在化しつつあることを物語っている。貧困の解消が社会的責任であることを前提とすれば，その社会的責任を果たすために生活に困窮する人々を生活保護制度で救済することは当然である。それと同時に，貧困を救済することのみならず予防という視点から日本型ワーキングプアを生み出さない装置としての一次的セーフティネットの再構築が急がれなければならない。

　このように不安定な社会を投影する要保護層の生活実態調査や日本型ワーキングプアを研究することは，貧困対策を生活保護の救貧対策のみに依存させるのではなく，社会保障を拡大し就業促進とともに就業環境の改善や労働基準を向上させることなど一次的セーフティネットとしての防貧対策への取り組みへの転換やワーク・ライフ・バランス（仕事と生活の調和）にむけた政策見直しの必要性を示唆するものとして意味がある。

　被保護世帯の生活実態調査を行った結果，母子世帯が貧困のかかわりの強い誘因を重層的に抱えつつ貧困の「担い手」となっている可能性が高いことが明らかになった。働いても生活保護から脱却できないいわゆる被保護母子世帯は日本型ワーキングプア層として裾野を広げている可能性がある。そのためA市自治体の「世帯類型別実態調査」に引き続き次章では，B市自治体において被保護母子世帯を対象とした実態調査を実施し，貧困に結びつきやすい誘因や特徴は何か，自立を阻害しているものは何か，どのような生活課題があるのかを分析し，母子世帯の今後の支援方策について検討する。

注
(1) 受給層における就労インセンティブ・ディバイド（Incentive divide）は，稼働年齢層にあり，かつ稼働阻害要因のない者が就労収入を得ている場合で，その収入金額が就労意欲によって稼働者間に稼得格差が生じることによって表出されるものと考えられる。長期間の生活保護受給によって就労意欲が減退し，給付への依存状態から不就労や低収入といった事象に表出されることから自立支援プログラムとし

てインセンティブ（Incentive）政策が必要とされる。
(2)　西田芳正（2006）「フリーター調査から『子ども・若者と社会的排除』研究へ」『部落解放研究』第172号，32頁。
(3)　小西祐馬（2007）「子どもの貧困とライフチャンスの不平等」『貧困と学力』明石書店。
(4)　室住眞麻子（2006）『日本の貧困――家計とジェンダーからの考察』法律文化社，109頁。
(5)　藤原千沙（2006）は「母子世帯になってあるいは児童扶養手当を受給して時間がたてば母子世帯の母の稼得は増加するのかを検証し，母子世帯になってからの期間によって生活水準がどのように変化するかを実証的に分析している（「母子世帯になってからの期間と生活水準」社会政策学会第113回報告）。
(6)　名古屋地裁判決（平8. 10. 30判タ933号109頁）は，原告の健康状態からして建築資材運搬などの重労働に従事する能力はなかったこと，野宿者が400人を超える状況では就労先を見つけることは困難であったと認定したが，（具体的な就労可能性），名古屋高裁判決（平9. 8. 8判タ969号146頁，判自169号58頁「別冊ジュリスト――社会保障判例百選定」No.153，174-175頁）は，有効求人倍率からみて，真摯な態度で就労先と交渉すれば就労の可能性はあった……と推認することができると判断（抽象的就労可能性）し，「本件申請には法第4条1項の補足性の要件を充足していないものというほかはなく，したがって，生活保護の受給資格を欠くものというべきである」と棄却している。

第3章
被保護母子世帯の貧困ダイナミクス

1　被保護母子世帯の貧困誘因

(1) 貧困問題の視点と背景

　わが国において戦後の間もない時期を除いて，今日のように格差や貧困問題，あるいは不平等の問題を論じられることはなかった。これまで「1億総中流」と言われてきた日本においてデフレ経済の下で格差が拡大し階層化するとともに貧困の裾野が拡がったと言われている。その貧困を捉える場合にはその前提として，貧困の概念，定義から検討せざるを得ない。ここでは公的扶助である生活保護の受給者を貧困層として捉える。

　生活保護は，保険原理とは異なる貧困救済の社会保障であり，ミーンズテストを前提に生活基準という公式なナショナル・ミニマムにより貧困の判断を行っている。このことから，生活保護は貧困を測る有効な物差しの1つであるということができる。生活保護の受給層における貧困についてはどのような要因がかかわっているのだろうか。本章では特に被保護受給層に焦点をあて貧困の誘因やその特徴について明らかにするものである。

　近年，母子世帯の増加は著しく厚生労働省「全国母子世帯等調査」2003年の調査によると，全国の母子世帯の数は約122万5,400世帯であり，5年前の95万4,900世帯に対して約28％増加している。母子世帯になった主な理由は離婚が79.9％，死別が12％，未婚時の出産が5.8％となっている。離婚による母子世帯が増加し若年化する傾向[1]となっており，大阪府では2003（平成15）年度は約

図表3-1　世帯類型別被保護世帯及び世帯保護率の推移（全国）

年　度	被保護世帯数						世帯保護率（‰）			
	総数	高齢者世帯	母子世帯	傷病者世帯	障害者世帯	その他世帯	総数	高齢者世帯	母子世帯	その他世帯
1997（平成9）	639,577	277,409	52,206	258,558		42,404	14.1	42.5	97.6	8.0
1998（平成10）	662,094	294,680	54,503	267,582		45,329	14.9	41.4	109.0	8.5
1999（平成11）	703,072	315,933	58,435	207,742	70,778	50,184	15.7	43.6	131.0	8.8
2000（平成12）	750,181	341,196	63,126	214,136	76,484	55,240	16.5	43.9	106.1	9.3
2001（平成13）	803,993	370,049	68,460	222,035	81,519	61,930	17.6	45.2	117.4	9.9
2002（平成14）	869,637	402,835	75,097	231,963	87,339	72,403	18.9	46.2	112.3	10.7
2003（平成15）	939,733	435,804	82,216	241,489	95,283	84,941	20.2	49.6	145.3	11.6
2004（平成16）	997,149	465,680	87,478	247,426	102,418	94,148	21.5	48.7	139.7	12.3
2005（平成17）	1,039,570	451,962	90,531	272,547	117,271	107,259	22.1	54.1	131.0	13.1
2006（平成18）	1,078,139	473,613	93,147	273,011	125,829	110,311	21.9	96.5	189.9	22.4
2007（平成19）	1,107,184	497,616	93,236	270,138	132,655	111,163	22.5	101.4	190.1	22.6

(注)　1　平成18年度および平成19年度は厚生労働省社会・援護局保護課「生活保護速報」各年10月現在。
　　　2　平成18年度および平成19年度の保護率算定に用いた世帯数は国立社会保障・人口問題研究所の2005（平成17年10月）推計。
　　　3　「傷病障害世帯」の分類は1999（平成11年）の福祉行政報告例の改正により傷病者世帯および障害者世帯の分類に変更。
(出典)　福祉行政報告例にもとづき著者作成。

2万4,000件と過去最高の離婚件数となっている。一方，生活保護の動向は2008（平成20）年10月現在，被保護人員数1,590,412人，被保護世帯数1,147,693世帯，保護率12.5‰で10年前の約1.7倍とかつてない増加率となっている（図表3-1）。

　被保護世帯人員別世帯数の構成比が1人世帯74.2%（「被保護者全国一斉調査(2006)」）と世帯が少人数化するなかにあって，母子世帯の世帯保護率は190.1‰で，高齢者世帯101.4‰，傷病者世帯55.0‰，その他世帯22.6‰と比較して高い数値となっており，とりわけ被保護母子世帯の貧困とのかかわりはより深いものが窺われる。本章では生活保護を受給する母子世帯についても，生活保護制度が貧困予防の制度設計とは異なる貧困救済でありミーンズテストを前提に生活基準という公式なナショナル・ミニマムにより貧困の判断が行われていることから貧困層であるとしている。

（2）受給層の貧困

　生活保護の受給層における貧困についてはどのような要因がかかわっているのだろうか。母子世帯は単に経済的困窮にとどまらず，母親ひとりで就労することや家事と育児も引き受けなければならず，さまざまな困難な課題を抱えている。そのため離死別を契機とするドロップアウトの可能性が高い世帯と考えられる。本章では貧困の誘因という角度から，受給層の被保護母子世帯の生活実態について調査を実施し，貧困の実相を探りつつ，母子世帯が抱える課題と支援方策について検討する。

　貧困全体に結びつきやすい要素として，岩田（2005）の貧困の経験に関するオッズ比による実証研究がある(2)(3)（図表3-2）。そのなかで貧困と結びつきやすい要素は，「離死別経験及び未婚継続，離職，相対的に低い学歴の中卒・高卒，子供の数では子供3人以上および標準的生活様式からの脱落，借家居住である。離死別経験，未婚継続，離職，子供の数，中卒，高卒は貧困の原因と考えられ，他方，標準的生活様式からの脱落，借家居住は貧困の結果といえる(4)」と重要な指摘をしている。

　また，道中（2007b）は，生活保護の受給層の貧困の基本的な特徴として，①保護受給層の学歴は72.6％が中卒もしくは高校中退で低位学歴，②学歴の低位性と日本型ワーキングプアは基本的に相関関係にある，③保護履歴率が21.6％と高く生活基盤の脆弱性がある，④貧困が親から子へと世代間にわたる世代間継承率が25.1％，高齢者世帯を除いて28.8％，母子世帯40.6％と高率に出現，⑤10代出産のハイリスク母子26.4％の出現，⑥稼働世帯の就労インセンティブの弛緩などを明らかにし，貧困の固定化と世代的連鎖を実証し，貧困の現実と政策的な課題を浮き彫りにしている。道中は，受給層世帯を高齢者世帯，母子世帯，傷病者世帯，障害者世帯，その他世帯の5世帯類型に分類して属性調査を行い，貧困にかかわる学歴等の誘因が母子世帯に強く表出されていることを明らかにしている(5)（図表3-3）。岩田が指摘する最も貧困要因の強い「離死別経験」については，本調査においては受給層の被保護母子世帯においても検証され岩田の理論は裏付けられた。

図表 3-2 貧困に結びつきやすい要因

貧 困 全 体		持続・慢性的貧困	
	オッズ比		オッズ比
離死別経験	5.807	子ども 3 人以上	16.560
子ども 3 人以上	4.553	未婚継続	14.290
中卒	3.921	標準的生活様式からの脱落	6.688
未婚継続	3.367	離職	4.078
離職	2.926	借家居住	3.989
標準的生活様式からの脱落	2.506	離死別経験	3.134
高卒	2.471	就業変動多い	1.201
借家居住	1.742		

(注) 1 統計上有意な項目のみ。
　　 2 配偶関係項目は有配偶継続，子どもなし，学歴は大学・大学院卒をそれぞれ 0 として算定。
(出典) 岩田正美 (2004)「デフレ不況下の『貧困の経験』」太田清・樋口美雄・家計経済研究所編『女性たちの平成不況』日本経済新聞出版社，226頁。

図表 3-3 世帯類型別実態調査総括表 (再掲)

	総世帯数	調査世帯数	世帯実人員	保護受給期間	平均年齢	学　　歴					稼働収入平均月額（円）	稼働率（％）	扶養履行件数	扶養履行率（％）	扶養1件当り金額（円）
						低位学歴率（％）	中卒件数	中卒率（％）	中退件数	高校中退率（％）					
高齢	1,625	91	107	30.10	73.60	79.12	67	73.63	5	5.49	28,517	3.29	6	6.59	21,550
母子	631	106	312	32.65	37.46	66.04	41	38.68	29	27.36	74,475	37.73	16	15.01	27,381
障害	585	40	47	44.13	52.88	72.50	26	65.00	3	7.50	26,754	7.50	2	5.00	19,104
傷病	859	100	159	29.11	53.01	76.00	64	64.00	12	12.00	81,230	11.00	2	2.00	5,759
その他	224	53	132	31.08	53.77	67.92	29	54.72	7	13.21	74,831	56.60	0	0	0
計	3,924	390	757			227		56					26		
平均				32.11	56.11	72.56		58.21		14.36	72,221	22.31		6.66	23,735

(出典) 道中隆 (2007)「保護受給層の貧困の様相」『生活経済政策』生活経済政策研究所，no.127, Augst 2007, 17頁。

第3章　被保護母子世帯の貧困ダイナミクス

　本章では被保護母子世帯を対象とする調査を行い母子世帯の生活実態を明らかにすることによって，貧困に結びつきやすい誘因や特徴は何か，何が自立を阻害しているのか，どのような生活困難な課題があるのかを詳細に把握分析する。これまでの先行研究を踏まえさらに貧困に結びやすい誘因を探るため受給層の被保護母子世帯の世帯類型に限定して調査を行った。そもそも離死別経験と貧困とは強い相関があるとされ母子世帯では既に離死別経験を有する世帯となっており貧困リスクは高い。被保護母子世帯は貧困の誘因がいくつも重なり，貧困の「担い手」となっている可能性がある。

　ここでは母子世帯の児童虐待をはじめとする子どもの問題，被保護母子世帯の離死別の状況のみならず，離死別者（相手）にも焦点をあて，離死別者（相手）の最終学歴，就労形態，扶養援助などの状況，被保護母子世帯の世帯主と離死別者（相手）の双方の最終学歴マッチング度などの調査項目を設定し貧困の様相を詳細に把握しようとするものである。また，家計経済研究所（以下，家経研とする）の「消費生活に関するパネル調査」および「厚生労働省全国母子世帯等調査結果（2003）」，「大阪府母子家庭等自立促進計画」などの行政資料と第2章のA市自治体の調査結果を比較することで母子世帯の抱える課題のうち，特に貧困に結びつきやすい誘因や特徴，就労，収入等経済生活に焦点をあて家族全体を貧困ダイナミクスとして捉えようとするものである。

2　被保護母子世帯の実態調査の目的

　本調査は被保護母子世帯の動向および就労実態，生活実態等を把握し，その特徴は何かについて，様々な調査結果を引用するとともに，保護動向の統計数値だけでは生活保護受給者の生活実態や属性，就労実態はとらえられないことから，被保護母子世帯の実態調査として，①「就労自立支援プログラム事業調査」と②「被保護母子世帯実態調査」の両面からの調査を実施し，次の仮説の検証もしくは新たな仮説を生成しようとするものである。
　①　被保護母子世帯では貧困にかかわる誘因が重層的で貧困の「担い手」と

なっており，貧困の固定化が考えられる。
② 2人以上の子どもを有する世帯の構成割合が高く保護からの脱却が困難となっている。
③ 10代出産ママの被保護母子世帯においてDV，児童虐待が高率に発生する。
④ 保護受給という経済的貧困のみならず生活上の困難が次世代へと引き継がれ世代間連鎖がある。
⑤ 離死別者（相手）の学歴は低位学歴で被保護母子世帯主の低位学歴とのマッチング度が高い。
⑥ 離死別者（相手）の就労形態も非正規就労など不安定で扶養援助が期待できない。
⑦ 被保護母子世帯は低位学歴のため不安定就労を余儀なくされ稼働所得が期待される収入見込月額の目安の可能性（possibility）以下の閾下稼得[6]の低賃金にとどまっている。
⑧ 被保護母子世帯において稼働収入の階層区分間で就労インセンティブ・ディバイド[7]が生じている。
⑨ 近親者との疎遠な関係，居住の変動が多く地域社会から孤立している。
⑩ うつ病，心身症，不安神経症，気分障害など精神疾患及び婦人科疾患が多く疾病構造に特徴がある。

以上の基本項目により被保護母子世帯の貧困にかかわる誘因を探りつつ，保護から離脱できない被保護母子世帯の生活実態や就労インセンティブの弛緩によるインセンティブ・ディバイド等の特徴的な属性や就労実態，疾病構造など貧困の様相を明らかにし，被保護母子世帯の問題点，課題に関する実証的な基礎を与え，今後の生活保護制度の改革誘導に資するための知見を得ようとするものである。

第3章　被保護母子世帯の貧困ダイナミクス

図表3-4　被保護母子世帯調査の対象

		全被保護世帯数	母子世帯数	構成比(%)	抽出数	有効抽出数	抽出率(%)
B市自治体	DWO	4,358	410	9.41	82	58	14.15
	EWO	2,336	371	15.88	74	71	19.14
	FWO	1,433	209	14.58	42	32	15.31
	GWO	3,379	418	12.37	83	53	12.68
合　計		11,506	1,408	12.24	281	214	15.20

(注)　本表の数値は2007（平成19）年10月1日現在であり停止中を含まない。
(出典)　福祉行政報告例にもとづき著者作成。

3　実態調査の方法

　本調査では，B市自治体のD福祉事務所（以下「DWO」という）およびE福祉事務所（以下「EWO」という），F福祉事務所（「FWO」という），G福祉事務所（以下「GWO」という）の被保護世帯（平成19年4月1日現在）から調査対象ケースを以下により無作為抽出した。

　調査対象はB市の福祉事務所（以下「B市自治体」という）において生活保護を受給する被保護母子世帯のうち，①就労支援プログラム事業の就労支援の対象とされた全世帯および母子世帯，②生活保護を受給する全被保護母子世帯1,408ケースの20％の281ケースを無作為抽出した。そのうち保護廃止，決定処分手続中等のケースは対象から除き，脱落補充は行わないものとしたため有効抽出数は214ケース（抽出率15.20％）である（図表3-4）。

　本調査は次の①「就労支援プログラム事業の被保護母子世帯調査」と②「被保護母子世帯の実態調査」とを実施した。①「就労支援プログラム事業の被保護母子世帯調査」は2003（平成15）年度～2007（平成19）年度の5年間のB市自治体が実施した就労支援プログラム事業の就労支援相談員の支援結果報告書によってデータを収集し分析したものである。②「被保護母子世帯の実態調査」はB市自治体の2007（平成19）年10月1日現在の保護を受給する母子世帯のサンプル調査で実施期間は2007年10月1日～2008年1月31日である。

図表3-5　就労自立支援による稼働収入および件数

	収入月額（円）	人数	収入金額級間構成比（％）					
①	1～ 30,000	33	43.4	57.2	67.7	78.9	85.5	閾下稼得
②	30,001～ 50,000	33						
③	50,001～ 70,000	21						
④	70,001～ 90,000	19						
⑤	90,001～110,000	14						
⑥	110,001～130,000	10	56.6	42.8	32.3	21.2	14.5	稼　　得
⑦	130,001～150,000	9						
⑧	150,001～170,000	5						
⑨	170,001～200,000	5						
⑩	200,001～	3						
	計	N＝152	100.0					

（注）　閾下稼得とは大阪府下の地域別最低賃金731円×8時間×22日＝128,656円（概ね13万円）を下回る収入を稼働収入とし，稼得はそれを超える稼働収入とする。
（出典）　B市自治体の就労自立支援プログラム事業の実績報告書（2007年度）にもとづき著者作成。

4　調査結果の概要

（1）就労自立支援プログラムによる母子世帯の自立支援

　就労自立支援プログラム事業の参加者は，母子世帯が45.8％を占めている。就労者の稼働収入を得ても最低生活費から保護継続を余儀なくされている。65歳以上の高齢者世帯では数件にとどまっている。就労自立支援プログラム事業全体の支援結果について，収入金額級間にみると図表3-5のとおり，稼働収入が50,000円未満が43.4％，70,000円未満は57.2％，90,000円未満は67.7％，110,000円未満は78.9％であり，130,000円未満の閾下稼得が85.5％にも及んでいる。そのため就労開始により保護からの脱却が可能となった世帯は全体の8.5％にとどまり，受給層の就労自立の厳しい実態が浮かび上がった（図表3-6，図表3-7）。

第3章　被保護母子世帯の貧困ダイナミクス

図表3-6　就労自立支援結果の年度推移

	事業参加者総数	就労開始者数		保護廃止		就労開始のうちの自立者数	
		実数	就職決定率(%)	実数	廃止率(%)	実数	就労自立率(%)
2003(平成15)年	303	63	20.8	7	2.3	7	11.1
2004(平成16)年	203	89	38.7	16	7.8	16	17.9
2005(平成17)年	291	107	36.8	12	4.1	12	11.2
2006(平成18)年	304	143	47.0	26	8.5	26	18.2
2007(平成19)年	330	152	46.1	28	8.5	28	18.4
合　計	1,431	554	38.7	89	6.2	89	16.1

(出典)　B市自治体の就労自立支援プログラム事業の実績報告書(各年度)にもとづき著者作成。

図表3-7　世帯類型別就労自立支援結果の年度推移

	就労開始者数	世帯類型別就労開始者数(人)					廃止実数	保護廃止実人員(人)					廃止率(%)	世帯類型別廃止率(%)				
		高齢	母子	傷病	障害	その他		高齢	母子	傷病	障害	その他		高齢	母子	傷病	障害	その他
平成15年	63	0	25	20	1	17	7	0	2	2	0	3	11.1	0	3.2	3.2	0	4.8
平成16年	89	2	45	16	3	23	16	0	5	3	1	7	18.0	0	11.1	18.8	33.3	30.4
平成17年	107	0	46	27	1	33	12	0	2	5	0	5	11.2	0	4.3	18.5	0	15.2
平成18年	143	0	55	43	1	44	26	0	5	10	0	11	18.2	0	9.1	23.3	0	25.0
平成19年	152	0	59	36	4	50	28	0	12	4	0	12	18.4	0	20.3	11.1	0	24.0
計	554	5	230	142	10	167	89	0	26	24	1	38	—	—	—	—	—	—

(出典)　B市自治体の就労自立支援プログラム事業の実績報告書(各年度)にもとづき著者作成。

(2) 受給層の就労自立支援の状況

　就労自立支援プログラム事業全体の支援結果については，収入金額級間別にみると図表3-5のとおり，稼働収入が50,000円未満が43.4％，70,000円未満は57.2％，90,000円未満が67.7％，110,000円未満が78.9％であり，130,000円未満の閾下稼得が85.5％となっている。そのため就労開始により保護からの脱却が可能となった世帯は全体の8.5％にとどまり，受給層の就労自立の困難性が浮かび上がった。[8]

　世帯類型別ではその他世帯24.0％，母子世帯20.3％，傷病者世帯11.1％の順位となっており，なかでもその他世帯の自立率が高い理由は，単身者が多いといった特徴が考えられる（図表3-7）。稼働年齢層にある単身者の場合は就労

図表3-8　要保護層の稼働収入の比較

稼　働　収　入		Aグループ	Bグループ	Cグループ
		A市自治体の就労自立支援プログラム事業（全世帯類型）による就労収入	ホームレス自立支援施設（S市自治体）退所者の稼働収入	B市自治体の被保護母子世帯の実態調査による稼働収入
	収入月額（円）	構成比（％）	構成比（％）	構成比（％）
①	1～ 30,000	21.71	0	13.51
②	30,001～ 50,000	21.71	0	13.51
③	50,001～ 70,000	13.82	1.65	24.33
④	70,001～ 90,000	12.50	2.48	17.57
⑤	90,001～110,000	9.21	5.78	12.16
⑥	110,001～130,000	6.58	11.58	2.70
⑦	130,001～150,000	5.92	28.10	6.76
⑧	150,001～170,000	3.29	26.45	6.76
⑨	170,001～200,000	3.29	15.71	0
⑩	200,001以上	1.97	8.26	2.70
	件　数	N1=152（100.0）	N2=121（100.0）	N3=94（100.0）
	就労収入合計	10,659,695円	18,567,845円	7,154,991円

(注) 1 「閾下稼得」は大阪府下の地域別最低賃金731円×8時間×22日＝128,656円（月額概ね13万円）を下回る収入とし、「稼得」はそれを超える稼働収入とした。その上で稼働収入の月額収入は級間①から⑥の階層を「閾下稼得」とし、⑦から⑩の階層を「稼得」とし2つに区分した。
　　 2 S市自治体のホームレス自立支援施設退所者は2005年2月から2007年11月までの期間の退所者累計とした。
　　 3 A市自治体の就労自立支援プログラム事業は2007（平成19）年度の事業実績により著者作成。
(出典) B市自治体における被保護母子世帯の実態調査（2008）の結果をもとに著者作成。

により自立が可能となっていると言えよう。反面，被保護母子世帯のように子どもの世帯構成員が増えると貧困と結びつきやすく，就労自立はより困難となっている。被保護母子世帯平均の子どもの数は，2.0人であるが，子ども1人32.2％，子ども2人43.0％，3人20.1％，4人以上4.7％で2人以上の子どもを有する世帯は67.8％であった（図表3-17）。反面，就労自立支援プログラム事業の支援結果，就労自立となった世帯の子ども数は1人の場合がほとんどであった。

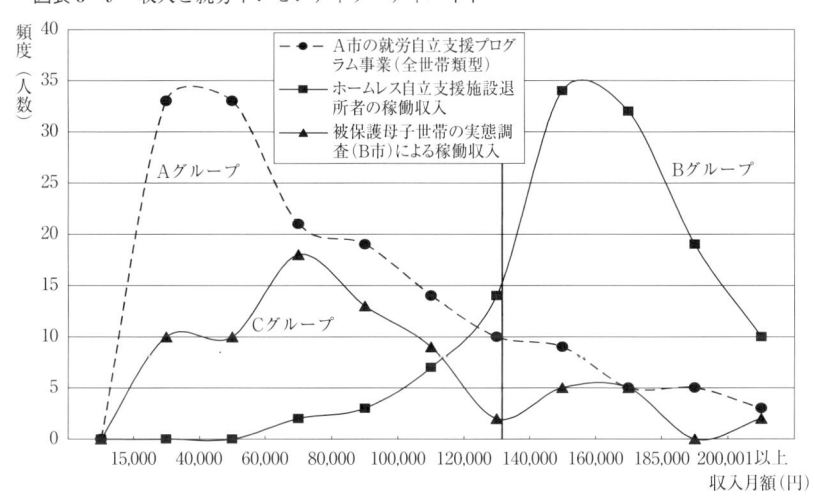

図表 3-9　収入と就労インセンティブ・ディバイド

グラフ凡例：
- A市の就労自立支援プログラム事業（全世帯類型）
- ホームレス自立支援施設退所者の稼働収入
- 被保護母子世帯の実態調査（B市）による稼働収入

（縦軸：頻度（人数）、横軸：収入月額（円））
Aグループ、Bグループ、Cグループ

（出典）著者作成。

図表 3-10　グループ間の分散分析

	平均値	度数	標準偏差
Aグループ	68340.10	152	54380.55
Bグループ	153453.10	121	41754.96
Cグループ	76116.93	94	43555.71
合計	98393.79	367	61469.83

（注）Group 間の F 値120.4498，有意確率7.15 E-41，平方和1.38 E+12
（出所）著者作成。

（3）稼働収入と就労インセンティブ・ディバイド（Incentive divide）

　要保護層の稼働収入をB市自治体における「就労自立支援プログラム事業」，「ホームレス自立支援事業の施設退所者」，「被保護母子世帯の実態調査」による稼働収入をそれぞれ，Aグループ，Bグループ，Cグループにグルーピングして比較した（図表3-8，図表3-9，図表3-10）。

　要保護層では就労のための稼働阻害要因がないことを前提としているものの就労形態が非正規である場合が多く，収入が不安定なため月額収入とした。ま

図表3-11　被保護母子世帯の稼働収入

	対象世帯数	世帯主稼働	稼働率	稼働収入合計(年額)	平均稼働収入(月額)
DWO	58	22	37.93%	1,923,023円	87,410円
EWO	71	36	50.70%	2,724,578円	75,683円
FWO	32	16	50.00%	1,190,864円	74,429円
GWO	53	20	37.73%	1,316,526円	65,826円
計	214	94		7,154,991円	
平均			43.92%		76,117円

(注)　1　稼働収入金額は社会保険料，税金等の控除の前の金額である。
(出典)　B市自治体における生活保護受給世帯の実態調査（2008）の結果をもとに著者作成。

ず，被保護層のAグループ「就労自立支援プログラム事業」の平均稼働収入は月額約70,129円であり3グループのなかで一番低い。次いでCグループの被保護母子世帯の稼働収入が平均月額収入約76,117円となっている（図表3-11）。これに対して，非受給層のBグループ「ホームレス自立支援事業の施設退所者」の平均稼働収入は月額約153,453円であり閾下稼得を大幅に上回っている。

非受給層のBグループ「ホームレス自立支援事業の施設退所者」の稼働収入が，受給層のA・Cグループの約2倍の収入となっておりディバイドの存在が認められる。このグループは，自立支援施設退所後，ホームレス生活から自立への厳しい壁を乗り越え住居を確保し，稼いだ賃金で全ての生活を賄っていかねばならない対象者である。保護の受給層のAグループおよびCグループは最低生活が保障されていることから生計上の生活リスクはなく就労インセンティブのメカニズムが働きにくい構造となっている。賃金は個人消費を左右する重要な要因とされている。1人当りの現金給与総額やパート比率が注目されている。厚生労働省の「毎月勤労統計」によると1997（平成9）年までは賃金が順調に増加したが1998（平成10）年以降は状況が崩れている。2000（平成12）年度はITバブルによる景気回復で一時的に回復したもののその後の景気悪化で2004（平成16）年度まで減少となっている。2005（平成17）年度以降は増加に転じたものの2007（平成19）年度以降賃金は再び下がっている。このように賃金は基本的に労働需給を反映するものであることから，就労インセンティブの

第3章　被保護母子世帯の貧困ダイナミクス

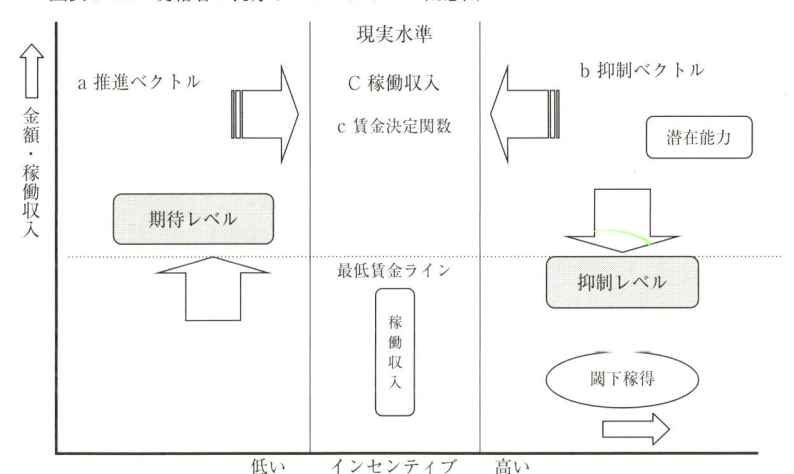

図表3-12　受給層の就労インセンティブの概念図

　　　　　　　　　　　　現実水準
　　a 推進ベクトル　　　C 稼働収入　　　　b 抑制ベクトル
　　　　　　　　　　　　c 賃金決定関数
　　　　　　　　　　　　　　　　　　　　　　潜在能力

　　　期待レベル

　　　　　　　　　　　　　　　　　　　　　抑制レベル
　　　　　　　　　　　最低賃金ライン

　　　　　　　　　　　　稼
　　　　　　　　　　　　働
　　　　　　　　　　　　収　　　　　　　　閾下稼得
　　　　　　　　　　　　入

　　　　　　　　低い　　インセンティブ　　高い

（注）　福祉事務所の就労支援は2路意思疎通（two-way communication）の形をとり，aとbとの
　　拮抗関係の結果，現実収入はCとなる。aは福祉事務所で自立支援のため稼働能力を最大限に
　　活用し少なくとも最低賃金ベースの収入を期待する推進ベクトルで，bは受給層で子育て，家
　　事に要する時間にゆとりを持ち，自己実現のため就労時間を抑制するベクトルである。Cはa
　　推進ベクトルとb抑制ベクトルとの拮抗関係の結果，現実の稼働収入となる。受給層の就労
　　インセンティブは（C＝a≧b×c，C＝a≦b×c）となる。
（出典）　著者作成。

議論についてはこの点に留意する必要がある。受給層の就労インセンティブについては図表3-12のとおり，「c 賃金決定関数」を組み入れ賃金の決定要素としている。

5　貧困に結びつきやすい要素

（1）最終学歴の低位性

　2007（平成18）年のA市自治体調査に引き続きB市自治体調査を2008（平成20）年に実施した。貧困の基本的な特徴として，道中（2007）は保護受給層の学歴は72.6％が中卒もしくは高校中退の低位学歴であり，高齢者世帯等を除いた母子世帯では66.0％（高校中退27.4％）であることを報告している。[9]今回のB市自治体調査は世帯類型を被保護母子世帯に限定して実施したが，前回調査と

図表3-13 被保護母子世帯の状況

	母子世帯総数	調査対象世帯数	世帯実人員	保護受給期間	平均年齢	学　　歴				稼働収入平均月額(円)	扶養履行件数	扶養履行率(%)	扶養1件当り金額(円)
						中卒件数	中卒率(%)	中退件数	高校中退率(%)				
2007	631	106	312	32.65	37.46	66.04	41	38.68	29	27.36	74,475	16	15.01	27,381
2008	1,408	214	638	36.00	37.98	57.01	75	35.01	47	21.96	76,117	29	13.55	19,247

(注) 1 2007(平成19)年の数値はA市自治体における生活保護受給世帯の実態調査をもとに著者作成。
　　 2 2008(平成20)年の数値はB市自治体における生活保護受給世帯の実態調査をもとに著者作成。
(出典) 道中隆(2007b)「保護受給層の貧困の様相」『生活経済政策』生活経済政策研究所,No.127,Augst 2007,17頁をもとに著者一部修正。

図表3-14 離死別者学歴と被保護母子世帯世帯主学歴

		世帯数	件数	低位学歴率	中卒	高校中退	高校卒業	短大以上	不明
離死別者(相手)	DWO	43	29	67.4	23	6	14		15
	EWO	63	29	46.0	24	5	34		8
	FWO	26	13	50.0	11	2	13		6
	GWO	46	28	60.9	24	4	18		7
	計	178	99	—	82	17	79		36
被保護母子世帯主	DWO	58	38	65.5	26	12	18	2	0
	EWO	71	32	45.1	19	13	34	5	0
	FWO	32	19	59.4	11	8	10	3	0
	GWO	53	28	52.8	20	14	16	3	0
	計	214	117	—	76	47	78	13	0

(注) 離死別者の世帯数は不明を除いた実数である。
(出典) B市自治体における生活保護受給世帯の実態調査をもとに著者作成。

同様低位学歴率は57.0%(高校中退22.00%)と高率であった(図表3-13)。

(2) 離死別者(相手)との最終学歴のマッチング

　受給層にある子どもの視点から,父の子どもに対する援助者として離死別者(相手)の状況は重要である。受給層を対象とした被保護母子世帯の離死別者(相手)に関する先行研究が見当たらないため,被保護母子世帯214ケースの離死別者(相手)の直近の相手214人の学歴状況等を調査した。

　離死別者(相手)の最終学歴は,不明の場合を除くと絶対母数は178ケース

図表3-15　離死別者（相手）と被保護母子世帯世帯主との最終学歴マッチング

		最終離死別者（相手）の学歴					
		中卒	高校中退	高校卒	短大以上	不明	計
母子世帯世帯主の学歴	中卒	52	7	9	1	8	77
	高中退	22	3	13	0	10	48
	高校卒	7	8	47	0	13	75
	短大以上	0	0	8	1	5	14
	不明	0	0	0	0	0	0
	合計	81	18	77	2	36	214

（出典）B市自治体における生活保護受給世帯の実態調査をもとに著者作成。

とやや少ないが，そのうち55.6％が中卒等（高校中退を含む）の低位学歴であることが明らかとなった。被保護母子世帯主の低位学歴率は55.3％であり，ほぼ同様の低位学歴であった。

離死別者（相手）の不明な状況については，恣意的ではあるが生活史や就労形態，エピソード等から多くの場合，低位学歴が予想され被保護母子世帯の低位学歴率により近似する可能性が強い（図表3-14）。

低位学歴にある場合は離死別の相手も同様に低位学歴の場合が多いという言説がある。本調査が大都市の一部のサンプル調査であり，調査結果が必ずしも代表値であるとは言えない。離死別者（相手）の状況は，不明の場合も多く対象母数が限定されるためカテゴリーとしての分析はしていないものの離死別者の前夫等の相手の最終学歴をたどってみると，離死別者（相手）と被保護母子世帯主の双方の低位学歴の一致度は81.6％と高率であった（図表3-15）。

被保護母子世帯の縦軸（列）と離死別者（相手）の横軸（行）からマトリックス（matrix）構造でみると，低位学歴の中卒の場合の一致度は高くマッチング率は81.6％となった。したがって，仮説⑤の「最終学歴が低位な場合，離死別者（相手）である前夫等の最終学歴も同様に低位学歴である」は実証された。しかし，低位学歴の高校中退の場合の一致度は低く10.7％であった。高校中退の不一致性は母数が少ないため意味づけには留意を要するものの被保護母子世帯の10代の妊娠，出産インシデントとは無縁ではないだろう。いずれにしても

図表3-16 離死別頻度と非嫡出子の出現状況

	世帯数	① 1回	② 2回	③ 3回	非嫡出子	出現率（%）
DWO	58	39	17	2	19	26.76
EWO	71	47	20	4	14	24.14
FWO	32	17	15	0	6	18.75
GWO	53	36	14	3	16	
頻度計	214	139	66	9	55	25.70
構成比（%）	100.0	64.95	30.84	4.21		
累　計	298	139	132	27	―	―
平　均	1世帯当たり離死別回数 1.39回					

（出典） B市自治体における生活保護受給世帯の実態調査をもとに著者作成。

被保護母子世帯の世帯主と離別者（相手）の双方とも低位学歴のみならず脆弱な家庭での生育歴を持つという類似性が明らかとなった。

（3）離死別の状況

　貧困に結びつきやすい要因として，離死別経験の有無は強いファクターであると考えられる。今日の社会では結婚しない，離婚する，子どもを産まない，子どもを産んで仕事をするなどの選択は可能である。逆に結婚することや子どもを産む，子どもを産んで仕事を続けるという選択には現実的には制約があることも事実である。受給層においてはさらにそれらの選択が限定的なものとなっている。近年の離婚件数の増加は著しくひとり親家庭，なかでも母子家庭が急増している。受給層の被保護母子世帯の離死別の状況ではどうであろうか。

　B市自治体調査において無作為抽出した214世帯のうち死別母子世帯は7件（3.3%）にとどまっておりほとんどは離別母子世帯であった。受給層の被保護母子世帯の生活状況は家計を支えるための就業，子育て，家事等ひとりで担っていかなければならず，特にひとり親家庭になった直後は就労，子育て，住居等の面で様々な困難に直面していることが窺われた。

　離死別頻度の状況は，以下のとおり離死別経験1回が65.0%，2回以上は35.0%，平均1.4回の離死別回数となっていた（図表3-16）。離死別経験の状況

は婚姻関係の有無にかかわらず内縁関係，重婚的内縁関係を含めた生活実態上から捉えたものである。したがって，離死別の頻度により生まれる子どもの第2子，第3子，第4子が非嫡出子となる可能性が高くなることが考えられる。結果では，予想されたとおり，被保護母子世帯において非嫡出子の出現率が25.7%と高率となった。子どもは出生時より既に扶養権利者の地位から排除されている。ここでは出現率を非嫡出子が複数該当の場合でも世帯数1として算定しているため実際の非嫡出子の実数はこれよりも多い（図表3-16）。これらのことから無計画な結婚や出産があることも否定できず，受給層の将来の計画性の欠如が指摘されよう。

(4) 子どもの数と貧困誘因

一般的に子どもの数が多く非稼働の世帯員が増えるほど，貧困誘因が強くなるということは理解される。つまり，子どもを養育することのハンディが考えられ，子どもの数が増えると負荷が増加する。岩田（2005）は持続・慢性的貧困での子ども「3人以上」が強いファクターであるとしている（図表3-2）。また，道中（2005）は就労しても生活保護からの脱却が困難で保護を継続せざるを得ない，稼働世帯における貧困が固定化する要因して世帯の構成人員が多いことを報告している。理由として，「最低生活費と収入との対比において，世帯の構成人員が少なければ稼働収入と児童扶養手当等の給付金との合計額が最低生活費を超えることが可能となるためで，就労自立は世帯構成人員との関係で世帯員が少なければ自立し易く，逆に母子世帯（平均人員3.0人）のように世帯員が多くなればなるほど家計が圧迫され自立が困難となっている」[10]と指摘している。

子どもの数が貧困の誘因となるとした先行研究や仮説②の「2人以上の子どもを有する世帯の構成割合が高く保護からの脱却が困難となっている」は，図表3-17のとおり，子ども1人32.2%，2人43.0%，3人20.1%，4人以上4.7%であり，2人以上では約67.8%となっている。このように子ども数が「3人以上」もさることながら保護受給層では「2人以上」から貧困に結びつきやすい

図表3-17　被保護母子世帯の子ども数

		世帯数	子ども数	①1人	②2人	③3人	④4人	⑤5人以上
B市自治体	DWO	71	146	22(22)	62(31)	42(14)	8(2)	12(2)
	EWO	58	120	16(16)	46(23)	54(18)	4(1)	0(0)
	FWO	32	60	13(13)	24(12)	15(5)	8(2)	0(0)
	GWO	53	100	18(18)	52(26)	18(6)	12(3)	0(0)
計		214	426	69(69)	184(92)	129(43)	32(8)	12(2)
構成比		100.0	—	32.24	43.00	20.09	3.74	0.93

(注)　1　本表の子ども数は現に同一世帯にある子どものみを計上し転出した子どもは含まない。
　　　2　子ども数の括弧内の数値は世帯数である。
　　　3　出現率は非嫡出子が複数該当の場合でも1として計上のうえ世帯として算定した。
(出典)　B市自治体における生活保護受給世帯の実態調査（2008）をもとに筆者作成。

強いファクターとして確認された。

　一方，世帯類型上その他世帯のうち，自立している世帯の多くは単身非稼働世帯等で短期疾病から治癒し就労支援を受けることによって保護からの脱却している。子どものいない単身者の場合には，就職さえできれば何とか自立できる可能性が高いことを示している。

　調査の結果，就労支援による保護からの自立は，子どもの数との関係で世帯員が少なければ自立しやすく逆に母子世帯のように子どもの世帯員が多くなればなるほど自立が困難となっている。したがって，2人以上の子どもの存在は強い貧困誘因でありハンディとなっている実態が確認された。

（5）扶養援助の状況

　民法上，親は子どもに対して扶養義務があり，離別者（相手）は父として未成熟な子どもに対する強い扶養義務が課せられている。しかし，現実には養育費を受領している母子世帯は多くはない。『平成18年度全国母子世帯等調査結果報告』（厚生労働省雇用均等・児童家庭局）では，「養育費の取り決めをしている」世帯は38.8％，「現在養育費を受けている」世帯は19％であり，養育費の取決め額の平均月額は4万2千円となっている。

図表 3-18 扶養義務者からの援助の状況

区分	世帯総数	扶養履行率(%)	履行無	履行総金額	履行件数	扶養義務履行の状況（円） ① 親・子	② 前夫等	③ その他
DWO	58	5.17	55	95,000	3	0 (0)	95,000 (3)	0 (0)
EWO	71	19.72	58	253,166	14	110,000 (4)	141,500 (9)	1,666 (1)
FWO	32	1.16	27	100,000	5	5000 (1)	95,000 (4)	0 (0)
GWO	53	13.21	46	110,000	7	10,000 (1)	100,000 (6)	0 (0)
合 計	214		186	558,166	29	125,000 (6)	431,500 (22)	1,666 (1)

(注) 1 「扶養義務履行の状況」欄の（ ）内数値は履行件数である。
    2 扶養履行率は被扶養世帯に対する扶養援助が複数履行を含むため、世帯総数と履行件数及び無の合計数とは一致しない。
(出典) B市自治体における生活保護受給世帯の実態調査（2008）の結果をもとに著者作成。

図表 3-19 扶養義務者からの援助の状況

区 分		調査実施率(%)	扶養義務履行率(%)	前夫等履行率(%)
全 国	1997	52.09	2.94	14.10
	2006	83.75	2.15	4.08
大 阪 府 下	1997	59.63	2.79	13.79
	2006	91.27	1.53	6.62
政令指定都市	1997	48.42	2.54	9.38
	2006	80.84	2.20	8.96
B市自治体	1999	73.67	3.26	9.36
	2006	76.99	2.79	16.48

(注) 1 調査実施率は開始ケース総数に対する調査実施件数の割合である。
    2 前夫等履行率は扶養調査先総数のうち前夫等の調査件数の扶養義務の履行割合である。
(出典) 厚生労働省社会・援護局総務課指導監査室「生活保護の現況と課題」（各年度）およびB市自治体「生活保護法施行事務監査資料」に基づき著者作成。

　受給層における被保護母子世帯の扶養援助の状況は図表3-18および図表3-19のとおりである。保護受給世帯は親子など生活保持義務関係にある絶対扶養義務者からもほとんど扶養援助が得られていない。一部において扶養権利者としての扶養援助が得られた場合でも援助の程度は僅かなものである。
　扶養義務者からの扶養援助のなかでも特に離死別者（相手）からの子どもへの扶養援助が期待されるが，B市自治体の扶養援助の状況は，認知の有無にか

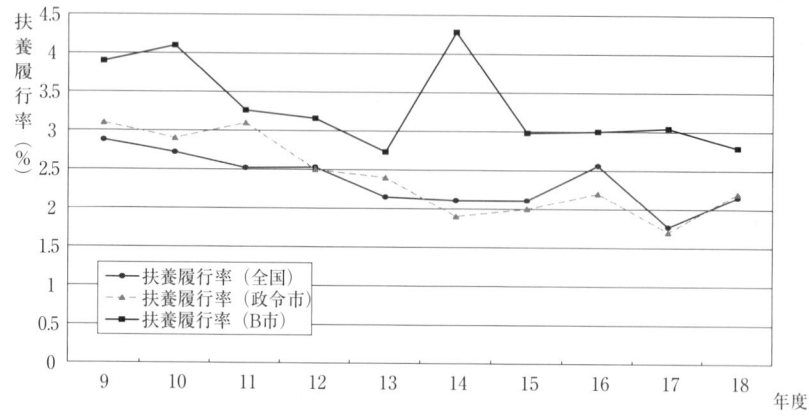

図表3-20 扶養義務の履行状況の推移

（縦軸：扶養履行率（％）、横軸：年度）
凡例：
- 扶養履行率（全国）
- 扶養履行率（政令市）
- 扶養履行率（B市）

（出典）厚生労働省社会・援護局『生活保護の現況と課題』各年度をもとに著者作成。

かわらず父の子どもに対する扶養義務の履行は全体のわずか22件（扶養履行率10.3％）のみに止まり，援助内容も月額平均約2,016円となっている。このように受給層の母子世帯に対する扶養援助額の程度は『平成18年度全国母子世帯等調査結果報告』の20分の1にも満たない厳しい実態となっている。現場の福祉事務所の支援の努力にもかかわらず扶養義務者からの扶養援助の低調さは，先に述べた離死別者（相手）の状況のとおり，低位学歴や不安定就労，生活力の弱さなどから現実的な扶養援助の困難性が推測される。

　扶養義務の履行状況についてはB市自治体にとどまらず全国，都道府県，政令指定都市においても現実的の履行の確保が困難となっている（図表3-20）。核家族化，扶養意識の変化，高齢者世帯の単身化など私的扶養が形骸化し扶養援助は全国的に低下傾向で推移しているが窺われる。道中隆（2004）は扶養義務履行の履行率の低下と指導の困難性を指摘し形骸化した扶養能力調査のあり方を実効ある扶養能力調査に改正する旨を提言している。2005（平成17）年厚生労働省は保護の実施要領を改正し「重点的扶養能力調査対象者」として扶養義務の取扱いを変更している（厚生労働省社会・援護局長通知局第4-2）。また，養育費の履行確保のため2007（平成19）年から養育費相談支援センター事業が

創設され，養育費相談支援事業や研修事業および情報提供の3事業が行われているが同事業の効果については今後の推移を見守る必要がある。

　母子世帯への経済給付として児童扶養手当等の公的給付があるが被保護母子世帯ではほとんど受給している。生活保護においては生活保護法第4条の規定による「補足性の原理」があり，受給層は他法他施策の活用がはかられることを前提とする行政庁の保護の要否の判断が行われている。すなわち，「保護は生活に困窮する者が，利用し得る資産，能力その他あらゆるものをその最低限度の生活の維持のために活用することを要件としていることから，当然ではあるが一部を除いてほとんどのケースが児童扶養手当，児童手当等の公的給付を受けていた。母子家庭への経済的給付から自立支援のための教育，訓練等政策転換が図られているものの経済的支援は必要である。子どもを持つことで経済的な不利を被っている母子世帯にとって公的経済給付はなくてはならない生計上の支えとなっていることが確認された。

6　貧困に直接結びつかない要素

（1）リスクへの対処としての借金

　私たちの日常の社会生活のなかでは様々なリスクに遭遇する。しかし，家計のやりくりで「使う」，「貯める」，「殖やす」といった基本的な経済生活の営みのなかでリスクに対処している。特に失職，病気・事故，災害など突然な出来事への対処方法は厳しいが，多くの人々は何とか貯蓄の取り崩しや出費を抑制するなどして対処し，他人にはあまり依存しないように努めている。しかし，貯蓄だけではどうしても対応できず，妻がパートなどで働きに出る，あるいは借金をするなどの人の割合が相対的に高い。また，親兄弟に頼ったり保険を活用したりする人の割合も高いと言われている。受給層については多くのケースが過去にすでに何らかの債務を抱えていることが明らかになった。四方八方手をつくし万策尽きて，生活の困窮事態への対処ができなくなってから生活保護の門戸を叩いていることから，貯蓄や手持ち金がなく借金だけが残っているこ

とは当然と言えば当然である。

　生活保護の場合には，貯蓄はミーンズテストにより保護の要否判定で「保護要」と判断されている限り，貯蓄残高は許容範囲内（保護の開始時においては最低生活費の50％が手持ち金としてその保有が認められている）のわずかなものであることに留意すべきである。つまり生活保護を受給するためには預貯金をすべて費消し，「丸裸」にならなければならないのである。

　調査結果では，離死別者（相手）および本人の債務も含めて被保護母子世帯のほとんどのケースに借金のあることが確認された。たしかに貯蓄があれば一時的な貧困への回避には有効なものと考えられるが，これらの借金は直接的な貧困の原因というより，むしろ貧困の事後的な結果であると言う見方ができよう。そのため貧困の誘因としての政策的なインプリケーション（連関）は強くはない。しかし，子どもにとっては極めて重要な意味を持つ。離死別者（相手）の債務や無資力の状況はすでに述べたとおり，扶養義務の履行状況に反映され父等の履行は13.6％にとどまっている。このことは子どもへの現実的な扶養援助が困難であったり，援助が期待されないことであり，理由の如何を問わず未成熟な子どもにとって頼るべき父からの援助が得られない大きな不利益となっていることは間違いない。非受給層の多くの子ども達は親からの何らかの資産を受け継いでいる。しかし，受給層の子どもは逆に「不利益」という資産を受け継いでいる。被保護母子世帯の貧困による「不利益」は，親から子どもへと次世代に引き継ぎながら「現代の貧困」として社会的に固定されつつあるのではないか。

（2）住居変動の状況

　住居の形態と貧困の関連についても債務の場合と同様，事後的な結果としての貧困と考えられる。住居費（家賃）については生計費に占める割合は高く，家賃は経常的経費としてインパクトが強い。そのため生活困窮となれば低家賃住宅や公営住宅への転居という選択方法によりその負担軽減が具体的に行動化される。

図表3-21 受給層の持ち家状況

	被保護世帯総数		持ち家		その他	
	世帯実数	構成比(%)	世帯実数	構成比(%)	世帯実数	構成比(%)
65歳未満	7,566	100.0	67	0.89	7,499	99.11
65歳以上	6,087	100.0	54	0.89	6,033	99.11
計	13,653	100.0	121	0.89	13,532	―

(注) 持ち家件数は固定資産税該当187件のうち土地評価額，家屋評価額のいずれかに該当する121件である。
(出典) B市自治体における固定資産税データおよび保護受給人員の突合（2008）で固定資産税該当数をもとに著者作成。

図表3-22 住宅扶助の家賃と敷金

	住宅扶助の家賃等（月額）		敷　　金	
	東京都（1級-1）	大阪府（1級-1）	東京都（1級-1）	大阪府（1級-1）
単身者世帯	53,700円以内	42,000円以内	214,800円以内	294,000円以内
2人～6人世帯	69,800円以内	55,000円以内	279,200円以内	385,000円以内
7人以上世帯	83,800円以内	66,000円以内	335,200円以内	462,000円以内

(注) 1 生活保護の住宅扶助は2008（平成20）年度の特別基準額である。
    2 敷金は特別基準設定による支給限度額である。
(出典) 生活保護手帳編集委員会編『生活保護手帳（2008年度版）』中央法規出版，82頁をもとに著者作成。

　この調査項目の設定は被保護母子世帯の住居の変動関係から社会的孤立の状況を把握しようとするものである。結果では被保護母子世帯のほとんどのケースは住宅扶助を受給している。また，住居はそのほとんどが集合住宅であり，住居の劣悪さや狭隘，近隣との関係などから頻繁な転居を繰り返す実態が明らかとなった。

　先に述べたとおり，不動産物件の保有はミーンズテストにより保護の要否判定においてその「保有の可否」の判断がされており保有の要件は厳しい（図表3-21）。現居住のローン付きのマンションの場合も原則として保有が認められない。特に都市部での不動産物件の保有については，一般地域住民との均衡上，保有容認は少ない。その理由は，生活保護費からのローン弁済（返済）となり結果的には生活保護費による資産形成となるというものである。

図表3-23　被保護母子世帯の転居状況
(世帯)

	なし	不明	あり	計	転居率(%)	①1回	②2回	③3回	④4回以上	計
離死別前	56	20	138	214	64.49	95	32	8	3	138
離死別後	38	18	158	214	73.83	116	35	6	1	158
合　計	94	38	296	428	69.16	211	67	14	4	296
	1世帯当り平均1.88回　(214/403)					211	134	42	16	403

(出典)　B市自治体における生活保護受給世帯の実態調査 (2008) の結果をもとに著者作成。

　生活保護制度における居住用不動産の取り扱いに関して「要保護世帯向け長期生活支援資金貸付制度 (2007)」が創設された。この制度は保護の補足性の原理として資産活用をはかるといった趣旨から制度化されたが，結果的には高齢者への保護抑制となっている。全国の制度利用者はこの1年間で128世帯で対象世帯の3.5%で限定的効果にとどまっている。

　これまで「生活保護制度の在り方に関する専門委員会」や全国知事会・市長会より，被保護者に対して何の援助もしなかった扶養義務者が被保護者の死亡時に土地・家屋を相続するような現状は，社会的公平の観点から国民の理解が得られないため，資産活用を徹底すべきである旨を指摘されてきた。この制度は所有する居住用不動産の活用により生活資金を得ることを容易にし，長年住み慣れた住居に住み続けながら居住用不動産の活用を促す施策として生活福祉資金制度の一貫として創設された。しかしながら，本制度では概ね500万円以上の資産価値の居住用不動産を対象としているが，受給層において該当する世帯はほとんどない。先にも述べたとおり，受給層では貧困の熟度が高くすでに「丸裸」となっているためである。B市自治体の被保護母子世帯のほとんどは居住用不動産の保有はなく，図表3-22のとおり特別基準の限度額内の家賃を受給している。家賃額については全国の実際家賃額の階級（『第60回被保護者全国一斉調査結果報告書』2006）では階級間のバラツキは大きいものの2人～6人世帯で34,001円～36,000円の級間が概ねの中央値となっている。B市自治体の被保護母子世帯の家賃額についてもこの中央値からの逸脱はない。ただ，ローン付き住宅の保有が認められなかったり，自宅を担保に供することへの抵抗感

第3章　被保護母子世帯の貧困ダイナミクス

から真に生活に困窮する要保護層が生活保護の制度利用をためらうことや受給層の自立支援と貧困の再生産の防止といった観点からは課題が残る。

(3) 地域社会からの孤立

被保護母子世帯の住居の変動状況については，図表3-23のとおり，離死別前の転居率は64.49％で，離死別後の転居率（不明の場合を除く）は73.83％であり，離死別前と離死別後の全体の転居率は69.16％と高率となっている。転居は家賃という固定的経費の負担を避けるためとは言え，生活全般にわたる不安定要素となっている。このことは社会的な孤立を招くとともに社会資源の活用の機会の喪失や必要なサポートを受ける機会の逸失の原因となっている。また，子どもにとって度重なる転居という環境の変化は単に教育資源の喪失にとどまらない，はかりしれない影響があろう。

生活の最も基本となる住居はその変動そのものが大きなストレスとなる。地域社会からの孤立は転居によるものなのか，あるいは社会的不適応のため孤立し転居せざるを得なかったのかは定かでない。転居先の地域での新たな人間関係を築いていくことには，エネルギーが必要となる。もともと人間関係を築くことが苦手な若年母子にとっては強いストレスとなっていることが考えられる。緊張度の高まった状況で様々な困難を抱えきれなくなった母親の子育てには課題が少なくない。いずれにしても被保護母子世帯の転居の回数は多く，離別前および離別後ともに住居の転居頻度が高く近親者からの扶養援助がほとんど期待されない孤立した母子世帯の姿が浮かび上がった。転居の状況は貧困に直接結びつかない要素であるかもしれないが地域社会からの孤立といった観点から政策的なインプリケーションは決して弱くはない。

7　被保護母子世帯の貧困ダイナミクス

(1) 10代出産母子のDVおよび児童虐待リスクは高率

2006（平成18）年度の全国児童相談所の虐待件数は約3万7300件で，虐待の

図表 3-24　10代出産と DV,児童虐待の状況

		該当世帯	DV	児童虐待
被保護母子世帯 （N＝214）	10代出産ママ	55 (100.0)	16 (29.1)	8 (14.5)
	20歳以上出産	159 (100.0)	29 (18.2)	12 (7.5)
		214 (100.0)	45 (21.0)	20 (9.3)

（注）　括弧内の数値は構成比である。
（出典）　B市自治体における生活保護受給世帯の実態調査（2008）の結果をもとに著者作成。

図表 3-25　年齢区分と児童虐待のクロス表

		児童虐待		合　計
		なし	あり	
10代出産	度数	38	7	45
	年齢区分の%	84.4%	15.6%	100.0%
20代以上出産	度数	107	9	116
	年齢区分の%	92.2%	7.8%	100.0%
N＝161	度数	145	16	161
	年齢区分の%	90.1%	9.9%	100.0%

（出典）　著者作成。

図表 3-26　虐待が行われた家庭の状況

家庭の状況	虐待相談件数		合わせて見られるほかの状況（上位3つ）		
ひとり親家庭	460	31.8%	①経済的困難	②孤立	③就労の不安定
経済的困難	446	30.8%	①ひとり親家庭	②孤立	③就労の不安定
孤立	341	23.6%	①経済的困難	②ひとり親家庭	③就労の不安定
夫婦間不和	295	20.4%	①経済的困難	②孤立	③育児疲れ
育児疲れ	261	18.0%	①経済的困難	②ひとり親家庭	③孤立

（注）　2003年度に東京都の児童相談所が受理した児童虐待相談2,481件のうち，児童虐待として対応を行った1,694件の相談事例を対象。複数回答を含む。
（出典）　東京都福祉保健局「児童虐待の実態Ⅱ」（2005年12月）。

統計をとり始めた1990（平成2）年から比べて約34倍，2000（平成12）年の児童虐待防止等に関する法律が施行されてから約2倍となっている。

　児童虐待の背景には経済的な貧困の問題があるとされているが，子どもの虐待の問題と貧困との相関関係を調べた詳細な統計は見当たらない。筆者の児童

第3章 被保護母子世帯の貧困ダイナミクス

図表3-27 被保護母子世帯の貧困事象

区分	世帯総数	1 親の疾病罹患（精神疾患）	2 低位学歴	3 保護の受給履歴	4 世代間連鎖	5 10代出産	6 非嫡出子の出産	7 DV	8 子どもの病気	9 子どもの問題	10 児童虐待
DWO	58	35(21)	38	24	15	17	14	12	4(1)	10	7
EWO	71	39(20)	32	32	19	20	19	15	10(4)	12	7
FWO	32	19(13)	19	17	14	8	6	8	7(2)	7	2
GWO	53	81(26)	34	21	20	10	16	12	25(8)	16	4
延べ件数 N=727 総世帯数 N=214		174(80)	123	94	68	55	55	47	46(15)	45	20
構成比 (%)		23.9	16.9	12.9	9.4	7.6	7.6	6.5	6.3	6.2	2.7

(注) 1 親の疾病罹患の（ ）内の数値は，うつ病，不安神経症，心因反応，パニック障害，摂食障害等の精神疾患である。
2 子どもの問題は，熟度の高いひきこもり，不登校，シンナー・覚せい剤，窃盗，売春，インターネット出会い系サイト，妊娠等であり，ことばの遅れ，落着き欠如などの健全育成上の問題種別は含めない。

(出典) B市自治体における生活保護受給世帯の実態調査（2008）をもとに著者作成。

相談所の児童福祉司の経験からも，虐待，養護，教護の相談の多くの場合は，貧困問題がベースになっていることが推測されるものの全国レベルで虐待相談と経済状況との関係を実証したものはない。

本章では仮説③「10代出産ママの被保護母子世帯においてDV，児童虐待が高率に発生する」として受給層の虐待にかかわる項目を調査した。図表3-24および図表3-25のとおり，特に10代出産母子においては，DVが29.1％，児童虐待が14.5％の高い出現率となり母親自身による児童虐待も散見されハイリスク母子の姿が写し出された。

図表3-25では年齢区分と児童虐待のクロス集計を行った。児童虐待の発生リスクを10代出産と20歳以上出産との年齢区分でみたが推計学上（Pearsonカイ2乗検定）の有意差は確認されなかった。その理由としては年齢階層区分が粗くこの2区分が近似していることが考えられる。つまり，10代出産ママと20歳そこそこの若年ママの双方に児童虐待が集中していることによる結果であると考えられる。

一方，④「保護受給という経済的貧困のみならず生活上の様々な困難が次世

図表3-28 被保護母子世帯の疾病構造

疾病分類	件数	構成比(%)	母親の主な疾病(病名4つまで)
①精神および行動の障害	96	41.8	パニック障害,心因反応,心身症・重度ストレス反応,摂食障害等(22),そううつ病・抑うつ神経症・抑うつ不安混合・うつ不眠状態等(21),うつ病(育児ノイローゼ・外出困難等)(16),統合失調症,かい離性神経症,パーソナリティ・人格障害等(10),持続性気分障害・偏頭痛・神経因性更年期障害等(6),過換気症候群疑・自殺未遂・薬物中毒等
②筋骨格系および結合組織疾患	29	12.6	椎間板ヘルニア・腰椎椎間板ヘルニア・頚椎骨軟骨症・腰痛症・筋膜性腰椎症・第5腰椎分離症・変形性腰椎症・筋々膜性腰痛症等(18),頚腕症候群・頚肩腕・頚肩腕症候群(4),右ヒザ関節炎・右ヒザ関節障害(2),傷害事件後遺症(顔面変形)・交通事故後遺症・骨粗鬆症等
③循環系の疾患	29	12.6	高血圧症(5),C型肝炎・急性C型肝炎等(4),鉄欠乏性貧血(4)・腎機能障害・腎機能障害・腎炎等(3),肝機能障害・肝炎・慢性肝炎・脂肪肝等(4),高脂血症・無症候性血尿・洞性不整脈・低血圧・大動脈弁狭窄症・糖尿病・脳水症・脱水症等
④呼吸器系疾患	26	11.3	気管支喘息(7),気管支炎・急性気管支炎・喘息様気管支炎等(9),アレルギー性鼻炎(2),上気道炎・急性上気道炎・急性咽喉頭炎・肺炎等
⑤婦人科疾患	21	9.1	子宮筋腫・子宮浮腫・子宮頚部癌(6),子宮摘出後遺(4),子宮頚部ウィルス感染・外陰部腫瘍・卵巣腫瘍摘出症・子宮周囲炎・卵巣のう腫・婦人科生理異常・乳癌摘出術後・排卵障害・右乳癌・化学療法に伴う嘔吐症・排卵障害・月経周期障害他
⑥神経系の疾患	13	5.7	自律神経失調症(2)・三叉神経痛・末梢神経障害・ギランバレー症候群・メニエール病・ストレス性胃痛・坐骨神経痛・抹消神経炎等
⑦消化系疾患	9	3.9	急性胃腸炎(2),胃潰瘍,上部消化管出血,大腸癌術後,逆流性食道炎等
⑧その他	7	3.0	バセドウ病,脳脊髄液減少症等
合計	230	100.0	疾病世帯の1世帯当り1.76件
世帯総数214 疾病世帯131			世帯疾病率61.2% 世帯総数214のうち母親(世帯主)精神疾患世帯72(精神疾患罹患率33.6%)

(注) 母親(世帯主)の主な疾病名の( )内の数値は頻度である。
(出典) B市自治体における生活保護受給世帯の実態調査に基づき著者作成。

図表3-29　病類別医療扶助受給件数の構成比（入院外）　　　　　　　（単位：％）

	精神及び行動の障害	神経系の疾患	循環系の疾患	呼吸系の疾患	消化系疾患	筋骨格系及び結合組織疾患	その他
2003（平成15）	5.0	2.8	20.9	10.2	7.7	13.2	40.2
2004（平成16）	5.2	2.9	21.0	9.6	7.6	13.5	40.2
2005（平成17）	5.6	2.5	20.7	10.2	7.1	13.0	40.9
2006（平成18）	6.9	3.4	20.1	9.8	6.5	12.4	40.9

（出典）厚生労働省社会・援護局保護課「医療扶助実態調査」各年6月審査分。

代へと引き継がれ負の世代間連鎖がある」という仮説についても図表3-26のとおり，貧困ダイナミクスとして様々な事象（従属変数）において高い出現率が確認された。

（2）被保護母子世帯の貧困誘因

「10代出産ママの被保護母子世帯においてDV，児童虐待が高率に発生する」，「保護受給という経済的貧困のみならず生活上の様々な困難が次世代へと引き継がれ負の世代間連鎖がある」という言説については，図表3-27の「被保護母子世帯の貧困事象」のとおり，貧困を独立変数とした場合に従属変数として多くの変数（項目）が重層的に関与していることが確認された。すなわち，少なくともこの実態調査の結果では，保護受給層にある被保護母子世帯はアンダークラスを代表する社会的不利益集団であると言えよう。

（3）被保護母子世帯の疾病構造

被保護母子世帯の疾病では，図表3-28のとおり精神疾患，筋骨格系および結合組織疾患・循環系の疾患が極めて高い頻度で確認された。医療扶助の受給率は61.2％でそのうち，うつ病，摂食障害など精神疾患もしくはその予備軍と考えられる母親像の存在がクローズアップされた。

被保護母子世帯総数214世帯のうち，疾病世帯が131世帯となっており世帯疾病率は61.2％と高い。なかでも疾病の全項目件数230のうち，精神疾患項目が96件の41.8％を占めている。病名はうつ病，不安神経症，パニック障害等の精神

疾患があげられ，被保護母子世帯特有の疾病構造が浮かび上がった。精神疾患については既往や心因反応があるものの病識が欠如し，精神科受診を忌避している者などを算入すると実際の件数はもっと多くなる。

離別者（前夫）の事業失敗から借金の取立てで精神的に病んでいたり，長年のDVの被害経験を有する者も多く，PTSD（心的外傷後ストレス障害）やトラウマとして日常的恐怖と不安により精神的健康度を保てない状況が指摘される。精神疾患のなかには人格の崩壊過程をたどるものもあり，受療，服薬等医療ケアとして医療扶助を受けていた。貧困の誘因という観点から保護受給層の精神疾患については，厚生労働省による医療扶助実態調査「病類別医療扶助受給件数の構成比」(2006) でみると，図表3-29のとおり，精神疾患の入院外で6.9%(2006年)であり，また，道中 (2007 c) のホームレス自立支援施設入所者の精神疾患外来の受診率7.0%とほぼ近い構成比となっている。また，厚生労働省の「患者調査」によると入院・外来・性・傷病分類別受療率（大阪府1999年10月）では「精神及び行動の障害他」が男女150（人口10万対）で，女の場合では172（人口10万対）となっている。いずれにしても，疾病世帯のうち被保護母子世帯の母親の精神疾患の受療率が約55.0%と高率で突出した数値となっている。DVによるPTSD（心的外傷後ストレス障害）やトラウマなどからうつ病，不安神経症，パニック障害などを発症している場合も少なくない。母親の精神疾患は子育てなど日常生活にも支障を生じかねない。子どもにとって不利益な環境的素因として，母親の慢性的な心身疲労による病理的家庭が投影されメンタルヘルスなどの必要な対策やヘルスプロモート政策が急がれる。

（4）貧困と家族病理

繰り返すが経済的貧困は単に生計上の困窮といった問題にとどまらない。経済的な困窮状態は統計的な指標で計ることのできない生活全般に具体的なさまざまな影響を与えている。

ひとつひとつの貧困誘因に注目するのではなく，さまざまな負の誘因が重なり合い相乗的に影響を及ぼすリスクの累積性に着眼し貧困ダイナミクスとして

捉えることができる。

　日々の困窮した生活は，きわめて不安定で強い緊張を継続させることとなる。特に貧困を代表する受給層の母子世帯は，強い不安とストレスに晒され続けることとなる。このように慢性的な経済的なストレスが抑うつや不安神経症，パニック障害等引き起こす誘引となっている可能性が強い。

　本研究のサンプリング調査による受給層の母子世帯モデルでは，図表3-28のとおり，母子世帯総数214のうち疾病世帯は131（世帯疾病率61.2%）で，うつ病，不安神経症など精神疾患を罹っている母親は72人で母子世帯全体の精神疾患の罹患率は33.6%ときわめて高い。被保護母子世帯の精神疾患の高さという疾病構造の特徴は，貧困が母子世帯において心理的精神的なストレスへの耐性の限界をこえて適応困難なものとなっていることをデータにより実証的に裏付けるものとなった。

8　調査結果と今後の課題

　これまで議論されてきた貧困の普遍的な誘因なるものに数量的な根拠を与え，実証することができた。仮説で掲げた貧困誘因の検証はいくつかの重要な知見と有益な示唆を与えてくれた。本研究により得られた知見は政策への手がかりを得ることになるだろう。なかでも生活保護を受給する被保護母子世帯の置かれている生活の困難性や社会的排除が焦点化され，これまでのような楽観論は払拭されよう。

　本調査の結果，生活保護を受給する被保護母子世帯においては，貧困にかかわる誘因が重層的で「子どもの貧困」，「著しく不利な条件に置かれた世帯」，「社会的排除やジェンダー」，「取り残された人々」などに象徴される困難な生活実態を凝縮した形で浮き彫りにすることができた。また，経済的不利の負の相乗作用として被保護母子世帯が「貧困の担い手」となり親から子へと貧困が引き継がれ固定化するとともに世代間を連鎖していることを確認することができた。

図表3-30　貧困の世代間継承モデル

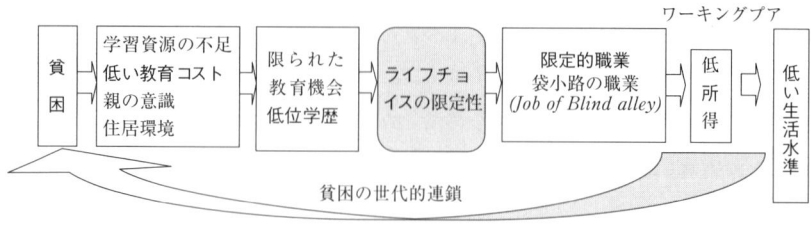

```
                                                                    ワーキングプア
┌──┐ ┌──────┐ ┌─────┐ ┌─────┐ ┌──────────┐ ┌──┐ ┌──┐
│貧│ │学習資源の不足│ │限られた│ │ライフチョ│ │限定的職業    │ │低│ │低│
│  │ │低い教育コスト│→│教育機会│→│イスの限定性│→│袋小路の職業  │→│所│→│い生│
│困│ │親の意識    │ │低位学歴│ │          │ │(Job of Blind alley)│ │得│ │活水│
│  │ │住居環境    │ │        │ │          │ │              │ │  │ │準│
└──┘ └──────┘ └─────┘ └─────┘ └──────────┘ └──┘ └──┘
  ↑                          貧困の世代的連鎖                              │
  └──────────────────────────────────────────────────────────┘
```

（出典）著者作成。

　子どもにとって貧困家庭で育つことはライフチャンスが限定的となり，世代を超えて貧困や不平等が受け継がれていく可能性がより高い。子ども時代の経済的不利益の経験が大人になってからも所得，職業の就労状況等に大きな影響を及ぼしているとすれば，その不利益は次の世代に継承されることは，図表3-30のとおり容易に想像できる。

（1）被保護母子世帯の貧困誘因と貧困ダイナミクス

　調査結果の概要は以下のとおりである。①2人以上の子どもを有する世帯は貧困にかかわる誘因が強く保護からの脱却の困難性があること，②10代出産ママはDVの被害者，児童虐待の加害者である（あった）確率が非常に高い，③保護という経済的貧困のみならず生活上の困難が次世代へと引き継がれ世代間連鎖があること，④離死別者（相手）は低位学歴で被保護母子の世帯主の低位学歴とのマッチング度が高いこと，⑤離死別者（相手）は非正規就労など不安定で扶養援助が期待できないこと，⑥被保護母子世帯は低位学歴のため不安定就労を余儀なくされ稼働所得が期待される収入見込月額より大幅な低収入となっていること，⑦近親者との疎遠な関係，居住の変動が多く地域社会からの孤立していること，⑧うつ病，心身症，抑うつ病，不安神経症，気分障害など精神疾患が多く疾病構造に特徴があること，などの基本項目において被保護母子世帯の貧困にかかわる誘因が認められた。これらのことから保護から離脱できない被保護母子世帯の生活実態や就労インセンティブ（Incentive）の弛緩によるインセンティブ・ディバイド（Incentive divide）等の特徴的な属性や就労

実態，疾病構造など貧困の様相が明らかになった。

（2）戦略としての子ども対策

　行政は縦割りで主管事項を掌理している。しかし，貧困を独立変数として捉えたとき様々な事象が従属変数として関与していることがわかった。公的扶助の生活保護においては家族を世帯単位としてとらえ，もっぱら世帯主の母親を対象とした支援を展開しているが，関連事項の多さから地域社会において子どもを含めた家族の貧困ダイナミクスとして捉え直したうえで支援を展開する必要がある。特に10代出産母子など子どもの貧困という視点からの政策的インプリケーションは強く優先度の高いものと認識された。地域における子育て支援機能の強化や保育所等を拠点とした新たな支援体制の整備が必要とされよう。とりわけ子どもを対象とした政策的メニューがほとんどないことから，権利主体としての子どもの当事者性を担保した「戦略としての子ども政策」の構築が急がれる。

（3）就業支援とインセンティブ（Incentive）政策

　生活保護制度度では就労にともなう収入については，基礎控除，特別控除が設けられている。たとえば月額13万円の稼働収入の場合は必要経費控除とともに25,230円の基礎控除と16,347円の特別控除の合算で41,577円が適用されることとなる。したがって，稼働収入13万円から41,577円を控除すると収入認定額は88,423円となる。そのため収入認定後の最低生活の可処分所得は41,577円多くなる。つまり，稼働受給層の保護費は，非稼働受給層の保護費に比べて可処分所得として41,577円が多く支給されることになり，就労意欲を高揚させるものとなっている。

　所得の格差に関しては個々人の自助努力以外の外形的要素により変更不能な変数として取り扱われることが多かった。しかし，よく考えてみると稼働所得は本人の意欲によって左右されるところも大きい。本人の考え方によって就労時間を延ばしたり転職や離職によって就労形態，収入を変更することは可能で

ある。個々人のこうした意思決定や判断が所得変動にどのようにかかわっているのか，ここではホームレス，受給層の稼働世帯および母子世帯の就労収入について分析した。しかし，貧困リスクのより高い母子世帯の場合では，他の世帯類型との差別化がないためインセンティブ（Incentive）の弛緩が改善されないことが考えられる。母子世帯が自立しやすいよう生活保護制度以外の所得税法上の大幅な控除などインセンティブ（Incentive）政策を急ぐ必要がある。

（4）自立支援に内在化する健康問題

被保護母子世帯の母親の精神疾患や婦人科疾患による疾病構造の特徴を指摘した。調査により深刻な健康問題とそこに内在するさまざまな生活課題が浮かび上がった。母子世帯への支援はこれまでの経済的な支援から政策転換が行われ自立のための技能習得や訓練，就労による自立支援が中心に展開されその有効性が確認されつつある。しかしながら，被保護母子世帯においては自立支援のための就労支援の展開の前にまず，母親の心身の健康を取り戻すための日常生活支援のプログラム（地域の保健所，社会福祉協議会，民生・児童委員，NPO等社会資源と連携）とともに健康学習プログラム作成が緊急度の高いものとなっていることがわかった。

疾病構造の特徴として注目されるのは，まず，受療率が約61.2％と著しく高いことである。次に精神疾患の高さにも着目される。傷病分類別では精神および行動の障害に関する疾患が約55.0％を占め，被保護母子世帯214人の母親のうち72人（33.6％）が精神疾患を患い被保護母子世帯の特有な病態を呈している。また，DV被害者35人のうち16人（約46％）が精神疾患による受療の継続が確認され被害の根深さを物語っている。病理的な家族環境を投影し，すでに子ども自身にも影響があらわれていることが窺われる。受給層の母子世帯においては精神保健上からの積極的なケアが必要とされる。心身の健康を回復してこそ子育てや就労が可能となるのであり，精神疾患や慢性疾患等に対する医療ケアとともに生活問題を解決しなければ自立支援は困難となる。児童精神科医，臨床心理士による家族ケアが必要とされ適切な医療ケアとともに子育てや生活

面の支援，生活習慣の乱れによる健康を損なうような生活の改善や良好なライフスタイルへの変容のためのヘルスプロモートなど包括的な生活支援が重要な課題となっている。

(5) 養育費確保のための施策

調査の結果から生活保護の制度設計において「保護の補足性」の原理として民法の私的扶養の考え方を堅持するのであれば，被保護母子世帯の子どもの養育費が確保できるよう養育費相談支援センター事業の拡充や更に民事訴訟体系での簡素な手続法の整備・立法化の必要性が認められ，そのためには養育費に関する世論の醸成，啓発の推進がはかられなければならないだろう。

(6) セーフティネットの再構築

地域において孤立した被保護母子世帯の実態が浮かび上がった。地域や親族からも疎遠となっており必要な援助や支援など社会資源が有効に活かされず情報弱者の立場となっている。相談機能や情報提供の充実，子育て支援をはじめ家族病理としてメンタルヘルスからの取り組みをはかるとともにアウトリーチでの相談支援の体制整備の充実が求められている。また，転居を頻繁に繰り返す被保護母子世帯の実態が明らかになり，転居は母子にとって適応上の強いストレッサーとなっており地域社会からの孤立をより深化させていることから，必要な支援が得られるようシステムとしての地域のネットワークの必要性が強調されよう。地域のネットワークは保健福祉行政の関係機関のみならず民生児童委員，社会福祉協議会，医療機関，母子寡婦福祉団体，NPO，地域及び学校，PTAなど社会資源等との連携したセーフティネットの再構築が急がれる。

注
(1) 厚生労働省「全国母子世帯等調査2003（平成15)」年の調査によれば，母子家庭の平均年齢が前回1998年調査では34.7歳だったのが，33.5歳に若年化している。特に総数の87.8%をしめる生別母子世帯においては，32.7歳となっている。
(2) オッズ比（Odds ratio）は，疾患の発生状況などを示す相対的危険度として使わ

れている。オッズ比が1とは，対象とする条件あるいは事象の起こりやすさが両群で同じということであり，1より大きい（小さい）とは，条件あるいは事象が第1群（第2群）でより起こりやすいということである。オッズ比は必ず0以上である。
(3) 岩田正美（2005）「デフレ不況下の『貧困の経験』」太田清・樋口美雄・家計経済研究所編『女性たちの平成不況』日本経済新聞出版社，203-233頁。
(4) 同前書。
(5) 道中隆（2007b）「保護受給層の貧困の様相——保護受給世帯における貧困の固定化と世代的連鎖」『生活経済政策』生活経済政策研究所, No.127, August 2007, 14-20頁。
(6) 閾下稼得とは2008年4月現在大阪府下地域別最低賃金をベースに算定（731円×8時間×22日＝128,656円）した月額収入約13万円を下回る稼働収入とし，稼得はそれを超える稼働収入とした。
(7) 就労インセンティブ・ディバイド（Incentive divide）は稼働者の就労意欲から生じる稼働者間の稼得格差に表出される。長期間の生活保護受給によって就労意欲が減退し給付への依存状態から不就労や低収入といった事象に表出されることから自立支援プログラムとしてIncentive政策が必要とされる。
(8) 道中隆・杉本正（2006）「生活保護における最低生活費と就労インセンティブ——被保護者の就労支援方策と就労自立の困難性」『帝塚山大学心理福祉学部紀要』第2号，14-20頁。
(9) 道中隆，前掲論文(5)。
(10) 道中隆（2005）「生活保護における就労支援の有効性と閾下稼得——被保護者の就労支援方策と就労自立の困難性」日本社会福祉学会第53回全国大会報告。
(11) 道中隆（2004）「生活保護における扶養義務と扶養義務履行の困難性」日本社会福祉学会第52回全国大会報告。
(12) 道中隆（2008）「被保護母子世帯の貧困ダイナミクス——保護受給層の母子世帯をめぐる貧困誘因について」社会政策学会第117回（岩手大学）報告。
(13) 道中隆（2007c）「ホームレス自立支援の結果と今後の課題——S市における取組の実践から見えてくるもの」『厚生労働科学研究費補助金政策科学推進事業研究報告書——格差と社会保障のあり方に関する研究』（研究代表者：駒村康平）。

第4章
要保護層の就労自立支援プログラム

1　就労自立支援の取り組みの背景

　わが国の社会福祉政策は，「福祉から就労」にシフトされもっぱら「就労自立」をキーワードに展開されている。生活保護においては，「就労自立支援プログラム」のように就労支援のための援助サービスの提供体制を整備しつつ，「就労支援」というベクトルを焦点化させている。「就労自立支援プログラム」は，2004（平成16）年の社会保障審議会福祉部会の「生活保護制度の在り方に関する専門委員会」の報告を端緒に被保護世帯に対する自立支援サービスとしての「自立支援プログラム」の一環として導入された。同事業の実施に当り，厚生労働省は2004年度〜2005年度において全国3自治体をモデルとして生活保護受給者自立支援プログラム試行事業を先行実施している。これら以外の先進自治体でもパイロット事業としていくつかの就労促進事業が展開された。

　これらの先進自治体の試行実施を経て，厚生労働省は，2005（平成17）年3月31日付け社援発第0331003号厚生労働省社会・援護局長通知「平成17年度における自立支援プログラムの基本方針について」を全国都道府県に通達した。こうして2005（平成17）年度から実施される「生活保護受給者等就労支援事業」は，厚生労働省の生活保護自立支援政策の一環として，ハローワークと連携のもとにすべての保護の実施機関において個別支援プログラムとして優先的に取り組むこととなった。

2　調査の目的

　A市自治体は被保護者の自立に向けた福祉事務所の組織的な取り組みとして，2003（平成15）年度から2007（平成19）年度の5か年にわたって，保護の受給層を対象に就労支援に関する事業を行っている。このうち2003（平成15）年度および2004（平成16）年度は，厚生労働省のモデル事業として全国に先駆けて実施した就労促進事業であり，2005（平成17）年度以降は，厚生労働省による自立支援政策により，ハローワークとの連携を強化するため行政組織が整備された「就労自立支援プログラム事業」として実施されている事業である。

　A市は2003（平成15）年度から各福祉事務所にハローワークOBの就労支援員を嘱託職員として雇用しそれぞれ配置することで，ケースワーカーの就労指導を側面的に援助し，専門的な見地から生活保護受給者に対する就労支援を組織的に実施しいている。

　本章は，道中の先行研究を継続させ，特に，従来の「就労促進事業」とそれ以降の厚生労働省の処理基準である「就労自立支援プログラム」との比較検討を行うものである。これらの事業について，就労収入，就労形態等の調査分析を実施するとともに就労支援事業の事業効果について評価を行い，自立支援の課題や方策を探り，効果的な運営をはかるための知見を得ようとするものである。

3　調査の方法

　就労自立支援事業は，被保護世帯の稼働年齢層のうち稼働阻害要因のない者で，非正規就労の者，就労形態が不安定な者，就労経験の少ない者，職業を転々と変わる者，職業適性での課題を抱える者等を優先的に選定し，特に，就労支援を実施することでより自立の期待可能性の高いケースを就労支援事業の対象としている。このように同事業の対象を一定条件のもとで選定したうえで，

第4章　要保護層の就労自立支援プログラム

図表4-1　就労支援事業による就労支援状況の推移　　（単位：人）

年　度	就労支援対象者数	就労率(%)	就労開始者実数			常勤率(%)
			小計	常勤	パート	
2003（平成15）年度	303	20.79	63	5	58	7.93
2004（平成16）年度	200	46.00	92	11	81	11.96
2005（平成17）年度	291	37.11	108	21	87	19.44
2006（平成18）年度	304	47.04	143	36	107	25.17
2007（平成19）年度	366	20.21	148	30	118	20.27
合　計	1,464	37.84	554	103	451	18.59

（注）　1　本表の就労開始者数の「常勤」欄の数値は，労働3法の対象とならない非正規就労を含むものである。
　　　 2　本表の就労開始者数の「常勤」とは，形式のいかんを問わず1か月以上の雇用契約によって常用で他人に雇われ，給料，賃金等を得ている場合をいう。
　　　 3　2003（平成15）年度および2004（平成16）年度は「就労促進事業」であり，2005（平成17）年度以降は「就労自立支援プログラム事業」である。
（出典）　著者作成。

職業相談業務の実務経験のある専門の就労支援相談員による幅広い就労支援を行うことにより，被保護者の就労自立をはかろうとするものである。

　A市は，被保護者の自立に向けた組織的な取り組みとして，就労自立支援プログラム事業を実施している。図表4-1のとおり，2003（平成15）年度から2007（平成19）年度の5か年にわたって，被保護者を対象に就労支援に関する事業を行い，2003（平成15）年度303人，2004（平成16）年度200人，2005（平成17）年度291人，2006（平成18）年度304人，2007（平成19）年度366人の総計1,464人の被保護者に対して就労支援を実施したものである。

4　調査の結果

（1）稼働世帯の日本型ワーキングプア

　就労支援事業の調査結果については，図表4-2および図表4-3のとおりである。

　就労支援の結果は先に述べた被保護者の世帯類型別実態調査の場合と同様，

図表4-2　就労収入月額および件数の推移

級	間	収 入 月 額	平成15年	平成16年	平成17年	平成18年	平成19年	計	構成比%	
1	閾下稼得	1～ 50,000円	22	34	38	51	70	215	39.1	
2		50,001～ 70,000円	14	12	16	13	10	65	11.8	68.5
3		70,001～100,000円	13	14	18	28	24	97	17.6	
4	稼得	100,001～150,000円	11	17	27	37	30	122	22.2	
5		150,001～200,000円	2	10	4	9	8	33	6.0	31.5
6		200,001円以上	1	2	4	5	6	18	3.3	
		計	63	89	107	143	148	550	100.0	100.0

(注)　「閾下稼得」は，稼働収入の月額の目安として最低賃金（大阪府）時間給708円×7時間×21日≒100,000円（千円単位は四捨五入）とした場合，これを下回る稼働収入とし区分1～3と分類した。「稼得」は，それを超える稼働収入として区分4～6として分類した。
(出典)　著者作成。

図表4-3　就労支援結果と保護状況の推移　　　　　　　　　　　　　　　　（単位：世帯／%）

区　分			平成15年度		平成16年度		平成17年度		平成18年度		平成19年度		計	
			実数	構成比	実数	構成比	実数	構成比	実数	構成比	実数	構成比	実数	構成比
Aグループ	就労	A1 保護継続	56	18.5	65	32.5	92	31.6	113	37.2	124	33.9	450	30.7
		A2 保護廃止	7	2.2	16	8.0	12	4.1	26	8.6	20	5.5	81	5.5
Bグループ	就労によらない保護廃止件数		0	0	8	4.0	3	1.0	4	1.3	4	1.1	19	1.3
Cグループ	就労支援継続中		240	79.2	111	55.5	184	63.3	161	52.9	218	59.5	914	62.5
合　計			303	100.0	200	100.0	291	100.0	304	100.0	366	100.0	1,460	100.0

(注)　1　A2「保護廃止」は就労による稼働収入が最低生活費を超えたため保護廃止となったケースである。
　　　2　就労によらない保護廃止件数は，転出・保護辞退・指導指示違反等によるものである。
(出典)　著者作成。

　就労者のうち月額10万円以下の「閾下稼得」が全体の約70%を占めていた。就労自立により就労した者の大半が，稼働収入の期待水準として設定した「閾下稼得」の10万円以下であり，生活保護を受給する稼働世帯の日本型ワーキングプアが検証された。
　また，就労支援結果と保護の状況では，就労して稼働収入を得た被保護者531

人のうち450人（84.7%）が低収入のため保護からの離脱が困難で引き続き保護継続となっており，就労により保護廃止となった世帯は81世帯で全体の5.5%にすぎない。

　生活保護受給者の学歴と稼働収入との関係以外で，生活保護の稼働世帯の日本型ワーキングプアの要因については，先行研究が皆無で実証が困難である。しかしながら，生活保護を受給する稼働世帯の日本型ワーキングプア化については，①雇用の流動化による働き方・就業構造の変化，②収入の減収への補填，③自らの選択の結果として就労インセンティブの弛緩等3つの要因が関与している可能性を否定できない。

　まず，1点目の「働き方・就業構造の変化」については，求職側からみると「短時間勤務」で都合が良いし，雇用する求人側にとっては労働コストを最小限におさえられることからメリットがある。就労する被保護者は，低賃金の労働市場に積極的に寄与しているのである。また，求職者は無理をせず余裕を持って子育てをしようとする考え方や価値観等に基づいて行動し，家族の介護や世話のためできるだけ家庭内にいる時間を増やしておきたいといったライフスタイルを持っていることになる。皮肉にも低賃金で稼働する被保護世帯の日本型ワーキングプア化は，労働市場における需要と供給にマッチングしている。

　2点目の「収入の減収への補填」については，3点目の就労インセンティブの問題とも密接に関連するが，生活保護の「最低生活の保障」という原理から，事由を問わず，稼働日数が減り就労収入が減収となれば生活保護費は減額されることなく，収入の不足分が補填されるシステムとなっている（就労にともなう収入がある場合には実質上，「必要経費控除」，「基礎控除」，「特別控除」が適用される）。その点，第1の要因と同様，労働政策の視点からは低賃金について「事後的賃金補償」として生活保護制度が機能しているといえないこともない。生存権の保障の概念が国民の「安心」であるならば，この「安心」は，生活保護制度上の「最低生活保障」として担保されているのである。

　3点目の「就労インセンティブ」については，保護受給期間が長期化することや求職活動の困難性等によるインセンティブの弛緩が考えられる。母子世帯

およびその他世帯の世帯類型において，3年以上の保護受給期間（3〜5年，5〜10年，10年以上）が，母子世帯15.3％増，その他世帯9.2％増と大幅に増加し保護が長期化していること（図表2-9）や，図表4-2のとおり，稼働収入が閾下稼得であることからインセンティブの課題を包含するものとなっている。さらに図表4-2のとおり稼働収入が10万円以下の1,2,3の収入月額級間にある「閾下稼得」の者が68.5％を占め，逆に4,5,6の級間の「稼得」は31.5％となっている。これらのことから生活保護受給世帯において日本型ワーキングプア層の裾野が拡大していることが検証された。生活保護の稼働世帯において，働く意志をもって一生懸命働いているにもかかわらず保護からの脱却がより困難となっている実態が明らかとなり，日本型ワーキングプアの貧困の固定化が確認された。就労インセンティブについては，本章第5節(2)，および終章第3節(2)で詳しく述べる。

（2）被保護者の就労形態は非正規雇用

就労支援事業の調査結果は図表4-2および図表4-3のとおりである。就労支援事業は，職業相談業務の実務経験のある専門の就労支援相談員による幅広い支援を行うことにより被保護者の自立をはかろうとするものである。就労支援相談員は非常勤職員とし，具体的には職業相談，アセスメントのうえ面接の受け方，履歴書の書き方やハローワークへの同行訪問等の支援活動を行っている。本事業は，2003（平成15）年度に厚生労働省によりモデル事業化された行政の新たな事業であることから，先行研究がなく，さまざまな行政上の制約や限界が推測されるなかで調査を実施した。図表4-1のとおり，就労支援相談員の支援により就労開始したものが約38％となっているものの，その就労形態は常勤が約19％にとどまっている。有期契約や細切れ契約も多く将来に展望を抱くことのできないものとなっている。さらに常勤就労者のうちの正規就労（労働3法の被保険者資格者）は数人と少なく，被保護者の就業状況は総じて低賃金かつ不安定なものとなっている。非正規雇用の構成比は，総務省2005（平成17）年度「労働力調査」によると32.6％であるのに対して，生活保護の受給層

第4章　要保護層の就労自立支援プログラム

図表4-4　非正規労働者の現状

区　分		男女合計	構成比(%)	女性	構成比(%)	男性	構成比(%)
正規雇用		3,374万人	67.4	1,018万人	47.5	2,357万人	82.3
非正規雇用	パート・アルバイト	1,120万人	22.4	872万人	40.7	247万人	8.6
	派遣・嘱託・その他	513万人	10.2	253万人	11.8	260万人	9.1
合　計		5,007万人	100.0	2,143万人	100.0	2,864万人	100.0

(出典)　総務省（2006）「労働力調査」。

は約81.0％と極端に高く，日本型ワーキングプアを構成していることがわかる（図表4-4）。

（3）学歴の低位性とワーキングプアとは基本的な特徴がある

　最終学歴が低い者は，技能を持たず低賃金の就労となり貧困に陥りやすいことはこれまで数々の先行研究で実証されている。道中（2005）は，被保護母子世帯の就労者715人のうち313人（43.8％）が中卒という低位学歴であることや職種が飲食店店員，倉庫整理，スーパー店員，電話受付，保険外交員，工場勤務等に限定され低賃金であることを報告している。保護受給者の学歴の低さと稼働する生活保護世帯の日本型ワーキングプア化との関係については，前述の生活実態調査の結果と同様，学歴の低さ（低位学歴率72.56％）は，低収入や就労構造と高い相関関係にあることが確認された。受給層の約81％が非正規雇用であり就労収入は7万～8万円（平均月額）程度の厳しい低賃金となっており学歴の低位性と日本型ワーキングプアとは共通する特徴となっている。

（4）就労促進事業の財政縮減効果は限定的

　就労支援方策としての就労促進事業（2003年度・2004年度）は，対象者の抱える重層的な問題性からそれらに対応すべき準備されたバリエーションが少なかった。そのため評価手法の財政的側面からの事業の有効性は一部の対象者には効果が確認されるものの全体としては限定的効果にとどまっている。同様に稼働年齢層で稼働可能な対象母数が少ないことから財政縮減は期待された結果

図表4-5　就労支援事業の実績

区　　分	就労件数	効　果　額
2003（平成15）年度	63人	18,906,874円
2004（平成16）年度	81人	30,324,958円
2005（平成17）年度	107人	32,853,050円
2006（平成18）年度	139人	50,773,727円
2007（平成19）年度	148人	43,961,898円

（注）　1　2003（平成15）年度及び2004（平成16）年度は「就労促進事業」である。
　　　 2　2005（平成17）年度以降は自立支援プログラムによる「就労自立支援事業」である。
　　　 3　効果額は就労支援により就職し就労収入を得ることによって，生活保護費が減少した金額である。
（出典）　著者作成。

とはならなかった（図表4-5）。

（5）「就労自立支援プログラム」の有効性の確認

　2005（平成17）年度に新たにスタートした「就労自立支援プログラム」は，本来の就労支援を行う労働行政のハローワークがシステムとして強化され，福祉事務所と連携した取り組みが推進されるよう構築された。すなわち，従来の福祉行政から展開していた就労促進事業が，2005（平成17）年度からは労働政策としても位置づけられ，新たに「就労自立支援プログラム」としてスタートさせていることの意義は大きい。本事業が，ハローワーク，福祉事務所に専門性のあるマンパワーを配置しシステムとして組織的に推進されたことにより，①就労形態の常勤率が2003（平成15）年度の7.93％から2006（平成18）年度の25.12％，2007（平成19）年度の20.27％へと約3倍に向上していること（図表4-1），②常勤雇用の増加により稼働収入の閾下稼得が2003年（77.6％）から実績ベースの2006年（64.32％）と減少し，逆に稼得が2003（平成15）年度の22.2％から2006（平成18）年度には35.7％と大きく伸びていることが確認された（図表4-2）。内容的には，閾下稼所得区分1～3以外の稼得区分6の就労収入が200,001円を超える件数の増加や，区分4の100,001～150,000円が22.9％，区分5の150,001

〜200,000円が6.2%などとなっている（図表4-2）。今回の調査により厚生労働省が提唱する「就労自立支援プログラム」は「生活支援型」，「社会参加型」のプログラムが低調であることに比して限定的ながら着実に効果をあげつつあることが検証された。

5 　就労自立支援の推進と今後の課題

（1）日本型ワーキングプア，ボーダーライン等に対する総合支援

　安心社会を構築するためには，基本的には所得保障としてのセーフティネットを再編することが肝要である。すなわち，国民に社会保障に対する不安や不信感を払しょくするため，まず，最低賃金，基礎年金，課税最低限，各種手当などの一次的セーフティネットを緊急に再構築しなければならない。

　生活保護が世帯単位の給付であることに対して，賃金，最低賃金は労働の対価として支払われる労働者個人に対するものである。また，基礎年金についても個人支給となっている。そのため，「家族単位」とする生活保護の受給世帯では，賃金，最低賃金を上げたり，基礎年金を引き上げるだけでは，世帯としての自立には繋がらないことも多い。そのことは，就労支援によって就労し，生活保護から脱却して生活保護の廃止になった世帯が全体のわずか5.5%に止まっていることからも明らかである（図表4-3）。

　本章では，生活保護制度の「就労自立支援プログラム」のみでは被保護世帯の就労自立が困難であったり限界があることを証明し，最低賃金，基礎年金，課税最低限，各種手当などの各制度をより連動させ所得保障関連の総合支援策の必要性について強調した。

　年収200万円以下の民間企業労働者は1995（平成7）年の793万人であったものが，2007（平成19）年には1,032万人に増加している（国税庁「2007年民間給与実態調査」）。ワーキングプアといわれる人々の大半は非正規労働者で構成されているが，今のところ彼女／彼らは生活保護の非受給者である。貧困層の拡大の中，図表4-6および図表4-7のとおり，特に若年労働者の非正規雇用や若

図表4-6　若年労働者の正規・非正規労働者

区　　　分		正規就労	非正規就労
15～24歳	558万人（100%）	300万人（53.8%）	258万人（46.2%）
25～34歳	1,309万人（100%）	975万人（74.5%）	334万人（25.5%）

（出典）　厚生労働省「就業構造基本調査」（2007年）より筆者作成。

図表4-7　若年男性労働者の低所得層　　　　　　　　　　　　　　　　　（単位：千人）

	2002年			2007年		
	25～29歳	30～34歳	計	25～29歳	30～34歳	計
被雇用者	4,051	4,109	8,160	3,407	4,155	7,561
100万円未満	104	51	156	119	65	184
200万円未満小計	499	253	752	495	319	814
300万円未満小計	1,683	885	2,568	1,555	1,097	2,652

（出典）　厚生労働省「就業構造基本調査」（各年）より筆者作成。

年男性労働者の低所得層が増加し，社会不安に拍車をかけている。

　セーフティネットの修復や所得保障関連の総合支援策が推進されなければ生活保護は，生活保護基準額と最低賃金や就業構造との関係において，稼働層をより多く含む日本型ワーキングプア，ボーダーライン等の非受給層の人々を吸収し，生活保護受給世帯の大幅な増加となるだろう。

（2）就労インセンティブと「貧困の罠」

　欧米では「福祉給付」から「福祉から就労へ」と政策転換されている。福祉給付の増大は就労インセンティブを弛緩させ「福祉依存」や「貧困の罠」に陥ることが懸念されるためだ。多くの国々においても「福祉から就労へ」のベクトルの方向での社会政策の流れとなっている。わが国の場合も同様に「福祉から就労へ」のスローガンの下に政策が推し進められており例外ではない。

　わが国の生活保護制度においては「保護の補足性」の原理により，稼働能力を有し稼働阻害要因のない者は保護に優先して，その稼働能力の活用を求められる。稼働能力の活用は保護の要件とされるため，要保護者は就労せざるを得ない立場にある。そのため，生活保護受給層では，稼働年齢層にある人々がそ

のまま福祉依存に陥っているとは考えられていない。また，生活保護の世帯類型別被保護世帯の状況でも明らかなように受給者の多くは，高齢者世帯（44.1%），傷病者世帯（25.7%），障害者世帯（11.7%）などで占められており，稼働・非稼働世帯の割合においても稼働世帯（12.7%）は少ない。

このように生活保護の受給世帯は，もともと就労が可能と考えられる母子世帯（8.6%），その他世帯（10.2%）などのような稼働年齢層の世帯は限定的なものとなっている。

そのため前章の第3節でもふれたように2007年度の被保護母子世帯に対する就労自立支援プログラムによる支援の結果，生活保護から自立できた世帯が8.5%に止まっていることや，本章の就労支援結果が5.5%であることを踏まえると，生活保護の就労自立政策には限界があることは先に述べたとおりである。

しかも就労支援結果を詳細に分析した結果，受給層の就労収入の平均月額は，70,129円であり，B市の被保護母子世帯の就労収入においても平均月額は76,116円にとどまっていることがわかった。

非受給層の就労収入はどうであろうか。

「18年度全国母子世帯調査」によると，母子世帯の平均収入213万円のうち，就労収入は171万円で平均月額は142,500円である。厚生労働省「賃金構造基本調査」では，女性パートの1時間当りの全国平均賃金（2006年）は937円で月額に換算すると164,912円となる。また，第5章のホームレスの自立支援センターの退所者の平均賃金が月額161,906円となっている。

このように生活保護受給層においては，低位学歴等のハンディがあるとしても，就労収入が非受給層の半分程度か半分以下の低収入となっている。一旦，生活保護を受給すると，可処分所得の給付額が稼働収入と同一もしくは高くなることにより，受給層の就労インセンティブが弛緩する。稼働年齢層にある受給層では就労意欲が損なわれ「貧困の罠」（poverty trap）に陥る側面があることは否めない事実である。

厚生労働省が就労自立を主とした「自立支援プログラム」を保護政策の最優先課題として位置づけるのは「福祉依存」や「貧困の罠」に陥ることを懸念す

図表4-8　ハローワークの生活保護受給者等就労支援事業（2006年）

	対象者	支援開始者	支援終了者	就職者
生活保護受給者等就労支援事業活用プログラム	56,288人	7,309人	4,553人	3,007人

（出典）　全国福祉事務所長会議社会・援護局長説明資料（2006年5月）。

図表4-9　自立支援プログラムの実施状況（2006年）

	プログラム数	対象者	参加者	達成者
就労支援プログラム（就労支援員等活用）	154	69,897人	19,776人	5,940人
就労支援プログラム（職場適応訓練，他）	155	47,578人	2,593人	982人
日常生活支援プログラム	214	9,378人	5,497人	854人
社会生活支援プログラム	60	1,278人	226人	104人

（出典）　生活保護関係主管課長会議資料（2006年2月）。

るためであろう。

　著者のこれまでの実証分析の結果から，生活保護受給層の貧困誘因や貧困の様相はその一つ一つが負の相乗作用として重なり合い，様々な困難な課題となって顕在化していることが明らかとなった。自立支援のためにはこれらの課題に政策的に取り組み，稼働阻害要因を排除する必要があるが決して簡単なことではない。生活保護受給層の自立阻害要因は，一般世帯の非受給層よりも大きく頑固である。

　生活保護の制度では，「貧困の固定化」や「貧困の世代間連鎖」を防ぎ，「貧困の罠」から抜け出すための方策として，就労自立を中心とした図表4-8および図表4-9のような「自立支援プログラム」が全国的に展開されている。

（3）自立支援とワーク・ライフ・バランス（仕事と生活の調和）の実現

　わが国では「福祉から就労へ」のベクトルの中で，さらに2007年度からフリーター，障害者，生活保護や児童扶養手当受給者，刑務所出所者などに対し，「『福祉から雇用へ』推進5か年計画」が打ち出され，その具体的な施策の着実な推進が期待されている。

第4章 要保護層の就労自立支援プログラム

　安心感のあるセーフティネットの再構築として，まず，①雇用・就業ネット，②社会保険ネットの張り直しが急がれている。その上で最後の③公的扶助ネットの生活保護の修復が考えられる。もともと①雇用・就業ネットの就業促進や就労支援は，労働政策の領域であり，生活保護の制度設計にはない。②社会保険ネットの背景については，労働市場から格差が拡大し固定化の進行により，低収入で被用者保険や地域保険から脱落する非正規労働者の増加がある。③公的扶助ネットの生活保護は，ステイクホルダーにとって，「入りにくく出にくい」制度となっている。したがって，自立支援には，労働・社会保障政策として就業や生活の保障のため労働政策と公的扶助との整合性のとれた総合政策が必要とされる。

　ワーク・ライフ・バランス（仕事と生活の調和）社会の実現やディーセントな[6]（まっとうな，そこそこの）労働・生活の保障の目的達成ため，その前提として子育て支援，住宅支援，能力開発・訓練への支援，税制による支援など政策パッケージとして社会保障と労働政策の総合政策の樹立が重要となっている。

注

(1) 厚生労働省社会・援護局長通知は地方自治法（昭和22年法律第67号）第245条の4第1項の規定による技術的助言として行われたものである。

(2) 「自立支援プログラム」については，厚生労働省社会・援護局の「セーフティネット支援対策等事業費補助金」の対象経費となっており，自立支援プログラムの実施にかかる事業については10/10，支援メニューの整備にかかる事業については1/2が国庫補助金の対象となっている。

(3) 道中隆・杉本正（2006）「生活保護における最低生活費と就労インセンティブ——被保護者の就労支援方策と就労自立の困難性」『帝塚山大学心理福祉学部紀要』第2号，97-120頁。

(4) 道中隆（2005）「日本社会福祉学会第53回全国大会報告」。

(5) 2007年度厚生労働省の福祉行政報告例の世帯類型別被保護世帯数の構成比および労働力類型別被保護世帯数の構成比を参照。

(6) 「2001年版 EU 雇用白書」では，仕事の質で4つの仕事を次の区分としている。①Dead-end Job（短期雇用などのどん詰まりの仕事），②Low pay/productivity Jobs（仕事の不安定性か事業主提供の訓練か昇進の見込みかのどれかはあるが，低賃金な仕事），③Job of reasonable quality（仕事の安定性か事業主提供の訓練か昇進の

見込みかのどれかはあり，ディーセントな給料がもらえる），④Job of good quality（ディーセントな給料に加えて，仕事の安定性，事業主提供の訓練，昇進の見込みのいずれもともなう仕事）。ILO は「ディーセント・ワークの実現」を ILO 憲章により与えられた使命達成のための主目標の今日的な表現であると位置づけている。ディーセント・ワークの訳は，「働きがいのある人間らしい仕事」であり，人々が働きながら生活している間に抱く願望，すなわち，①働く機会があり，持続可能な生計に足る収入が得られること，②労働三権などの働く上での権利が確保され，職場で発言が行いやすく，それが認められること，③家庭生活と職業生活が両立でき，安全な職場環境や雇用保険，医療・年金制度などのセーフティネットが確保され，自己の鍛錬もできること，④公正な扱い，男女平等な扱いを受けること，といった願望が集大成されたものといわれている。

第5章
ホームレスの就労自立支援

1 取り組みの背景

　1990年代半ば以降，ホームレスの増加が社会問題化され，2002（平成14）年8月「ホームレスの自立の支援等に関する特別措置法」（以下，「自立支援法」という）が10年の時限法として公布，施行された。2007（平成19）年は自立支援法の施行後，その中間年として見直され，2008（平成20）年度には自立支援法の改正が予定されている。

　厚生労働省は，2007年（平成19）年1月から2月にかけて自立支援法に基づき公園などで野宿するホームレスに関する実態調査（以下，「全国実態調査」という）を行い，その結果の概要を公表した。全国のホームレスは2007（平成19）年1月時点で18,564人となり，4年前の調査（25,296人）から約27％減少したことが明らかとなった（図表5-1）。

　特にホームレス自立支援施設（以下，「自立支援センター」という）が設置されている東京・名古屋・大阪の3大都市部での減少が著しい。減少の理由は，景気の回復により雇用環境が改善したことや2002（平成14）年から自治体で行った自立支援への積極的な取り組みなどが考えられるとしている。「安定した雇用の場」，「安定した居住の場」の確保を謳った自立支援法が制定されてから，この間，ホームレス自立支援施設は各地に設置され，公園等公共施設・空間からホームレスの姿が減少するなど限定的ながらその効果が認められている。

　しかしながら，一方でいまだなお多くのホームレスが都市公園，駅舎等公共

図表5-1　都市部のホームレス数

都市名	2003年	2007年	増減数
東京都23区	5,927	4,213	△1,714
札幌市	88	132	44
仙台市	203	132	△71
さいたま市	221	179	△42
千葉市	126	103	△23
横浜市	470	661	191
川崎市	829	848	19
静岡市	134	87	△47
名古屋市	1,788	741	△1,047
京都市	624	387	△237
大阪市	6,603	4,069	△2,534
堺市	280	133	△147
神戸市	323	135	△188
広島市	156	115	△41
北九州市	421	249	△172
福岡市	607	784	177
合計	18,800	12,968	△5,832

(出典)　厚生労働省「全国ホームレス実態調査」。

施設を起居の場とし，しかも就労自立を目指す支援方策に適さないいわゆる「取り残されたホームレス」がいるという厳しい現実の姿がある。これらの実態を踏まえると，ホームレス数の減少は，単純にホームレスの自立支援に対するホームレスの自立支援政策が成果をあげた結果であるとは必ずしも言い切れないものがある。各種調査による先行研究や行政資料によると自立支援センター入所者の就労退所は約21％に過ぎず，就労以外の事由による「入院」，「施設入所」，「その他」の事由による途中退所率が約63％となっている。さらに就労者のうち継続就労している人については約47％という報告もある。その点，藤田(2006)は「比較的自立の可能性が高い者を選別して支援事業を行っているにもかかわらず，必ずしも成功率が高くないこと。自立達成率は約30％であるが，名古屋市では自立後，アフターフォロー事業(地域生活支援巡回相談事

第5章　ホームレスの就労自立支援

業）を実施し，自立生活が中断されず，持続することに成果をあげている」と指摘している。S市における自立支援事業についても，就労したとはいえ就労者の就労実態は不安定な厳しい就労状況となっており，退所後の支援システムとしてのアフターケアがないことから十分な成果をあげているとは言い難い。また，自立支援事業や自立支援センター事業の現状と課題について，鈴木（2007）は「①支援を得てすぐに就労自立するような「優等生層」が尽きつつあること，②ホームレスの高齢化が進み，健康問題の深刻化や就労意欲の減退が進んでいること，③そもそも自立支援事業に適さないホームレスの割合が増加していること」等重要な指摘をしている。

そこで本章ではこれらの先行研究の結果を踏まえつつ，S市の自立支援センター入所者を対象とした自立支援に関する実態調査を実施した。実態調査は入所者の就労自立やその困難性にかかわる要因として，最終学歴や年齢，ホームレス期間（野宿期間），健康問題，年金加入状況，就労支援状況，住居問題，スティグマなどが関与している可能性が考えられることから，これまでの先行研究にはない入所者の属性に着眼し，自立阻害要因や自立を困難とする背景がどのようなものかについて，「支援によって成功したグループ」と「支援によっても自立が困難であったグループ」とを比較し検討する。

調査の対象者はホームレス状態から既に脱却し自立意欲のある元ホームレスを支援する自立支援センターの入所者であり，厚生労働省が実施した現にホームレスを対象とした「全国実態調査（2007）」とは異なる。

厚生労働省の「全国実態調査（2007）」では，現在ホームレスをしているグループの属性しか把握できないが，本論文で使用したデータではホームレスに対する自立支援政策の効果とその限界を個票データを使って，直接観察するという点で，重要な意義がある。

このように本章は，ホームレス支援政策についてS市の事例研究として，就労による自立を一つの目標とするホームレス支援事業の評価を行い，同事業の問題点，自立支援の取組みや支援方策のあり方を探り，課題を明らかにし，今後の社会政策上の知見を得ようとするものである。

2 研究の視点および目的

　厚生労働省は，2003（平成15）年の全国実態調査の結果を踏まえ，「自立の意思がありながらホームレスになることを余儀なくされた者」に対して，国の責任において，「安定した雇用の確保」や「職業能力の開発による就業機会の確保」，「住居への入居支援」等により生活全般にわたる支援を行い，社会復帰を目指すことを目標として掲げた。すなわち，ホームレス支援策の基本方針は，ホームレスの就労率は金額の多寡は別として60％を超える求職率など就労意欲は高いとされることから就労の機会や雇用に向けた支援があればかなりの割合のホームレスが自立できるという考え方に基づき政策立案されてきた。

　このような背景のもとに自立支援法施行以降のホームレス支援策は，法の目的性からもっぱら就労支援に重点をおいた「安定した雇用の場」，「安定した居住の場」によるものであり，この間，設置されてきた各自治体の自立支援センターも就労支援に関する事業を中心とするものである。

　本章では自立支援法施行後の中間年度の見直しが迫り同法の改正が予定されていることから自立支援センター入所者に対するアンケートおよび支援業務に携わっている関係職員への聞き取りにより入所者の生活実態の調査を行った。特に入所者の属性に着眼して，低位学歴，健康問題，就労支援の困難性，払拭し難いスティグマなどに焦点を絞り調査し，その上で何が問題で，どのような課題を抱えどのような支援を必要としているのかについて把握しようとするものである。

　ホームレスのなかには年齢の高い者，深刻な健康問題を抱えている者，労働市場から排除されている者など，必ずしも自立支援センターの就労支援の対象として適さない者など政策から「取り残されたホームレス」の現状がある。そのため今後，自立支援センターに入所しても自立が困難な者が増加することが考えられる。

　こういった背景を踏まえ，入所者について就労支援により「就労自立したグ

ループ」と支援によっても「自立が困難であったグループ」とで比較検討し，どのような違いがあるのか，自立を阻害する要因は何かなど自立支援事業の効果について分析し評価を行い，自立支援センターの機能や役割，効果的な支援のあり方を探ろうとするものである。

3　調査の方法

(1) S市自立支援センターの事業概要

　ホームレスの自立支援に関する自立支援システムや地域生活移行支援事業等の展開により全国的にホームレス数は減少傾向にあり，S市でも同様に巡回相談指導事業及び自立支援事業等の連携によってその数は減少傾向にある。しかし，全国実態調査（2007）の結果からも平均年齢の上昇，野宿生活期間の長期化，就労意欲の低下など自立支援が困難なホームレスへの対応が新たな課題となっている。ホームレスの施策は「巡回相談指導事業」，「自立支援センター事業」，「就業支援センター事業」の3つがあるが，S市の事業は「自立支援センター事業」として位置づけられる。S市の自立支援センターは公立公園内に設置され，社会福祉法人に事業運営が委託されている施設である。定員は50名でホームレスを最長6か月間，自立支援センターに入所させ，就労支援や福祉的援護機関等と連携した支援を行っている。

(2) ホームレス自立支援の調査の方法

　S市自治体の自立支援センター入所者延べ総数289人のホームレスを対象にその自立支援の取り組み状況，実績を個票データ，各種の行政資料ならびに先行研究を通じ調査を行った。また，入所者の健康意識，食生活等に限定したアンケートを実施するとともに，直接処遇にかかわる「生活指導員」や自立支援事業の「巡回相談員」等関係職員から入所者の生活実態等の聞き取りを行い，以下の仮説の検証および自立支援事業の効果について評価を行う。

　①　入所者の多くは最終学歴が中卒等の低位学歴でありもともと貧困リスク

の高いグループを構成する。
② 入所者は年金の保険料未納・未加入者の割合が高く近い将来，年金を受け取ることのできない無年金者予備軍を構成する。
③ 入所者は何らかの疾病を有し，深刻な健康問題を抱えている。
④ 入所者の有病率は高く疾病構造に基本的な特徴がある。
⑤ 低位学歴，ホームレス歴から強いスティグマ等により社会的排除を受けやすく，就労自立は限定的効果にとどまり支援に困難性がともなう。
⑥ 入所者の就労は，低技能，未熟練な仕事内容でもっぱら臨時的，不規則的労働形態となっており低賃金かつ不安定で就労継続が困難な場合が多い。
⑦ ホームレスの期間が長くなると支援によっても自立が困難となる傾向がある。

（3）倫理上の配慮

「実態調査」では，情報管理者に十分，調査研究の目的および主旨を説明した上で，インフォームド・コンセントをとる。職場内でのコンセンサスが得られるよう直接指導職員にも情報管理者から説明し，得られたデータ，「調査票」，「運営状況報告書」の個票，集計表の基礎資料はS市自治体および自立支援センターの調査場所から持ち出さないこととし，持ち出すのは得られたデジタルデータのみとした。また，入所者のアンケート実施についても同様の手順で同意を得たうえで行った。

以上により，本調査研究における個人情報およびプライバシー保護には細心の注意をはらい倫理上の配慮，人権尊重，権利擁護に万全を期した。

4　調査結果の概要

（1）入所者の概況

S市自治体の自立支援センターでは，2005（平成17）年3月から2007（平成19）年10月までの間，延べ総数289人のホームレスを対象に自立支援に取り組

第5章　ホームレスの就労自立支援

図表5-2　入所者の内訳

	開所から現在までの状況		
	実人数	うち就労者	構成
入所者総数	289	158	54.7%
退所者総数	239	92	38.5%
現入所者数	50	38	76.0%

(注)　入所者総数は，2005（平成17）年3月12日～2007（平成19）年11月1日現在までの累計である。
(出典)　著者作成。

んでいる。そのうち現入所者数（2007〔平成19〕年11月1日現在）は50人で，同センターの開所から現在までの退所者239人のうち92人の38.5%が就労による退所となっている（図表5-2）。入所前の野宿場所は，ほぼ半数が都市公園（47.4%）で，道路（16.6%），駅舎（10.7%），河川敷（8.7%），その他施設（16.6%）となっている。性別では都市公園および道路の路肩に起居していた女性3名を除いて全員が男性である。また，ホームレスになる前の直前の職業については図表5-3のとおりである。

ホームレスの野宿の形態は，図表5-4のとおり，生活面での困難性がより深刻な「テントなし」が76.47%，「常設テント」が21.45%となっている。ホームレスの野宿の形態と最終学歴の関係については，何らかの関連性や特徴があるのではないかと考えられたが，結果は最終学歴の中卒で「常設テント」23.89%，「テントなし」75.45%，高卒以上では「常設テント」18.94%，「テントなし」78.79%となっており，特段の大きな差異は認められなかった。

野宿の主な理由については，図表5-5および図表5-6のとおり，第1位は失業で54.46%，第2位は病気で13.60%，第3位は借金等で12.97%で全体の約80%を占めている。野宿の主な理由の合計は，複数回答としたため入所者総数とは一致しない。複数回答の多い項目は，失業，病気，借金の理由に加えて，家賃滞納により居宅を失った者が多いと推測される。また，その他（犯罪等）については帰来先のない者やもともと住居を持っていない者で刑務所を出所後間もない期間に野宿を余儀なくされている。

入所者の平均年齢は，図表5-7のとおり，51.8歳で，年齢階層別では50〜54

図表5-3　ホームレス以前の職業　　　　　　　　　　　　〔( )内は人数〕

業　種	人数	職　　種
製　造	35	PC板製造工(1)，織工(2)，家電製造工(1)，期間工(3)，金属加工作業員(1)，形成工(1)，下水道工(1)，研磨工(1)，工員(9)，コンクリート圧送工(1)，製パン，繊維(1)，メッキ工(2)，ダンボール製造工(1)　机製造(1)，鉄筋工(5)，農業機械製造工(1)，針金製造工(1)，紡績工(1)
飲　食	8	飲食店員(1)，寿司職人(1)，調理師(4)，飯場賄い夫(1)，煎餅焼職人(1)
運　転	22	百貨店配送(1)，運送会社員(4)，運送運転士(10)，酒販(1)，食品配送(1)，新聞配達員(5)
営　業	4	営業(2)，新聞拡張員(1)，リフォーム会社営業(1)
接客業	19	温泉旅館従業員(2)，ガソリンスタンド店員(1)，金網店員(2)，スーパー店員(1)，パチンコ店員(9)，弁当店員(1)，ビデオ店員(3)
警　備	18	ガードマン(1)，警備員(15)，夜間警備員(2)
会社員	7	会社員(3)，家具会社員(1)，損保会社員(1)，ビル管理会社(1)，不動産業(1)
OA	1	プログラマー(1)
自営業	13	会社経営(1)，塾自営(1)，看板塗装自営(2)，クリーニング店(1)，居酒屋，自動車販売自営(1)，寿司店経営(1)，繊維会社自営(1)，電気工事店(1)，不動産業自営(1)，カラオケ店(1)，焼肉店自営(1)
建設土木	50	建設作業員(2)，仮枠大工(3)，左官(2)，大工(3)，鳶工(1)，内装工(1)，配管工(1)，防水工(1)，土工(33)，塗装工(3)
作　業	18	商品配送センター作業員(1)，食品倉庫整理員(1)，スーパー倉庫仕分(1)，倉庫内作業(1)，茶園作業員(1)，鶏豚肉解体(1)，発電所清掃員(1)，病院清掃員(2)，溶接工(4)，清掃員(5)
派　遣	10	食品加工派遣社員(1)，派遣社員(9)
日　雇	32	日雇(28)，日雇ガードマン(3)，日雇運転手(1)
医　療	2	歯科技工士(1)，歯科技工士助手(1)
公務員	1	公務員(1)
その他	13	古紙回収・廃品回収(4)，風俗店員(2)，ドライブイン店員(1)，暴力団構成員(1)，漁師(1)，美容師(1)，キャバレー従業員(3)
無　職	13	無職(13)
不　明	3	記載なし(3)
合　計	269	

(出典)　著者作成。

歳（18.0％），55〜59歳（21.4％），60〜64歳（14.9％），65歳以上（12.8％）となっており，55歳以上では49.1％となっている。ホームレスは長期に野宿生活，路上生活を続けている場合も多く，年齢もほとんどが中高年齢者で構成されている。厚生労働省の2007年の全国実態調査によると平均年齢は57.5歳で前回の2003年全国実態調査より1.6歳上昇しているが，S市自治体の場合の平均年齢

第5章 ホームレスの就労自立支援

図表5-4 野宿の形態（S市）

	合計		常設テント		テントなし		不明	
中　卒	155	100%	37	23.87%	117	75.48%	1	0.65%
高卒以上	132	100%	25	18.94%	104	78.79%	3	2.27%
不　明	2	100%	0	0%	0	0%	2	100%
合　計	289	100%	62	21.45%	221	76.47%	6	2.08%

（注）1 「常設テント」はテント，小屋，廃屋，車上，ネットカフェ難民等定住型を含み，「テントなし」はそれ以外でダンボール，軒下，布団・毛布等で非定住，移動型を含む。
　　　2 本表の数値は2007（平成19）年11月1日現在の累計である。
（出典）著者作成。

図表5-5 野宿の主な理由

野宿の主な理由	実数	構成比
失　業	246	51.46%
病　気	71	14.86%
借金等	62	12.97%
家賃滞納等	41	8.58%
家出，離婚等	37	7.74%
その他（犯罪等）	21	4.39%
合　計	478	100%

（出典）著者作成。

図表5-6 野宿理由の構成割合

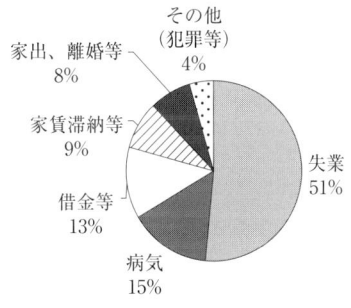

その他（犯罪等）4%
家出，離婚等 8%
家賃滞納等 9%
借金等 13%
病気 15%
失業 51%

（出典）著者作成。

図表5-7 入所者の年齢構成（S市）

29歳以下	30～39歳	40～44歳	45～49歳	50～54歳	55～59歳	60～64歳	65歳以上	合計（人）	平均
8	25	29	33	52	62	43	37	289	51.8歳
2.8	8.7	10.0	11.4	18.0	21.4	14.9	12.8	100.0%	

（出典）著者作成。

が全国調査に比べて5.7歳若くなっている。その理由は，まず，S市自治体調査が自立支援施設の入所者を対象としていることに対して全国調査では現ホームレスを対象としていること，そしてS市自治体の場合，入所者を主として「就労意欲」があり，「稼働能力」を有するという2点に着眼して選定しているが緊急避難を要する急迫状況にある者も対象とする入所対象者の選別方法による結果であると考えられる。

図表5-8　就労支援の状況

項　　目		区分等	受講日数	実施回	受講者数	うち就労者数
ホームレス就労支援事業	運転免許	原付免許	12	6	6	5
		普通自動車免許	47	2	2	1
		大型自動車免許	32	3	5	3
		大型特殊免許	10	2	2	1
		普通ペーパードライバー	5	1	1	1
	機械操作	フォークリフト	18	3	4	4
		車両系建設機械	6	1	3	2
		玉掛け	3	1	1	1
		クレーン	3	1	1	1
	パソコン	初心者	18	3	3	2
		中級者	49	2	2	2
	その他	ビルクリーニング	49	5	29	16
		ホームヘルパー2級	20	2	2	2
		石　綿	2	1	1	1
小　　計			274	33	62	42
アウトプレースメント事業(1)			―	―	31	19
就労支援センター事業(2)			―	―	39	29
合　　計			274	33	132	90

（注）　1　アウトプレースメント事業は，入所者を対象に専任アドバイザーによる個人別のモチベーションアップ，職歴・適性・ニーズ等の把握，これに応じた就職アドバイスを行うキャリアカウンセリングから求人開拓，就職支援，アフターケアまでの一貫した支援を行うもので，職業安定法第30条に規定する有料職業紹介事業の許可を受けている等の条件をクリアした民間再就職支援会社に委託して行われる。
　　　　2　就労支援センター事業は，自治体から委託を受けたNPO等の就業開拓推進員が仕事および求人の開拓，求人情報の収集，職場体験講習の受入事業所の開拓を行い，臨時的，軽易な仕事の提供等を通じて利用者の就業意欲・能力等の把握・見極めにより基礎的な労働習慣の体得を促進し適切な就業につなげるものである。
（出典）　著者作成。

　このようにS市自治体の自立支援センター入所に際しての基準は，本人の「就労意欲」，「稼働能力」という点に着眼しつつ，ネットカフェ，車上からの入所や刑務所からの出所間もない者の入所等が散見され，急迫性のある者や比較的自立の可能性の高い者を入所させ図表5-8のとおり職業訓練をはじめと

図表5-9　退所理由別の入所期間の状況（S市）

退所理由	就労自立	福祉的援護等による退所者			その他			合計
		居宅保護	施設入所	入院	期限満了	無断退去	その他	
理由別退所者数	92	16	20	36	5	30	40	239
退所者総数に占める割合	38.49	6.69	8.37	15.07	2.09	12.55	16.74	100%
		30.13			31.38			
理由別入所期間								
1か月未満	5	3	2	15	0	12	11	48
1〜3か月	9	2	4	12	2	8	4	41
3〜6か月	40	6	11	8	2	9	17	93
6か月超	38	5	3	1	1	1	8	57

（注）　1　退所者はS市自立支援センターの実人員である。
　　　　2　退所者総数は平成17年3月12日〜平成19年11月1日現在の累計である。
（出典）　著者作成。

する様々な支援を行っている。

（2）退所者の概要

就労支援の結果は図表5-9のとおり，就労自立による退所者は38.49％で，就労という視点からは十分な自立支援事業の効果があったとは言い難い。

S市自治体の自立支援センター入所者の半数以上は，福祉的援護等による退所（30.13％）や無断退去等のその他（31.38％）の事由で占められており，学歴や職歴，年齢，体力，病弱，生活問題などから就労による自立は容易でないことが窺える（図表5-10）。

図表5-10　退所理由別の構成割合

その他　31.38％
就労自立　38.49％
福祉的援護等　30.13％

（出典）　著者作成。

（3）アンケート調査結果の概要

入所者に対する嗜好，食生活，病気等健康意識に関する簡単なアンケートによる意識調査を実施した。長期のホームレス生活を余儀なくされてきたことか

図表 5-11　嗜好，食生活等の状況

	質問の回答	構成比（％）
(1)タバコ	吸う	82.22
	吸わない	17.78
(2)禁煙	止めたい	10.81
	どちらでもない	2.70
	禁煙しようとは思わない	86.49
(3)お酒等	飲酒している	46.67
	飲酒しない	53.33
(4)禁酒	止めたいと思う	9.52
	どちらでもない	0.0
	禁酒しようとは思わない	90.48

（注）　(1)タバコ，(3)お酒等の嗜好は入所前，(2)禁煙および(4)禁酒は入所中現在。

	質問の回答	構成比（％）
(5)食事の頻度	①ほぼ1日3食食べている	31.11
	②1日2食程度食べている	42.22
	③ほとんど毎日1食のみ	26.67

（注）　食事摂取の状況は入所前。

	質問の回答	構成比（％）
(6)野菜の摂取	①ほぼ摂っていると思う	31.11
	②少し摂っている（弁当）と思う	31.11
	③あまり摂っていないと思う	11.11
	④摂っていない	26.67

（注）　1　野菜の摂取の状況は入所前。
　　　　2　野菜の摂取の状況はコンビニ弁当などを「少し摂っている」とするなど大まかな区分とする。

		質問の回答	構成比（％）
(7)どんなものを食べていたか	①	米・肉・魚を購入し自炊／ご飯・味噌汁・おかずを自炊／食材を購入して炒め物など	17.78
	②	入院（病院食），精神外来（病院食），刑務所・拘置所の給食	13.33
	③	コンビニの賞味期限切弁当，外食，パックご飯スーパーで購入何でも食べた	42.22
	④	インスタントラーメン，うどん等麺類や菓子パン類	15.56
	⑤	ゴミ箱の残飯，捨てられたぶたまん等脂っこいものほとんど水とパン	11.11

（注）　1　「どんなものを食べていたか」の質問項目は自由記述で入所前の状況。
　　　　2　回答の①，②は食事内容はほぼ良好とし，③，④は栄養バランス等不良，⑤は食生活以前の最悪な状況にあるものとして区分。
（出典）　著者作成。

図表5-12 医療アクセスの状況（入所前）

		質問の回答	構成比（％）
病気のときの対応	①	入院した 入院後福祉で保護	6.67
	②	通院（精神）していた 病院へ行く 国保・社保に加入していた 刑務所・拘置所内病院	10.49
	③	救急車を呼んだ 救急と福祉に連絡した 社会医療センターへ行った 福祉で相談，福祉で保護 薬局で薬を買う	27.28
	④	そのままにしていた 金が無くじっとしていた 横になっていた 我慢していた 知人に薬をもらった	28.87
	⑤	カゼ以外病気はなかった 大きな病気はしなかった	26.67

(注) 1 「病気のときの対応」の小項目は自由記述で入所前の状況。
　　 2 自由記述の回答内容は医療アクセスの視点から，①から⑤に区分した。
(出典) 著者作成。

ら食生活をはじめとするライフスタイルが平均から大きく逸脱し，多くは何らかの健康問題を抱えているであろうことは容易に想像できる。そのため暫定的ではあるが自立施設の入所前の嗜好，食生活に限定したアンケート及び聞き取り調査を実施した。調査結果は図表5-11および図表5-12のとおりである。特に食事面でほとんどなにも摂取できない状態や入所者の多くが栄養に関する知識や疾病予防の知識を持ち合わせていないことが推測された。

また，病気でも医療機関に受診していないことなど悲惨な状況に追いやられられていたことが理解される。対象者の多くから福祉制度の利用や医療へのアクセスの方法を知らない「情報不足」の姿が浮かび上がってくる。

（4）最終学歴が中卒という厳しい低位学歴

S市自治体の自立支援施設入所者における調査結果は，入所者の特徴として

自立支援施設入所者の289人のうち177人（61.3％）が中卒もしくは高校中退であり，彼等の最終学歴がもっとも厳しい低位学歴であるということが明らかになった。

　低位学歴について岩田（2006）は，東京の緊急一時保護センターの利用者と路上レベルのホームレス調査を実施し，ホームレス類型により低学歴率の差異があることを確認し，最終学歴，婚姻歴が貧困にかかわる影響についていくつかの示唆を与えている。岩田によるとＡ市自治体の調査結果と同様，低学歴比率が①安定型：40.9～52.3％，②労働住宅型：60.0～62.2％，③不安定型：57.8～74.9％となっており，①安定型（住居も職業も安定していた人々）の低学歴率は低いと指摘する(5)（図表5-13）。

　S市自治体における調査結果は，図表5-14のとおり，自立支援施設入所者の約61％（中卒52.25％＋高校中退9.00％）がＡグループ（中卒もしくは高校中退）に区分され，仮説①「入所者の多くは最終学歴が中卒等の低位学歴でありもともと貧困リスクの高いグループを構成する」については実証された。入所者の生活上のさまざまな困難が予測されるより厳しい現実が浮かび上がった。この点については数少ない先行研究のなかでも生活保護母子世帯のサンプル調査の青木紀（2003），釧路公立大学地域経済研究センター（2006），道中（2007ｂ）が重要な指摘をしている(6)-(8)。特に道中の生活保護の受給層の生活実態調査結果から分析した最終学歴の低位性や10代出産のハイリスク母子の貧困誘因等学歴が貧困に及ぼす影響としての貧困の固定化と世代的連鎖に関する実証研究があり，重要な示唆を与えている。

　本章の「自立支援施設入所者調査」による最終学歴はＡグループが61.25％，Ｂグループが34.60％，Ｃ・Ｄグループが4.15％となっている。一部の高等教育の学歴者（Ｃ・Ｄグループ）を除いて最終学歴の顕著な低位性が明らかとなった。

　この「自立支援センター入所者調査」と第2章の生活保護の「受給層の生活実態調査」とを比較してみる。特徴としては，「自立支援センター入所者」のＡグループ以外のグループが38.75％であるのに対し，「受給層の生活実態調査」では29.43％と9.3ポイントも少ないことである。つまり，この差異は，学

図表5-13 婚姻関係，学歴ホームレスと類型

ホームレス類型		東京路上		大田寮	
		婚姻歴なし比率	低学歴比率	婚姻歴なし比率	低学歴比率
①	安 定 型	43.2%	52.3%	40.9%	40.9%
②	労働住宅型	52.5	62.2	66.5	60.0
③	不 安 定 型	63.3	74.9	74.1	57.8

(出典) 岩田正美（2006）「福祉政策の中の就労支援——貧困への福祉対応をめぐって」『社会政策おける福祉と就労』（社会政策学会誌第16号）法律文化社，27頁を筆者が一部修正．

図表5-14 自立支援センター入所者と保護受給層の最終学歴

最終学歴			自立支援センター入所者		受給層の生活実態調査		
			入退所者数	構成比(%)	世帯数	世帯実数	構成比(%)
Aグループ	中学卒	中学卒	151	52.25	—	160	53.51
		高校中退	26	9.00		51	16.06
Bグループ	高校卒	高校卒	91	31.49	—	88	29.43
		大学中退	9	3.11		0	0
Cグループ	短 大 卒		2	0.69		0	0
Dグループ	大学卒以上		10	3.46		0	0
合　　　　計			N＝289	100%	N＝390	299	100%

(注) 1　入所者の最終学歴と生活保護の「受給層の生活保護実態調査」の最終学歴とを比較すると，入退所者の61.25%と同様，受給者層69.57%と低位学歴率は著しく高い．
　　 2　道中による受給層のA市の生活実態調査（2007 b）の「世帯実数」欄の数値は，「世帯数」390世帯から高齢者91世帯（107人）を除いた実数である．
(出典)　著者作成．

歴要因の影響によるものとは考えにくく，受給層が離死別の生活歴はともかく複数の世帯員から構成される家族であることに対し，ホームレスは婚姻歴のない単身者や既に家庭崩壊や離死別の生活歴から単身となっている場合が多く，困窮事態への対処やその耐性度および回避方法の相違に起因する結果であると考えられる．

　ホームレスという状態は，単に住居を失っているということだけではなく，通常，居住地において日常的に営まれる「食事，入浴，買い物，結婚，出産，学校教育，地域活動など」すべての社会生活の喪失と社会関係が切断された孤

図表5-15　自立支援センター入所者と保護受給層の最終学歴

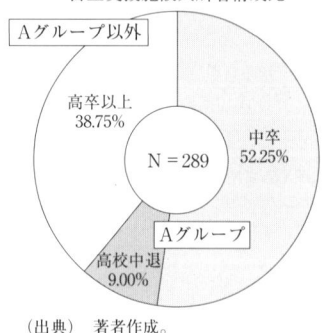

自立支援施設入所者構成比
- Aグループ以外
- 高卒以上 38.75%
- 中卒 52.25%
- 高校中退 9.00%
- Aグループ
- N = 289

生活保護受給層の最終学歴の構成比
- Aグループ以外
- 高卒以上 29.43%
- 中卒 53.51%
- 高校中退 17.06%
- Aグループ
- N = 299

（出典）著者作成。

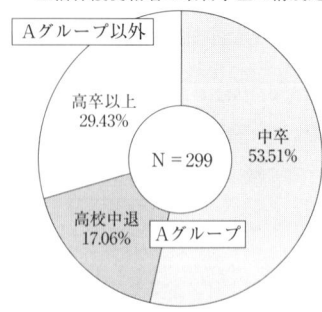

立状態という意味を持つ。福祉現場では夫の暴力等から逃げ出しホームレスとなった母子，家賃滞納で住居から強制退去させられ浮浪する夫婦など「家族のホームレス」が散見される。しかし，家族という単位のホームレスはその存在が可視的に大きく捉えられ，保健福祉制度をはじめとする諸制度からのアクセスも多岐にわたることや行政庁，福祉関係機関のかかわりも深化することから「家族のホームレス」状態が長期に及ぶことは少ない。それゆえにホームレスという厳しい極貧状態は家族という形態の存在を許さないのであろう。「自立支援センター入所者調査」においては，総じて，低位学歴となっており，生活保護の「受給層の生活実態調査」と同様，最終学歴の低位性が生活保護やホームレスへの落層など貧困の誘因と考えられ，高い貧困リスクであることが確認された（図表5-15）。

（5）最終学歴と野宿の形態

　最終学歴と野宿の形態との関係では，最終学歴が低位な中卒の場合が「移動型ホームレス」に多く傾向し，高校卒業以上では「常設テント」の定住型が多くなるという言説がある。しかしながら，調査結果のとおり，中卒「テントなし」75.48%，高卒以上78.79%で最終学歴による差異はわずか3.31ポイントであった。中卒の場合は，「常設テント」23.87%，移動型ホームレスの「テント

なし」75.48％であり，高卒以上では「常設テント」18.94％，「テントなし」78.79％となった（図表5－4）。

したがって，「移動型ホームレスは低位学歴の構成割合が高く，常設テントの定住型は高校以上の構成割合が高い」といった通説は覆された。このことは，現在のホームレスの野宿形態は学歴による影響を受けることは少ないと考えられ，「常設テント」を持たない多様なホームレスのスタイルとしてあらわれていることを物語っている。

（6）無年金者予備軍の存在

年金制度は将来の防貧的機能として保険原理に基づく重要な社会保障の1つである。S市自治体の自立支援センター退所者の平均年齢は51.8歳（全国57.5歳）であり，2007（平成19）年全国実態調査の全国平均に比べて5.7歳ほど若いといった特徴がある。しかしながら，S市自治体の自立支援センター入所者の平均年齢も全国実態調査と同様，増加しつつある状況が窺われているなか，年金加入状況は図表5-16のとおり，被保険者資格（加入履歴）を有している者（44.29％），現在年金受給中の者（7.27％），年金未加入者（8.30％）と不明者（40.14％）をあわせた48.44％の者が近い将来，無年金者となる可能性が高いことがわかる。

加えて被保険者としての加入履歴を有する者の多くはその加入期間が数年程度といったものであり，将来，年金裁定請求が可能となるケースはせいぜい10％程度と少なく，受給できたとしても低年金額となる。指導員からの聞き取りでは，「この人らの経歴を丁寧にしっかりと調べれば，カラ期間や免除期間が見つかることも結構ありますよ」，「もうちょっとで受給資格ができるのになあ，という残念でやりきれないケースもあります」という事例は一部に見受けられるものの，総じて今後，被保険者資格を取得し年金加入期間を増やし通算したとしても年金の裁定請求に必要な期間を満たすケースは限定的と考えられる。

年金加入状況を最終学歴別にA～Dにグルーピングしてみると，Aグループ（中学卒）の年金未加入者（不明を含む）の割合が51.98％であるのに対して，高

図表5-16 最終学歴と年金加入歴とのクロス集計

	最終学歴	入所者数	構成比(%)	年金加入歴の有無		
				区　分	実数(人)	構成比(%)
Aグループ	中　学　卒	177	61.25	受給中	17	9.60
				有	68	38.42
				無	18	10.17
				不　明	74	41.81
				小　計	177	100%
Bグループ	高　校　卒	100	34.60	受給中	3	3.00
				有	54	54.00
				無	5	5.00
				不　明	38	38.00
				小　計	100	100%
Cグループ	短　大　卒	2	0.69	受給中	0	0
				有	2	100.00
				無	0	0
				不　明	0	0
				小　計	2	100%
Dグループ	大学卒以上	10	3.46	受給中	1	10.00
				有	4	40.00
				無	1	10.00
				不　明	4	40.00
				小　計	10	100%
合　　計		N＝289	100.00	受給中	21	7.27
				有	128	44.29
				無	24	8.30
				不　明	116	40.14
				合　計	289	100.00

(注) 1　自立支援センター入所対象者は，原則として生活保護は適用されないが，疾病など止むを得ない場合には医療扶助単給として保護が適用される。
　　 2　年金加入歴の有無欄の「有」は脱退一時金等の受給済みを含み「受給中」は年金裁定請求中のものを含む。
(出典)　著者作成。

図表5-17 自立支援センターの各種相談の状況

	合計	就職相談			法律相談			住宅相談	医療相談
		就職相談	会社紹介	会社面接	自己破産	借財整理	その他		
2005年	966	398	184	177	11	6	6	30	154
2006年	1,269	461	169	159	9	26	7	26	412
2007年10月	790	273	106	86	4	23	4	15	279
合　計	3,025	1,132	459	422	24	55	17	71	845
構　成	100%	37.42	15.17	14.00	0.79	1.82	0.56	2.34	27.90

(出典) 著者作成。

校卒以上のBグループ（高校卒），Cグループ（短大卒），Dグループ（大学卒）では42.86％となっており，高校卒以上がAグループの中卒より約11ポイント低い。すなわち，低位学歴の場合は年金未加入率が高く，無年金者として貧困へのリスクがより高くなることが明らかとなった。これらのことから低位学歴と年金加入状況とは高い相関関係にあることが確認されよう。今回，年金加入履歴を有する者の年金の被保険者期間について詳細な調査は実施していないものの，団塊の世代の高齢化にともないホームレスの多くは将来，保護受給層に参入し，高齢者世帯の無年金率(9)の増加に寄与することが推測される。したがって，仮説②「入所者は年金未加入者の割合が高く，近い将来，年金を受け取ることのできない無年金者予備軍を構成する」は実証された。

(7) 入所者の健康状況

入所者は一見健康を維持しているように見えるが，ほとんどの者が何らかの疾病を有し深刻な健康問題を抱えている実態にあった。彼等のこれまで置かれてきた状況から，医療へのアクセスの困難性，長年のライフスタイルの問題性が推測され，当然ながら，不健康さもまた想定できる。調査結果では，図表5-17のとおり，入所者の相談件数3,025のうち，医療相談は845件で27.93％を占めている。また，医療機関への受診した入所者は図表5-18のとおり，203人で有病率は70.24％（歯科のみの受診を除くと有病率65.40％）にも及んでいる。彼等

図表 5-18　入所者の医療受診の状況

区　分	入所者総数	有病者の状況			
		全診療科目合計		歯科のみを除く	
		受療者	有病率(%)	受療者	有病率(%)
合　　計	289	203	70.24	189	65.40

(出典)　著者作成。

の職歴の多くが建築土木や作業員等の日雇いの肉体労働であったことや最終学歴などから職種選択の厳しさなどを踏まえると，入所者の有病者率の高さと後述する疾病構造から適切に必要な治療を継続しながら就労自立することや自立後の居宅生活において就労を継続することの困難さは容易に想像できる。

(8) 疾病構造とその特徴

調査結果は図表5-19のとおり，入所者の多くは治療を要する何らかの疾病を有し深刻な健康問題を抱えていることが明らかとなった。その疾病についても深刻な疾病構造となっており，以下のような基本的な特徴が見出された。診療科目別では①内科（154），②歯科（86），③整形外科（42），④精神科（29），⑤眼科（27）の順位となっており，1人でいくつかの診療科目を複数受診（1.27）している実態にある。

疾病内容については，主な病名として内科では，高血圧（46），糖尿病（25），肺炎等肺疾患（18），肝炎・肝硬変（16），胃・十二指腸潰瘍（15），脳・心筋梗塞・心肥大（6），結核（5），悪性新生物（6），貧血（2），結核（5）等，歯科ではむし歯，歯槽膿漏，義歯，整形外科ではヘルニア・腰痛症，眼科では糖尿病・高血圧関連起因（12），白内障（4），精神科ではうつ病（9），アルコール依存症（4），てんかん（2），見当識障害（2）等があげられる。疾病構造の特徴として注目されるのは，以下4点である。

まず，1点目に，入所者の多くが，心筋梗塞・狭心症等の虚血性心疾患の発症リスクである「高血圧」，「糖尿病」等の慢性疾患を抱えていることである。したがって，重症高血圧となっていることも知らずに放置している人が，就労

図表5-19　入所者の疾病状況

	診療科目	診療科別受療者数	構成比(%)	主な病名
1	内科	154	42.00	高血圧(46)，糖尿病(25)，肺炎等肺疾患(18)，肝炎・肝硬変(16)，胃・十二指腸潰瘍(15)，脳・心筋梗塞・心肥大(6)，悪性新生物(6)，結核(5)，貧血，胃炎等
2	歯科	86	23.40	むし歯，歯槽膿漏，義歯等
3	整形外科	42	11.40	ヘルニア・腰痛(20)，脱臼，骨折，足指切断等
4	外科	2	0.50	外傷，打撲等
5	泌尿器科	7	1.90	尿管結石，尿路感染等
6	皮膚科	12	3.30	感染性皮膚炎，紅皮症，白癬，尋常性乾癬等
7	耳鼻科	8	2.20	難聴等
8	眼科	27	7.40	糖尿病・高血圧関連起因(12)，白内障(4)，老眼(2) 他
9	精神科	29	7.90	うつ病(9)，アルコール依存症(4)，てんかん(2)，見当識障害(2)，統合失調(1)，知的障害(1) 等
	合計 N=289	367	100.00	

(注) 1　本表の「診療科別受療者数」は，診療科目の複数受診により受療者総数(189人)とは一致しない。
　　 2　( )内の数値は該当する病名の件数。
(出典)　著者作成。

中の死亡事故がおこっても不思議はない。すでに心筋梗塞等発症ケースや合併症としての糖尿性の眼科疾患が多数確認される。心筋梗塞と狭心症の誘因は，「高血圧」，「糖尿病」等による生活習慣病であり，日本人の三大死因の1つで「健康日本21」において健康政策としてとりあげられている。また，消化器管の潰瘍，肝炎などの疾患も多い。しかしながら，これまでの路上の生活では適切な治療や必要な食事療法，生活習慣の改善など望むべくもない。

　入所者のアンケート調査結果では，野菜類を摂取していない者が約70％となっており，劣悪な食生活となっている（図表5-11）。確証はないものの食物摂取との関係において歯が悪いことで野菜，栄養のある固形物などの咀嚼が困難なこと，とりわけカルシウム等栄養状態の不良，昼夜の逆転生活からビタミンDの不足，劣悪な環境条件などが考えられる。

　2点目は，口腔の不健康である。入所者の多くはむし歯を治療することなく

長年放置していたとみられ，年齢の割に歯の欠損が多い。同様に歯槽膿漏等の歯周病を長期に放置したことから前歯，臼歯を問わず欠損状態となっている人がほとんどである。生活習慣の中で歯磨き，ブラッシングもしていないことから歯周病の進行に任せたまま放置してきたことが考えられ，口腔内の清潔の保持は困難であったことが確認される。ほとんどの場合，痛みを我慢し治療せず放置している。指導員の話によるとむし歯や歯槽膿漏などでも進行に任せ歯がグラグラになってから，「糸で引っ張って抜いた」，「歯がないんで硬いもんは飲み込んでいる」といった人が多いという。入所者の歯科受診は全診療科目のうち23.40％を占め，口腔の健康状態は壊滅的である。前歯，臼歯の欠損は，単に就職の面接に不利といった外面的なことにとどまらず，咀嚼に相当な困難をきたしていることが考えられる。これらのことから健康を保つ上でもっとも大切な食物摂取にも影響を与え，前者の内科疾患等不健康へ傾斜していることが考えられる。

　3点目は，ヘルニア・腰痛といった整形外科の疾患である。これらの疾患については，かつて建築・土木作業で働いていた頃，解体現場の階段で足を踏み外し肩や腰を痛めたり，建築現場の足場からの転落，ケガ等によって失職しているケースも多く，いわば"古傷"によるものが散見される。

　最後の4点目の特徴としては，うつ病，アルコール依存症，てんかん等の精神疾患があげられる。受診者数こそ29件（7.90％）とやや少ないが，既往や心因反応があるものの病識が欠如し精神科受診を忌避している者などを算入すると実際はもっと多くなるものと考えられる。長年の路上生活によって社会からの排除，差別，襲撃等の経験を有する者も多く，日常的恐怖と不安により精神的健康度を保てない状況が指摘される。特に「野宿者襲撃事件」に象徴されるように根底にはいじめの構造があり，攻撃は弱者に向けられる。マスメディアで再三，報道されているように中学生や高校生からの夜間の襲撃を避けるため転々と移動し，昼間に寝ていたという者もいた。問題は健康問題にとどまらない。精神疾患の中には人格の崩壊過程をたどるものもあり，適切な受診，服薬等医療ケアが必要とされる。貧困の誘因という視点から保護受給層の精神疾患

図表5‐20 病類別医療扶助受給件数の構成比（入院外） （単位：％）

	精神及び行動の障害	神経系の疾患	循環系の疾患	呼吸系の疾患	消化系の疾患	筋骨格系及び結合組織疾患	その他
2005年	5.0	2.8	20.9	10.2	7.7	13.2	40.1
2006年	5.2	2.9	21.0	9.6	7.6	13.5	40.1
2007年	5.6	2.5	20.7	10.2	7.1	13.0	40.9
2008年	6.9	3.4	20.1	9.8	6.5	12.4	40.9

（出典）厚生労働省社会・援護局「医療扶助実態調査（医療内容調査）」各年6月審査分。

について，厚生労働省による医療扶助実態調査「病類別医療扶助受給件数の構成比」でみると，図表5‐20のとおり，精神疾患入院外で6.9％（2008年）であり，自立支援施設入所者の調査結果7.9％とほぼ近い構成比となっており，保護受給層との類似性が認められる。このことは行動障害，心因反応等精神疾患を端緒として生活破綻をきたしその結果，ホームレスになっているという可能性や，逆にホームレスという厳しい生活環境のなかで心身ともに疲弊し精神疾患を患ったという可能性も考えられる。

（9）健康に対する「情報不足」と生活習慣

一般的には，高い医療費，平均寿命，有病率，死亡率などの健康指標の知識レベル，健康に対する関心や意識は非常に高い半面，日常のライフスタイルの変容に繋がる行動化レベルでの実践は低調で意識レベルと行動化レベルとの格差が大きいとされている。入所者の嗜好，食生活の状況についてアンケート調査したところ，喫煙率が82.22％，常習飲酒率が46.67％であるが，禁煙したい等抑制意識は低く約90％が「止めたいと思わない」と回答している（図表5‐11）。また，入所時の配布物品の「日用品及び衣類等の受領書」に記載された選択項目をほとんどの入所者がコーヒー等よりも「タバコ」として選択している。一部，「タバコ」を選択していない入所者も見受けられるがその理由は支給される「タバコ」の銘柄が好みではないといったものである。

加えて高血圧症や糖尿病等の慢性疾患があるにもかかわらず食事面では「漬物とか塩魚など何でも醤油をかける」，「夜食でのラーメンの汁も全部飲み干す」

という指導員の説明や，野菜の摂取が30％程度であることなど（図表5-11）食の生活習慣としてライフスタイルの問題が指摘される。健康意識レベルの低調さとともに健康への具体的な実践レベルにおいても最悪であると言ってよい。

　生活習慣の改善など行動変容に繋がる基本的な健康情報の欠落，情報不足にある者としての立場が明らかとなっており，リスクアセスメント（Risk Assessment）を必要とする情報弱者であることを踏まえた健康政策の展開が急がれる。

(10) 医療へのアクセス

　アンケート調査の結果から，約56％は保健福祉の制度もしくはアクセスの方法を知らないと思われる人である（図表5-12）。また，病気，体調不良時の対応では約30％は「お金が無くじっとしていた，横になってガマンした」としている。入所者の約44％の人は自ら救急車を呼んだり，福祉事務所等へ相談するなど何とかアクセスができている。これまで病気があっても受診せず進行にまかせて放置している場合が半数を占めている。直ちに加療を要するまでもないが常時不全感を訴える半健康人や病人が多い。[13]

　高血圧，糖尿病の人が多く，話を聞くと薬もほとんど飲んでいない状態で血圧180/100 mmHg 以上の人もいた。その理由として次のものが考えられる。①無保険であること，②経済的に困窮していること，③心理的抑制があるが考えられる。特に，③については，高齢者のなかには身体の不調を訴え病気に直面しているにもかかわらず，「税金もはらったことがないのにお上に世話になることはできん」，「国から世話を受け保護をもらうだけというのはわしにはできん」とかたくなに主張する者もいる。

　このように国民健康保険料の払えない人や生活保護の医療扶助の対象となっている人のなかには，医療機関での受診が可能であるにもかかわらず，あえて，そのアクセスを忌避する人がいる。アンビバレントな感情やせめてもの人間としての自尊感情とも受け取れる。しかし，こういった行動様式をとるに至るまでのエピソードに耳をかたむけると，病院での受診時，関係者による差別，偏見により深く心情を傷つけられた被害体験を持つ者もいた。いずれにしても医

療アクセスや健康を維持する基盤となっている生活問題を放置したままでは健康を守ることのみならず，就労して自立することは困難であろう。

(11) 就労自立支援の状況

自立支援の結果については，図表5-21のとおり，①就労自立は都市部（A市および三都市）全体で48.22%である。S市自治体の場合は他の都市と比較の時点が異なるものの名古屋市の51.82%より13.33ポイント少なく，逆に生活保護の適用は30.13%で名古屋市の12.50%より17.63ポイント高い。②の生活保護の適用による退所は，全体で13.01%である。アセスメントの実施後の自立支援の結果，居宅保護，施設入所，入院の3類型の保護となっている。③自主退所および④その他の退所は全体で38.73%を占め，自立支援センターを退所後，再びホームレスに戻っている可能性がある。

まず，①について検討してみるとS市以外の就労自立については，就労自立率が名古屋市が51.82%，東京23区が51.13%，大阪市が42.86%と高いが，S市は38.49%にとどまっている。このことは一次的なホームレス緊急一時シェルターの有無の影響を強く受けているものと考えられる。要するにS市以外では1か月程度のシェルターを経て，選別された形態の入所となっているため就労自立率は高く，逆にS市の自立支援施設では地域に受入れ可能な社会資源がないためホームレスの受け入れの間口を広くし，シェルター機能やアセスメント的機能をも担っていることから就労自立率が低くなっていると言えよう。

②の生活保護の適用による退所については，保護の実施機関へのアクセスと制度利用の入りやすさがあれば，一部の人たちを除いて，本来的には自立支援センターに入所することなく，何らかの保護の対応がなされるべき人たちである。保護の方法としては居宅において保護が適用される。それ以外の施設入所は生活保護の措置等として実施され，入院は医療扶助の現物給付として行われている。

③の自主退所と④その他の退所は，38.73%でそのうち半数近くが無断退去で占められている。退所者全体では一部の年金受給，帰郷，遺産相続等を除い

図表5-21　都市別自立支援の結果　　　　　　　　　　　　　（単位：上段は人，下段は％）

区　分		S　市 (2007年10月末)	東京23区 (2005年3月末)	名古屋市 (2005年6月末)	大阪市 (2005年6月末)	計
①	就労自立	92 (38.49%)	2,493 (51.13%)	286 (51.82%)	1,108 (42.86%)	3,979 (48.22%)
②	生活保護	72 (30.13%)	715 (14.66%)	69 (12.50%)	221 (8.55%)	1,077 (13.05%)
③	自主退所	45 (18.83%)	1,668 (34.21%)	152 (27.53%)	724 (28.01%)	3,196 (38.73%)
④	その他	30 (12.55%)		45 (8.15%)	532 (20.58%)	
合　計		239 (100%)	4,876 (100%)	552 (100%)	2,585 (100%)	8,252 (100%)

（注）「厚生労働省全国調査報告書（2007）」によるホームレス数は，S市230人，東京（23区）4,213人，名古屋市741人，大阪市4,069人である。
（出典）　著者作成。

て，再び野宿の生活に戻らざるを得ない人たちである。

　以上のような調査結果が得られたが，就労自立した者のなかでも短期的には就労が可能であっても見守りや何らかのサポートがなければ単身での居宅生活の継続が困難な，いわゆる社会的援護を要する者が相当数確認され，実際の就労自立率はさらに低下することが見込まれる。

(12) 住宅の問題

　ホームレス状態であった人々が「住居」という新たな生活の拠点を得る場合には，次のような大きな困難な壁が立ちふさがる。1点目はこれまで述べてきたように「ホームレス状態」の意味はこれまでのすべての社会生活の喪失と社会関係からの切断であったと理解される。これらの関係を最初から再構築するという大きなエネルギーをともなうこととそのための緊張を強いられることである。「住居」を確保することは，住民として地域に参入し地域住民の資格を得ることを意味する。

　2点目は「住居」という新たな生活の拠点を確保した場合，家賃，高熱水費等生活上の経常的経費がかかることである。彼等は，安定した収入を得ること

の難しさを誰よりもよく知っている。「住居」を確保しそれを維持するための固定的経費の継続的な捻出には自信がなく,不安・あきらめがある。それゆえに「住居」での生活を望めないのである。そのことは自立支援センターの各種相談の状況をみると(図表5-17),住宅相談はわずか2.3％にとどまり自己抑制されている。就職相談66.6％や医療相談27.9％に比べて極端に少ないことからも理解されよう。

就労退所者の住居の状況については,図表5-22のとおり,固定的経費の負担を避けるためか,住込み,社員寮など仕事と住まいが一体的な労働寄宿型の住居への入居が約半数を占めている。また,図表5-23のとおり,就労退所時の賃金や給与形態,職種からは,良質な住居を確保することは困難な状況となっていることが推測される。

生活保護基準の住宅扶助の基準額は図表5-24のとおりであるが,退所者の家賃は平均月額約31,000円で生活保護の住宅扶助基準額の53,700円(東京都)を大きく下回っている。退所者の就労収入が月額約16万円の低収入にとどまっていることを考えればあえて生活保護基準以下の低家賃住宅を選択せざるを得ないものとなっているともいえるのかもしれない。

5 自立支援の結果と評価

(1) 学歴と退所理由別の就労自立

最終学歴と就労自立との関係について,「自立支援によって成功した者」と「自立支援によっても自立が困難であった者」別に学歴構成をクロス集計した結果は,図表5-26のとおりである。Aグループ(中卒・高校中退)の就労自立率が31.97％であるのに対し,B・C・Dグループ(高校卒以上)は就労自立率が48.91％で16.94ポイントも高い。

(2) 退所理由別の年齢状況

「自立支援によって成功した者」と「自立支援によっても自立が困難であり,

図表5-22 就労退所時の住居の状況

雇用形態	人数			給与形態	月額平均（円）		主 な 居 宅
	計	賃貸	無料・不明		賃金	家賃	
正 社 員	31	20	11	月給	168,987	34,045	アパート，マンション，公団，社員寮，住込み，本人名義宅，ハイツ，簡易宿所
	7	6	1	日給	153,714	36,350	アパート，マンション，公団，親戚宅
	12	11	1	時間給	137,632	30,027	アパート，マンション，社員寮
小　　計	50	37	13		159,323	33,224	
派 遣 社 員	3	0	3	日給	183,326	0	社員寮
	6	6	0	時間給	158,400	22,000	社員寮
小　　計	9	6	3		166,708	22,000	
契 約 社 員	3	3	0	月給	170,000	30,333	社員寮，マンション
	2	2	0	日給	142,120	28,000	アパート
小　　計	5	5	0		158,848	29,398	
期 間 社 員	4	3	1	月給	185,000	32,333	マンション，社員寮，内縁者宅
	1	0	1	日給	220,000	0	間借り
小　　計	5	3	2		192,000	32,333	
アルバイトパート	6	4	2	月給	155,000	35,750	アパート，社員寮，マンション，ケア付きアパート
	6	4	2	日給	179,300	31,000	アパート，社員寮，マンション，二男・実兄宅
	11	11	0	時間給	151,712	31,001	アパート，マンション，簡易宿所，社員寮
小　　計	23	19	4		159,766	32,000	
合　　計	92	70	22		161,906	31,618	

（出典）著者作成。

第5章 ホームレスの就労自立支援

図表5-23 就労退所時の就労状況

雇用形態	人数	給与形態	賃金（円） 平均月額	賃金（円） 平均単価	主 な 職 種
正 社 員	31	月　給	168,987		清掃員，調理員，製造業，酪農員，大工，運転手，警備員，病院清掃，麻雀店員等
	7	日　給	153,714	6,987	空調機据付工，駐車場警備員，病院警備，建具製造，誘導警備
	12	時間給	137,632	782	清掃員，プレス工，建設警備，駐車場警備，フォーク運転手，調理員
小　　計	50	—	159,323	—	—
派 遣 社 員	3	日　給	183,326	8,333	築炉作業員，工員
	6	時間給	158,400	900	製造工
小　　計	9	—	166,708	—	
契 約 社 員	3	月　給	170,000		新聞配達勧誘員，電気架線金物製造業，火災報知器販売営業
	2	日　給	142,120	6,460	倉庫内仕分工，清掃員
小　　計	5	—	158,848	—	
期 間 社 員	4	月　給	185,000		製造部品点検員，清掃員，倉庫内仕分工
	1	日　給	220,000	10,000	土木作業員
小　　計	5	—	192,000	—	
アルバイト パ ー ト	6	月　給	155,000		すし配達店員，廃棄物処理仕分工，ボール盤工，配送品仕分
	6	日　給	179,300	8,150	交通誘導員，土木作業員，病院清掃員，水道工，ハウスクリーニング工
	11	時間給	151,712	862	部品製造工，箱詰作業員，清掃員，調理補助員，ヘルパー，廃棄物処理，食器洗浄
小　　計	23	—	159,766	—	
合　　計	92		161,906		

（注）本表の「賃金」欄の平均月額は，日給の場合22日，時間給の場合8時間として換算した月額金額である。
（出典）著者作成。

図表5-24　住宅扶助と退所者の家賃（月額）

	住宅扶助の家賃等		退所者の家賃
	東京都（1級-1）	大阪府（1級-1）	
単身者世帯	53,700円以内	42,000円以内	31,618円
2人～6人世帯	69,800円以内	55,000円以内	―
7人以上世帯	83,800円以内	66,000円以内	―

（注）　1　生活保護の住宅扶助は2008（平成20）年度の基準額である。
　　　　2　退所者の家賃は家賃の支払いを要する退所者の平均月額である。
　　　　3　被保護世帯は住宅扶助として別途必要な敷金が支給される。
（出典）　著者作成。

図表5-25　退所理由別の年齢・野宿歴（ホームレス期間）の比較

	退所理由	度数	平均値	標準偏差
年齢	居宅保護	13	63.46	12.620
	入院	35	57.71	10.145
	就職	74	53.32	8.715
	その他	130	55.29	11.196
	合計	252	55.47	10.651
野宿歴（月）	居宅保護	13	70.85	51.210
	入院	35	34.74	47.384
	就職	74	18.39	25.008
	その他	130	26.68	38.504
	合計	252	27.65	38.766

（注）　1　本表はTukey HSDの平均値多重比較検定で確認。この検定方式は複数のグループの平均値の差が統計的に有意であることを確認する方法であるが、t検定の繰り返しよりも棄却水準が厳しくなる。この結果、年齢については、居宅保護退所のグループは就職退所やその他退所のグループよりも、有意に平均年齢が高いことが確認できたが、入院との差は有意ではない。一方、就職退所したグループの平均年齢は、入院退所やその他退所の平均年齢と有意な差がない。
　　　　2　野宿月数については、その平均期間は、居宅保護退所グループと就労退所グループ・入院退所グループを比較すると有意に長い。就職退所グループと入院退所グループ、その他退所グループの間には、野宿期間に有意な差がない。①少なくとも高齢になるほど、そして野宿期間が長くなるほど、居宅保護しかホームレスからの脱却手段はないこと、②就労によるホームレスの脱却の可能性が高い人は比較的若く、そしてホームレス期間が短いグループであること、が推計学的に確認できた。
（出典）　筆者作成。

図表5-26 最終学歴と就労自立とのクロス

最終学歴			退所者総数	自立支援によって成功した者		自立支援によっても自立支援が困難であった者	
				就労自立	就労自立率（％）	福祉的援護及びその他による退所	自立困難率（％）
Aグループ	中卒	中学卒	147	47	31.97	100	68.02
		高校中退					
Bグループ	高校卒	高校卒	92	45	48.91	47	51.08
		大学中退					
Cグループ	短 大 卒						
Dグループ	大 卒 以 上						
平　均			239	92	38.49	147	61.50

(注)　1　退所者はＳ市自立支援センターの実人員である。
　　　2　退所者総数は平成17年3月12日～平成19年11月1日の実人員の累計である。
　　　3　「自立困難率」は「就労自立」以外の全ての者の構成割合である。
(出典)　著者作成。

福祉的援護を受けた者（以下，福祉的援護）」，「自立支援によっても自立が困難であり，その他（以下，その他）」について，その平均年齢に差があるか，最終学歴別に平均年齢を見たのが，図表5-27および図表5-28である。

「自立支援によって成功した者」の年齢はＡグループ（中卒・高校中退）53.97歳でＢ・Ｃ・Ｄグループ（高校卒以上）の53.71歳とほとんど年齢差は認められない。しかし，「自立支援によっても自立が困難であった者」の福祉的援護およびその他においては，顕著な年齢差が認められた。特に「福祉的援護」のうち居宅保護による退所者のＡグループ（中卒・高校中退）は平均68.27歳で労働市場から離脱せざるを得ない高齢者で構成されている。

「福祉的援護」全体のＡグループ（中卒・高校中退）は61.63歳，Ｂ・Ｃ・Ｄグループ（高校卒以上）では57.23歳となっており，「自立支援によって成功した者」の53.97歳に対して「福祉的援護」では61.63歳で約8歳年齢が高い。一方，「自立支援によっても自立が困難であった者」のうち「その他」のＢ・Ｃ・Ｄグループ（高校卒以上）では48.26歳で「自立支援によって成功した者」の53.7歳よりも約6歳も若いという特徴が認められた。

図表5-27 最終学歴および退所理由別の平均年齢　　（単位：歳）

	最終学歴	就労自立者	福祉的援護	その他
Aグループ	中卒・高校中退	53.97	61.63	53.51
			57.65	
B・C・Dグループ	高卒以上	53.71	57.23	48.26
			52.27	
平　　　均		53.84	60.34	51.69
			55.93	

（出典）著者作成。

図表5-28 最終学歴および退所理由別の年齢状況　　（単位：歳）

	区　　分		就労自立者	福祉的援護			その他		
				居宅	施設	入院	期限	無断	その他
Aグループ	中卒・高校中退	平均年齢	53.97	68.27	62.44	58.04	60.00	46.50	56.60
Bグループ	高校卒	平均年齢	53.35	55.40	60.25	55.40	55.00	46.18	47.44
C・Dグループ	短大卒以上	平均年齢	56.60	0	0	65.00	0	52.50	0
平　　　均		平均年齢	53.85	64.25	62.00	57.69	58.00	47.16	54.49

（注）各平均年齢の数値はS市自立支援センター退所者の実人員（239）の平均年齢である。
（出典）著者作成。

図表5-29 ホームレス期間と最終学歴及び退所理由別のクロス　　（単位：月）

	最終学歴	就労自立者	福祉的援護	その他
Aグループ	中卒・高校中退	16.31	41.92	20.74
			31.54	
B・C・Dグループ	高卒以上	18.91	41.95	30.26
			35.48	
平　　　均		17.58	41.93	24.04
			33.95	

（注）1　各ホームレス期間は退所者の入所以前のホームレス生活の平均期間（月数）である。
　　　2　括弧内の数値はS市自立支援センター退所者の実人員（239）の平均年齢である。
（出典）著者作成。

第5章 ホームレスの就労自立支援

図表5-30 ホームレス期間と最終学歴および退所理由別状況　　　　　（単位：月）

区　分			就労自立者	福祉的援護			その他		
	最終学歴	ホームレス期間		居宅	施設	入院	期限	無断	その他
Aグループ	中卒・高校中退	ホームレス期間	16.31	60.36	33.87	38.83	12.66	15.50	24.33
Bグループ	高校卒	ホームレス期間	20.67	56.80	78.00	28.40	24.50	35.54	20.55
C・Dグループ	短大卒以上	ホームレス期間	4.80	0	0	0.50	0	40.00	0
平　均		ホームレス期間	17.58	59.25	42.70	33.80	17.80	25.77	23.46

（注）　1　各ホームレス期間の数値は退所者の入所以前のホームレス生活の平均期間を算定した月数である。
　　　　2　各平均年齢欄の数値はS市自立支援センター退所者の実人員（239）の平均年齢である。
（出典）　著者作成。

図表5-31 Tukey HSD

従属変数	(I) 退所理由	(J) 退所理由	平均値の差 (I-J)	標準誤差	有意確率	有意
年齢	居宅	入院	5.747253	3.396861	0.330102	
		就職	10.13721	3.145104	0.007797	＊
		その他	8.169231	3.042199	0.038488	＊
	入院	居宅	-5.74725	3.396861	0.330102	
		就職	4.389961	2.145489	0.174068	
		その他	2.421978	1.991586	0.617209	
	就職	居宅	-10.1372	3.145104	0.007797	＊
		入院	-4.38996	2.145489	0.174068	
		その他	-1.96798	1.522967	0.568757	
	その他	居宅	-8.16923	3.042199	0.038488	＊
		入院	-2.42198	1.991586	0.617209	
		就職	1.967983	1.522967	0.568757	
野宿月	居宅	入院	36.1033	12.10929	0.01655	＊
		就職	52.4548	11.21181	2.81 E-05	＊
		その他	44.164	10.84497	0.000363	＊
	入院	居宅	-36.1033	12.10929	0.01655	＊
		就職	16.35151	7.648337	0.144053	
		その他	8.060703	7.099698	0.668021	
	就職	居宅	-52.4548	11.21181	2.81 E-05	＊
		入院	-16.3515	7.648337	0.144053	
		その他	-8.2908	5.429142	0.42284	
	その他	居宅	-44.164	10.84497	0.000363	＊
		入院	-8.0607	7.099698	0.668021	
		就職	8.290802	5.429142	0.42284	

（注）　＊平均の差は0.05水準で有意。
（出典）　筆者作成。

学歴要因をコントロールしても,加齢は就労自立の可能性を低め,福祉的援護の可能性が高まっていることが確認できる。(14)

(3) ホームレス期間と就労自立

就労自立による退所状況を成功した「自立支援によって成功した者」と「自立支援によっても自立が困難であった者」,「その他」についてホームレス期間及び最終学歴との関連をクロスしてみたものが図表5‐29および図表5‐30である。

「ホームレスの期間が長期化すればするほど自立が困難となる」という言説がある。結果は,「自立支援によって成功した者」の就労自立者が17.58か月に対し,「自立支援によっても自立が困難であった者」および「その他」は33.95か月となっており,就労自立した者の約2倍のホームレス期間となっていた。そのうち「福祉的援護」は,41.93か月で「自立支援によって成功した者」の約2.4倍のホームレス期間となっており,ホームレス期間と就労自立とは強い相関関係にあることが明らかになった。(15)

6 まとめと考察

ホームレスに対する一般的な認識は,ホームレス状態にある人々がもっとも厳しい貧困にあえいでいるとは捉えられておらず,支援する側からですら「コンビニの店員とも顔見知りとなり,賞味期限切れ前の弁当など食い物はわれわれよりもいいものを食べている」などの声も聞かれ,貧困問題として捉えられにくい存在となっている。ホームレス問題は,社会病理として様々な問題を凝集した形で表出する。そのためホームレスを貧困問題として真正面から捉えた上で政策議論することが重要である。ホームレス問題を単に炊き出し,特別清掃の雇用,シェルター宿所提供,就労支援等の対応のみの依存から,ホームレス問題を貧困の問題として捉え直し政策転換する必要がある。社会問題として捉えられるホームレス問題は,当然,社会政策上の視点としては広範かつ多岐

にわたるものとなり，総合的施策の展開が必要となる。ここでは政策的インプリケーションのある以下の問題点および課題について述べる。

(1) セーフティネットの機能不全

1点目は，最終学歴，退所理由別の年齢状況について「自立支援によって成功した者」の年齢はAグループ（中卒・高校中退）とB・C・Dグループ（高校卒以上）と年齢差は認められなかった。しかし，「福祉的援護」のうち居宅保護の退所者のAグループ（中卒・高校中退）の平均年齢が68.2歳で労働市場から離脱せざるを得ない高齢者で構成されていた。このことは，もともと福祉的援護を要する人々であったものと考えられ，福祉のセーフティネットの機能不全を象徴しているものと言わざるを得ない。

(2) ホームレス期間と就労自立

2点目のホームレス期間は，支援によって自立が可能となった者が平均1年半足らずであるのに対し，自立が困難であった者は2年8か月であり，ホームレス期間と就労自立とは強い相関関係にあることが明らかとなった。このことからホームレスへの自立支援は早期対応が効果的であることが判った。当然，ホームレスへの落層を未然に防止するセーフティネットの整備が緊要の課題であることは言うまでもない。

(3) 健康問題に内在化する自立支援の困難性

健康問題に内在化する自立支援の困難性が指摘される。実態調査から深刻な健康問題とそこに内在するさまざまな生活課題が浮かび上がった。これまでのホームレスの自立支援は，就労による自立支援が中心で，自立支援センターの設置による就労支援の展開が殆どである。就労支援の前にまずは健康を取り戻すための生活支援とともに健康学習プログラムが必要とされる。健康を回復してこそ就労が可能となるのであり，慢性疾患である糖尿病，高血圧症やアルコール依存症，認知症等に対する医療ケアとともに健康問題を解決しなければ

自立支援は困難となる。したがって，生活習慣の改善やライフスタイルの変容などヘルスプロモートとしての包括的な生活支援策が望まれる。

（4）セーフティネットとしての住宅政策

前述の健康問題を克服するためにも何よりも「住居」の確保が重要である。しかし，わが国においてはホームレス問題を正面から貧困問題として捉えてこなかったことから，住宅の問題は社会政策の対象とされてこなかった。「住居」の喪失は，社会的関係からの切断の起点であり自立を妨げる壁となっている。全国実態調査（2007）の平均年齢が60歳近くと初老期となっていることからも，ホームレスの生活支援と社会参加ができるようにするために「住居」が必要とされ，まずは路上生活からの脱却が最優先されるべき課題として認識される。また，生活の場が路上から居宅へと移っても，アフターケアとしてこころのケアを含めた支援がなければ生活を立て直すことができない。路上から居宅生活に移った人に，継続的な関わりを保障する仕組みが必要である。

ケアは本人に理解された生活の場で，考え，悩み，行動の過程で協働と励ます努力が求められる。社会的な孤立という点からは，在宅生活を始める単身高齢の路上生活経験者にとって住居を確保することで介護保険制度や身体障害者支援費制度による関わりとして地域や周囲との交流の端緒になり得る。一方，初老期を迎えているとはいえ稼働能力を活かして働く意欲を持っている者も多い。

低賃金で不安定な仕事に就いている退所者にとって住み込みや社宅，社員寮などのように労働と居住が一体化した労働寄宿型の住居は「入り易い」が，逆に雇用する側からみれば「出し易い」システムとなっている。

退所者の約半数が，この労働寄宿型の住居へ入居することから，失業とともに住居をも喪失するというリスクを抱えているといえよう。中高年のホームレスが増加するなか安定した住居の確保のため住宅政策として公営住宅の整備や民間の借り上げ住宅など低家賃の住宅支援のセーフティネットだけでも保障されれば，何とか稼働収入，年金等で生活を維持できる人も多いであろう。

(5) 自立支援事業の有効性

　自立支援事業の有効性と評価については，就労自立というベクトルに限定した評価をすれば就労自立率は決して高くはない。しかし，就労自立が困難とされた「福祉的援護」の退所者は，もともと生活保護の対象とされることが推測される社会的援護を要する人々であり，就労自立のグループと同一な条件で比較することは適切ではない。したがって，この要援護者を除いた場合の就労自立率は約60％となり，Ｓ市の自立支援事業の有効性が確認されよう。

　退所者の就労状況は，就労収入の平均月額が16万1,900円と最低賃金を若干上回る程度の低賃金となっているものの就労形態は正規就労が半数をこえ，最終学歴や年齢，健康問題，ライフヒストリーなどを勘案すると自立支援効果としては大きいものがある。道中（2007 a）の報告では「稼動阻害要因のない生活保護受給層を対象とした就労自立支援プログラムの支援結果が，就労収入月額の10万円未満が全体の68.5％となっている」[16]ことと比較すれば，その有効性が確認されよう。

　自立概念を広い視野から捉えれば，入所者の就労自立のみに拘泥する必要はない。要するに自立支援事業を財務指標のみで捉えることは妥当ではなく，社会評価として適切に評価することが重要である。既述の選別機能という批判はあるもののアセスメントとして，入所中の各種相談，技能修得のための支援や福祉的援護施策の居宅保護，施設入所，入院等の生活支援型の自立が推進されており，彼等１人ひとりの人間の尊厳を取り戻すことができた点でその有効性を積極的に評価すべきであろう。

　一方では，入所者の疾病構造から個別処遇のさらなる充実をはかることから自立支援センターの設備構造やヘルスプロモーションを推進するための健康支援，生活支援型のプログラムの構築が急がれる。

　藤田（2005）は，名古屋市のアフターフォロー事業（地域生活支援巡回相談事業）を紹介し，自立後の巡回相談により，自立生活が中断されず，継続することに成果をあげていることを報告している。[17]

　再びホームレス生活に戻らないよう予防的な観点からも入所期間中に何らか

の技能や免許等を取得させ,就労支援を行うことの必要性は異論のないところであるが,今後,特に退所後のアフターケアに力点を置いた取り組みの重要性が指摘されよう。

就労自立者の入所期間について(図表5-9)は,約41%は就労までの期間が6か月を超えており,1か月～3か月未満は約15%で短期間での就労自立が困難となっている。低位学歴により就労支援に困難性がともない就労率は約38%と厳しい。また,最終学歴,病気等のハンディもあり就労継続が困難な場合が多く不安定な就労状況となっている。加えて就労状況(図表5-22)も,就労自立者全体の就労収入の月額(平均)は約16万1,900円と低い賃金となっている。就労形態も約46%が不安定な非正規雇用の厳しい実態が確認された。

今後,入所者の加齢化が予測され,必ずしも入所要件に適さない対象者の入所も否定できないことから事業運営上の課題として自立支援のプログラムや入所期間についての検証が必要となっている。就労による自立支援については,十分な稼働能力を有している「適格者」は限られてくることが予測され,就労自立率は低下せざるを得ない。大切なことは就労自立支援以外の「取り残されたホームレス」への対応であり,そのための自立支援の有効性やあり方が問われている。

(6) 無年金および無保険という課題

貧困にかかわる重要な誘因の1つとして低額な年金受給や無年金および無保険という課題がある。わが国は国民皆年金・国民皆保険を標榜しているものの,実態上,無年金者とともに,医療保険のセーフティネットからこぼれ落ちている多くの無保険者の存在が確認された。

貧困にかかわる重要な誘因の1つとして低額な年金受給や無年金および無保険という課題がある。わが国は国民皆年金・国民皆保険を標榜しているものの実態上,無年金者とともに医療保険のセーフティネットからこぼれ落ちている多くの無保険者や無年金者の存在が確認された。

既述の仮説「年金未加入者の割合が高く無年金者予備軍を構成する」につい

ては，無年金者が保護受給することにより，非保護受給層の年金受給者や最低賃金法による最低賃金で就労する者のポバティラインとの均衡上，アンフェアといった課題を突き付ける。すなわち，生活保護のナショナルミニマムが，最低賃金や年金のポバティラインよりも高く基準設定されているという現行のポバティラインの順位の逆転は，非受給層からみて不公正感を抱かせ，生活保護を受給する無年金者への強いスティグマを助長しかねない。また，無年金の問題は保護の受給層間においても同様のことが言える。受給層の高齢者世帯においては，年金の受給者と無年金者とが混在するが，生活保護費はナショナルミニマムとして同一に支給される。そのため長期間にわたって保険料拠出した年金受給者とそうでない無年金者とでは明らかに不公正というのである。年金保険料の未納といったモラルハザードを防ぐためにも保護受給する年金受給者に対しては，年金の一定額を収入認定しない取り扱いや年金控除，年金加算等基準生活費を再考する必要がある。

公的年金を受給するためには最低加入期間は原則25年間必要で英国の10〜11年の2倍以上で長い。さらにわが国では基礎年金を満額受給するには原則40年間を要し，英国の30年間と比べてもやはり長い。保険料の拠出期間の大幅な短縮など政策変更が必要であろう。このように保険原理を前提とする年金制度とはいえ，加入期間を満たさない場合の救済について一定，検討する余地はある。最低賃金や年金制度などとの適切なポバティラインのあり方，諸制度間と一体的かつ整合性のある社会保障として政策転換をはかる必要がある。

先に述べたとおりわが国は国民皆年金・国民皆保険制度を確立しているものの実態は無年金者とともにホームレスのように医療保険のセーフティネットからこぼれ落ちている無保険者の存在がある。一方，生活保護の被保護者のように介護保険では被保険者資格を付与しながら国民健康保険では被保険者資格を与えず保険制度から排除するなど整合性の欠如を露呈している（この場合，医療扶助による救済がはかられている）。しかし，今回の実態調査によりホームレスが医療から排除され必要な医療が受けられないという実態が明らかとなった以上，保険原理での運用には限界があると考えられるのであれば保険原理以外の

方法で社会政策として医療のセーフティネットの制度構築をはかる必要があろう。

（7）生活保護制度の課題

　ホームレスの医療機関への受診については，「無料低額診療施設」での受診や行路病人としての急迫保護がある。「ホームレスの自立の支援に関する基本方針」のなかの「保健及び医療の確保について」の項にはないが，今後，生活保護制度の医療扶助単給として一般の医療機関でも受診が可能となるよう制度改正が切望される。当面，現実的な対応として，ホームレスの慢性疾患等に対する通院等受診の確保として，医療扶助単給など使いやすい生活保護制度の改革が有効と考えられる。Ｓ市の自立支援センター入所者の約30％が生活保護による退所となっていることを踏まえると保護の実施機関の役割，機能が問われるであろう。ホームレスのように貧困が深刻化する前の救済について再考する必要がある。

　同時にホームレス支援が就労自立とともに福祉的支援への傾斜となることが考えられ，生活保護による医療や生活支援が多くなることから特定の自治体の負担とならないよう広域的な対応策や財政的措置を講じる必要があろう。財政的な過重負担から福祉事務所の窓口での門前払いや強要とも受け取られかねない辞退等を防止するため全国的に統一的な対応が望まれ運用指針等の作成の必要性が指摘される。

　自立支援のため医療受診の機会の保障とともに住居の確保の意味は大きい。この点，生活保護制度の住宅扶助に限定する必要は無いが，社会政策としての視点から住宅の問題を捉える必要がある。ホームレスに対する生活保護の運用において，居宅保護も可能であるものの60歳以上65歳未満の路上生活経験者が置き去りにされやすい現状がある。彼等の多くは高齢・病弱者として残存する「取り残されたホームレス」となっている。就労支援に限定化し疎外することなく，生活支援や社会参加の視点から自立支援に取組む必要があることから，「住居」の確保について，住宅手当や住宅扶助のみの単独給付ができるような

制度設計上の見直しも視野に入れて検討されるべきであろう。

（8）払拭し難いスティグマ

彼等にはもう1つの自立に向けて超えなければならない大きな壁がある。それは，自立を就労と考えたとき，その就労を阻害する要因として社会に内在化する「ホームレス」に対する根強い偏見の感情である。

「ホームレス」は社会規範から逸脱した「怠惰な人」，「貧乏で卑しい人」であるという伝統的なものであろう。S市自治体の自立支援センターの生活指導員や自立支援事業の巡回相談員からの聞き取りでは，「ホームレスは体力がない。うちは清掃の仕事でもプロの仕事で家庭の掃除ではない」，「ホームレスは意欲がなくすぐ辞めるから採らない」，「うちは信用が大事だから……」というような差別や偏見により面接をも拒絶する会社も多いという。求人，雇用者側の「ホームレス」，「最終学歴が中卒」等を事由とした払拭し難い強いスティグマが現実に存在している。この点について，中山（2007）は，英国イングランド・ウェールズの野宿者対策室（Rough Sleepers Unit）の対策プログラムや野宿者（rough sleeper）問題を「社会的排除」（Social Exclusion）の問題として捉え，社会的排除対策室（Social Exclusion Unit）を設置した上で，ホームレス問題の一部としての政策がとられていることなどを紹介し，わが国のホームレス支援法以降の政策課題として重要な指摘をしている。[18]

彼等がこれまでの生活のなかで受けてきた差別や偏見は，周囲の人に対する不信感にとどまらず，医療や行政に対する不信，社会に対する否定的な視点を増幅させる。同時に繰り返されてきた失敗体験は「どうせ，俺なんか何をやってもダメ」と自己評価が低い。子どもを持つ多くの親たちは，ホームレスの存在を否定的に捉えたり，見下したりするであろう。やがて子どもは強いスティグマを学習し，何のためらいもなくホームレスを社会的に排除するであろう。したがって，人格の形成期の早い時期から人間の1人ひとりの尊厳を社会的に支えるための教育という視点からの取り組みが大切である。

7 おわりに

　S市の事例研究から自立支援のためのホームレス対策は，さまざまなセーフティネットを必要とする貧困そのものの問題であることを示唆し，社会政策上の課題として認識された。そのためのセーフティネットの再構築が急がれる。当面は，生活保護制度において，利用しやすく出やすい制度への変革が急がれている。

　今後，入所者の加齢化が予測され，必ずしも入所要件に適さない対象者の入所も否定できないことから事業運営上の課題として自立支援のプログラムや入所期間についての検証が必要となってくる。就労による自立支援については，十分な稼働能力を有している「適格者」は限られてくることが予測され，就労自立率は低下せざるを得ないだろう。大切なことは就労自立支援以外の「取り残されたホームレス」への対応であり，そのための自立支援のあり方が問われている。

　本調査でも明らかのように自立支援センターを利用して退所した者の多くは生活保護の「福祉的援護」によるものである。また，調査結果からホームレス期間が長くなればなるほど自立が困難となっていることがデータからも検証された。そのことからもホームレスに落層する前段階での様々な予防的措置が重要であることがわかる。現状においては生活保護の適用が自立には有効であると考えられる。

　景気の悪化で派遣労働や期間従業員の契約解除が続出し，労働市場から排除され生活困窮しホームレスが急増することが懸念される。健康で働けるのに収入が得られない生活困窮者が急増している。わが国の救貧制度の歴史的な経緯のなかで，これまで福祉事務所は働く能力や意欲もあるのに働く機会を与えてもらえない人たちの窮状には耳を傾けたがらなかった。今後，急増することが推測される稼働年齢層への保護の実施機関の役割，機能が問われている。利用者が保護制度を利用し易くし，貧困が深刻化する前の救済について制度の運用

面においても踏み込んだ改善が必要であろう。

　実態調査から自立を阻害する要因として，社会に内在化する「ホームレス」に対する根強い払拭し難いスティグマの問題が確認され，彼等の実体験している偏見の感情はもう一つの自立への壁となっていた。彼等がこれまでの生活の中で受けてきた差別や偏見は，周囲の人に対する不信感にとどまらず，医療や行政に対する不信，社会に対する否定的な視点を増幅させる。同時に繰り返されてきた失敗体験は「どうせ，俺なんか何をやってもダメ」と自己評価が低い。子どもを持つ多くの親たちは，ホームレスの存在を否定的にとらえたり，見下したりするであろう。やがて子どもは強いスティグマを学習し，何のためらいもなくホームレスを社会的に排除するであろう。したがって，人格の形成期の早い時期から人間の一人一人の尊厳を社会的に支えるための教育という視点からの取組みが大切である。

注

(1) ホームレス自立支援施設は，「ホームレスの自立の支援等に関する特別措置法」に基づく施設で各地に設置され，現在，全国で「自立支援センター」16か所，「緊急一時宿泊所」（シェルター）12か所が設置されている。

(2) 過去5年間のホームレス自立支援政策は，ホームレスの就労機会や就労に向けた支援など就労支援施策に依拠する自立支援事業（主として自立支援センター事業）を中心に展開されている。

(3) 藤田博仁（2006）「ホームレス施策の現状と課題——地方自治体における自立支援事業の展開」日本社会保障法学会編『ホームレス施策と社会保険の現代的課題』（社会保障法21号），37-50頁。

(4) 鈴木亘（2007）「ホームレスの労働と健康，自立支援の課題」『日本労働研究雑誌』労働政策研究・研修機構，No.563, 62頁。

(5) 岩田正美は職業歴と住居歴によるクラスター分析の結果，ホームレスの類型を①安定型（住居も職業も安定していた人々），②労働住宅型（職業は安定していたが寮など労働型住宅に住んでいた人々），③不安定型（最初から不安定な職に就いていた人々）の3つに分類した上で学歴，婚姻歴をクロスした貧困の実証研究をまとめている。

(6) 青木紀（2003）『現代日本の「見えない」貧困——生活保護受給母子世帯の現実』明石書店。

⑺　釧路公立大学地域経済研究センター（2006）共同研究プロジェクト『生活保護受給母子世帯の自立支援に関する基礎的研究——釧路市を事例に』研究代表者，小磯修二（釧路公立大学教授）。
⑻　道中隆（2007 b）「保護受給層の貧困の様相——保護受給世帯における貧困の固定化と世代的連鎖」『生活経済政策』生活経済政策研究所，No.127, August 2007。
⑼　保護受給層の高齢者世帯の無年金率は49.6％で最終学歴別では低位学歴の方が高率である（道中隆（2007）「生活保護と日本型 Working Poor——生活保護の稼働世帯における就労インセンティブ・ディバイド」社会政策学会第114回報告）。
⑽　心筋梗塞や脳梗塞，狭心症の虚血性心疾患は，血液中にコレステロールが増えることで血管の内壁に脂質が蓄積した塊（プラーク）ができ，このプラークが破れて血栓が生るなど血液の流れが悪くなり発症する。心筋梗塞は冠動脈が詰まり，心臓の筋肉に必要な酸素や栄養が届かなくなって心筋が壊死してしまう病気。激しい胸の痛みや呼吸困難などの症状が出る。突然死で多い急性心臓死は，大半が虚血性心疾患が原因とされる。
⑾　心筋梗塞，狭心症等その発症リスクは，生活習慣病である「高血圧」，「糖尿病」を誘因とするもので食事や運動などライフスタイルと密接な関連がある。そのため予防的には早期発見と生活習慣の改善が重要とされる。
⑿　道中隆（1992）「保健福祉相談に取り組む」網野武博・乾吉祐・飯長喜一郎編『福祉心理臨床』（第6巻）星和書店，77-79頁。
⒀　半健康人とは日常生活には支障はないが，放置しておくと高率に生活習慣病を発病する可能性のある人で，いわゆる High risk group として位置づけられている。
⒁　学歴を分けずに，各退所理由別での平均年齢に差があるか，Tukey の平均値の多重比較方式で確認した。この方式は，複数のグループの平均値に有意な差があるかを検定する方法で，T 検定を繰り返すよりも厳しいチェックができる検定である。Tukey の平均値の多重比較の結果，就労自立グループに比較して福祉的援護グループの平均年齢は有意に高いことが確認できた。
⒂　学歴を分けずに，各退所理由別でのホームレス期間の差が有意なのか，Tukey の平均値の多重比較方式で確認した。Tukey の平均値の多重比較の結果，就労自立グループに比較して，福祉的援護グループのホームレス平均期間は有意に長いことが確認できた。
⒃　道中隆（2007 a）「生活保護と日本型 Working Poor——生活保護の稼働世帯における就労インセンティブ・ディバイド」社会政策学会第114回（東京大学）報告。
⒄　藤田博仁，前掲論文⑶。
⒅　中山徹（2007）「『ホームレス支援法』以降の野宿者支援策の展開と評価⑴」『社会問題研究』第56巻1・2号，1-9頁。

終　章
日本型ワーキングプアと岐路に立つ生活保護

1　概　要

（1）はじめに

　バブル経済の崩壊後，長期にわたるデフレ経済を脱却した日本経済は回復し好況に転じた途端に，再び厳しい不況へと突入した。また，その後の政治・経済・社会の変動は極めて大きい。しかも，今回の大不況は日本経済かつて経験したことのないグローバル経済競争の中での世界同時不況である。これまでの長期のデフレ経済のもとで非正規雇用や派遣労働等雇用システムの激変から所得格差がさらに拡大し，二極化してきたといわれている。

　わが国は，抑制のない市場経済のもとで所得格差が拡大し，一気に格差社会を迎えることとなった。そのことは格差問題や貧困問題にかかわる政策として小泉政権時代の構造改革や規制緩和の評価として政治的な問題として議論されることが多い。

　所得格差については，努力した人が報われるべきものとして，ある程度の格差はやむを得ないものとする考え方もある。反面，貧困問題については，貧困層が増大することを積極的に容認する意見は少ないであろう。すなわち，貧困層が増大し貧困が固定化する社会は，先行きの見通せない希望を失った人々が多く，閉塞感の漂う活力のない社会であることを意味するからである。

　一方，こうした議論とは別に非正規雇用や貧困層，ワーキングプアの増加に対して，社会保障制度や労働政策，生活保護制度としていかに対応すべきかと

いう議論も進められている。

ここでは以下の事項について述べてみる。

(2) 要保護層の貧困の様相

本書では, これまで富裕層と貧困層の両極のうち, 貧困層を代表していると考えられる生活保護の受給層および要保護層に焦点を当て, 受給層の生活実態はどのような現状にあるのか, また, どのような変化や問題, 課題が生じているのかを直接的なデータに基づき検証し, これまでの先行研究にはない多くの知見を得ることができた。

第1章では生活保護の動向に影響を与えていると考えられる日本型ワーキングプアの拡大とその固定化, 閾下稼得と就労インセンティブに関する構造分析を行い取り組むべき課題および問題点を明らかにした。第2章では生活保護を受給する世帯の世帯類型別および稼働・非稼働別世帯の状況に焦点をあてた「生活実態調査」を行った。調査は最終学歴, 就労収入, 保護受給の履歴などの属性について詳細な調査項目を設定することにより, 稼働する母子世帯の閾下稼得や, 就労実態, その基本的な特徴を明らかにした。調査結果は「貧困の固定化」や「貧困の世代間継承」が検証され, 生活保護の制度改革や自立支援方策のあるべき方向性を探るための重要な示唆を与えるものとなった。

さらに第3章においては, 前章の結果から貧困の担い手となっている日本型ワーキングプアとして生活保護の世帯類型の母子世帯を取り上げ, 貧困の様相を貧困ダイナミクスとして明らかにした。また, 第4章の受給層の就労支援事業として行われている「就労自立支援事業調査」, 第5章の「ホームレスの就労自立支援」では貧困層として野宿生活を余儀なくされたホームレスを対象とした自立支援入所者調査を実施し, その事業効果に関する評価を行った。

それぞれの概要については, 各章で詳述したところである。それらの結果は, 受給層の最終学歴が総じて中卒という厳しい低位学歴であったことや受給層の貧困からの脱却が困難な「袋小路」の生活実態にあること, 貧困が次世代へと引き継がれる世代間継承, 受給期間の長期化による貧困の固定化, ワーキング

プア層の受給層への移行による日本型ワーキングプア層の拡大，非正規雇用などに表出された格差の顕在化，教育コストなどからみた子どもの貧困などあらゆる場で格差が拡大している現状を詳細なデータにより分析し検証することができた。

また，実態調査により貧困にかかわる誘因や基本的な特徴が明らかとなり，社会政策の根幹にかかわる問題として認識されるものとなった。いずれの調査においても全体として貧困の特徴が酷似しており，貧困については社会的な構造化された問題として現実認識を高めるものとなった。調査によって得られた知見は，貧困問題への適切な対応として今後の社会政策上のあるべき指針としての示唆を与えるものである。

特に受給層のワーキングプアのうち，最低賃金により算定した閾下稼得にある低収入層をいわゆる日本型ワーキングプアとして定義しているが，この日本型ワーキングプア層が今後，増加することが予測され，生活保護に隣接する雇用，年金，住宅など社会保障制度のあり方そのものが問われるものとなっている。また，生活保護制度においては自立支援プログラムの推進とともに稼働年齢層を対象としたインセンティブ政策等今後，生活保護の制度改革として取り組むべき新たな課題として浮かび上がった。

2　セーフティネットの再構築

本書は，社会保障や労働政策の関わり合いから，日本型ワーキングプアや受給層の貧困の様相を明らかにし，生活保護制度の問題点や課題を浮き彫りにすることができた。しかし，最後の安全網である生活保護制度は，他の社会保障制度や労働政策のあり方によって大きな影響を受けるという制度そのものが持つ宿命的なものとなっている。

貧困の固定化の防止や希望を抱くことのできない社会不安を払拭させるため要保護層を含めたワーキングプアやボーダーライン層に対して，3つのセーフティネット（①雇用・就業のネット，②社会保険のネット，③公的扶助のネット）の

張り直しが緊急の政策課題となっている。

　アプローチの方法論としては，一次的セーフティネットの①雇用・就業のネットの労働政策や②社会保険のネットの年金および医療保険などの全体の社会保障の改革から着手するか，③公的扶助の二次的セーフティネットから改革していくのかが考えられよう。その選択はその時々の政治情勢や現実的な政策形成力によるが，わが国の社会保障制度が保険原理として制度設計されていることから考えれば，一次的セーフティネットからの改革がより現実的なものとなろう。非正規就労が大半を占める要保護層は，社会保険制度からも排除されており，必要な一次的セーフティネットが十分に確保されていないことから，二次的セーフティネットである公的扶助に頼らざるを得なくなっている。

　しかしながら，公的扶助が二次的セーフティネットの社会保障の補完的機能であるとしても昨今，全体の社会保障が劣化し後退するなか，皮肉にもその重要性がますます増大している。生活保護法は施行以来，60数年が経過する。その間，他法との整合を図るための文言整理や介護扶助の項目の追加程度の修正のみで，ほとんど改正が行われていない。そのため「使いにくく出にくい制度」となっていることの指摘は否めない。生活保護は制度疲労が随所に見受けられ綻びが顕在化している。その意味から一次的セーフティネットおよび二次的セーフティネットの双方からの改革が急務となっている。その改革の視点として，次の3点を提示したい。

　1つ目は生活保護制度では医療扶助費が扶助費全体の約50％を占めている実態にあることから医療保険制度という視点で制度設計が再考されるべきであろう。その際，生活保護制度に拘泥する必要はない。要援護者に対しては，新たな医療給付制度の創設によるセーフティネットを構築するか，国民健康保険の被保険者資格を取得させ名実ともに「国民皆保険」の制度として再構築すべきであろう（2000年に制度創設された「介護保険法」においては生活保護の被保護者は被保険者資格を取得できる）。

　2つ目は労働法制の視点から被用者保険の弾力的運用により，非正規労働者がこの被用者保険に加入できる道を開くことである。わが国では2004（平成

16)年以降の経済成長が加速し労働需給が引き締まったものの賃金は低い水準にとどまったままである。企業は雇用調整しやすい相対的に時間当たりの賃金が低いパート等非正規職員を採用し賃金コストを抑制している。その結果，相対的に賃金は押し下げられ，福利厚生を含めた労働の質の劣化が著しい。

今後，緊急性の高い労働政策の重要な柱の一つとして，最低賃金等の労働基準を向上させるとともに，パート等非正規就労者への被用者保険加入の拡大が考えられる。特に医療保険については，貧困の予防策あるいは貧困層の医療アクセスの確保として自立支援には欠かせない重要なセーフティネットであることが認識されよう。同様に雇用保険制度についても，被保険者資格が現行週あたり20時間以上の稼働時間となっているが非正規労働者が加入できるよう加入条件の緩和や失業時の失業給付の要件，程度，給付期間など大幅改善し，重要な一次的セーフティネットの一つとして本来の役割，機能を担うべきであろう。

3つ目は年金制度の充実である。社会保険庁の年金をめぐる不祥事案を契機に年金問題がにわかに大きな社会問題となった。ここ1年で国民の年金制度に対する世論醸成もはかられつつあるなか，政治的タブーとされてきた税制と年金などの社会保障制度の根本的な制度議論や在り方が国政レベルで本格的な議論が行われるようになった。高齢化社会の中にあって安心をコンセプトとして最も国民の関心の高いものが年金制度であろう。わが国の社会政策として一次的セーフティネットの再構築を行うためのタイミングとしては好機である。当面，年金裁定請求に必要な資格期間25年の大幅な緩和措置の検討を急ぐべきである。資格期間の短縮は，多少減額年金であっても暫定的には無年金者の問題解決に貢献する。保護受給層の約51％が高齢者となっており，その高齢者の生活保障を支える年金の機能の再構築は急務となっている。

これまで各章で述べた要保護層における年金未納・未加入や無年金者の問題がクローズアップされた。制度設計として，保険原理からこぼれおちた人々を救済するため生活保護制度が補完的機能を担うものとされている以上，結果的に無年金者や低年金者が生じることは想定しており今更，何も驚くことではない。問題なのは，雇用システムの激変による非正規労働者や日本型ワーキング

プア層が増大し、一次的セーフティネットからこぼれ落ちる人々が大量に出てくることである。その結果、近い将来、無年金者層に参入するであろう予備軍が拡大し、着実に貧困層のすそ野が広がり、貧困の固定化が懸念されることである。すでに若年層の年金未納・未加入問題は保険原理で運営する保険制度そのものの根幹を揺るがす事態となっており、抜本的な制度設計の見直しが迫られている。貧困の世代間継承や貧困の固定化を放置すれば、わが国は希望を抱くことができない「あきらめの社会」となり、閉塞感の漂う社会となる。したがって、社会の活力を取り戻すためにも、すべての人にセーフティネットの確保のため年金加入の道を用意し、基礎年金の充実を図ることが社会政策としてより優先度の高いものと認識される。

3 生活保護制度改革の視点

(1) 就労支援の困難性と生活全体を見据えた支援

調査の結果、生活保護受給世帯における特徴や実態の把握にとどまらず、数々の知見を得ることができた。被保護者の就労自立の困難性は、誰でも「とにかく頑張って努力さえすれば……」という努力の報われることが平等に存在することを前提とする精神論の「努力主義」は幻想であることが明らかとなった。「就労自立ができなかったのは、個人の努力欠如」といった個人の自己責任に帰着させるのではなく、循環型の市場経済のなかの構造化された社会的問題として認識されるべきではないか[1]。また、被保護者の世帯類型別実態調査ならびに就労自立支援事業調査、ホームレス自立支援調査の結果により判明した被保護者の学歴の低さや保護受給履歴率の高さは、被保護世帯が二世、三世へと世代間を連鎖し「貧困の再生産」となっているという実態を示している。このことについて以下のことを指摘することができる。

1つは、稼働収入を得てもその収入は期待 (possibility) されるの収入額に届かず、最低生活以下の「閾下稼得」であり、最低生活費との対比により要否判定を行うと、被保護世帯は、いわゆる日本型ワーキングプア層の地位から移動

終　章　日本型ワーキングプアと岐路に立つ生活保護

できず生活保護から脱却できないまま固定化していることが指摘されよう。このことは賃金という稼働収入をとらえるとき，生活賃金の水準を家族単位の生計費を基準に考えるか，単身者生活費で考えるかによって最低賃金の水準が異なってくるのであり，生活保護制度の世帯単位の最低生活費と労働政策としての生活保障上の賃金との関係に根本的な問題が内在することを意味する。つまり労働政策としての日本型ワーキングプアを代表する低賃金の不平等性や雇用の不安定性の改革を放棄した「事後的賃金補償」を公的扶助である生活保護に代替させていることを指摘できる。また，ある意味では，前に述べた年金制度と同様，稼働収入が最低生活費に満たない場合にはその不足分を保護費で補うといった生活保護制度の持つ本来の社会保障の補完的機能であるとも言える。

　最低生活費という視点からは，たとえば単身者の住宅扶助費を含めた生活保護法の最低生活費と最低賃金法の最低賃金とを比較した場合，生活保護のほうが相当高くなっているということからも理解され，労働者の生活安定を目指した「最低賃金法」が必ずしも機能していないことが指摘される（生活保護費は東京都の1級地で単身者の場合で月額約14万1,000円。最低賃金は1日8時間労働で22日働いた場合，月額約11万3,000円）。

　今日の労働市場の構造変化や就労による賃金体系の変容は，大きな賃金上昇効果や賃金の平準化が期待できないばかりか，従来の扶養家族（扶養手当等）をも含める「生活保障賃金」からますます乖離し，もはや回帰は望めないものとなっている。そうである以上，今後，閾下稼得層の増大や最低賃金に近い低賃金の雇用による日本型ワーキングプア層の拡大が見込まれることとなり，ワークフェア政策として最低賃金法をはじめとする政策上の転換がはかられない限り，セーフティネットとして生活保護の対象者は増加せざるを得ないこととなる。

　2つ目は，親自身が高等教育を受けていないことによる高等教育に対する親のアスピレーションの低さなどから子どもに十分な教育機会が与えられなかったり，将来への教育コストをかけていないことが推察される。このことは生活保護受給者の学歴と就労構造とが相関関係にある可能性があるのみならず，職

業アスピレーションとパラレルな負の連鎖が考えられる。

　社会保障や社会福祉がさきほそるなか，経済的な格差の拡大とともにこれらの負担増に耐え得ない低所得者層の裾野が広がってきているのではないかと考えられる。社会福祉等の諸制度の改正は，低所得者層（貧困層）にとっては一段と厳しく，セーフティネットとしての生活保護への落層を容易にさせている。この間の，景況指数の改善や景気の踊り場の脱出等景気回復による恩恵を受けられなかった低所得者層（貧困層）の増大とともに，生活保護世帯が増加している。既述のとおり被保護者の低学歴と生活全般の低位性が世代間継承し「貧困の再生産」となっていることが明らかになった。

　自立支援プログラムの就労支援については，被保護者の就労を優先する「義務」を強調するベクトルとなっているものの，実際上は就労への様々な困難性が認められ，就労による自立支援は限定的な効果にとどまっていることが確認された。

（2）就労インセンティブ

　マイケル・ヒル（1990）は失業の罠を次のようなときに生じる不利益のことだとしている。すなわち，「働いたときの所得が，働かないときの給付による所得よりもそれほど大きくないとき，あるいは小さいときである。この現象は給付の所得代替率が高いときに生まれ，次のような状況を指している。給付によって賃金の下限が設定され，それ以下の賃金で働くことが金銭的に割が合わないか，いま働いている以上働くことが間に合わないというような状況である。働いても働かなくてもそれほど違いがないため，失業給付の申請者は職を探す意欲を失う。以上から，失業の罠とは，有給の職に就いても合計所得がそれ程増えない状況のことだと定義することができる[2]」。

　これは失業給付と最低生活費の可処分所得の実質保証水準による階層性とも関連し，稼働した場合，期待される稼働収入の賃金よりも寛大な給付を受けないようにするためのものである。要するに，稼得と非稼得との間のギャップは，ある状況下で給付を減らすことによって維持されたのである。稼働収入が「閾

終　章　日本型ワーキングプアと岐路に立つ生活保護

下稼得」となっている被保護世帯については，就労することにより義務から解放されスティグマが軽減される。基準生活費の階層性からも給付の実可処分所得が高くなっている。重要なことは，基準生活費と賃金水準との関係である。

　動機付けの理論からいえば，稼働世帯間の就労インセンティブ・ディバイドが予測され，長期間の生活保護受給により稼働する「閾下稼得」層の就労インセイティブが緩み減退している可能性がある。すなわち，図表4-2の区分(1)の級間（1～50,000円以下），(2)の級間（50,001～70,000円以下），(3)の級間（70,001～100,000円以下）の「閾下稼得」層において就労インセンティブの弛緩が考えられ，特段に稼働阻害要因の存在しない被保護者の稼働収入の100,000円以下の割合が約70%にも及んでいる。とりわけ，区分(1)の級間（1～50,000円以下）の場合の割合が，約39.1%となっていることが注目されよう。これらの「閾下稼得」層と区分(4)の級間（100,001～150,000円以下）以上の「稼得」層との間の緊張が存在し就労インセンティブ・ディバイドが生じているものと推測される。

　特に第4章の自立支援センターの就労退所者の平均月額が16万1,900円であることに対し，第3章の保護受給層に対する就労自立支援事業による就労収入が10万円以下の「閾下稼得」にとどまり，就労者の約70%を占めていることが指摘されよう。自立支援センターの就労退所者がほとんど男性であることや職種などを考慮したとしても保護受給層との関係において，就労インセンティブ・ディバイドを認めざるを得ない。

　これらのことから就労インセンティブと依存状態，あるいはマイケル・ヒルのいう「失業の罠」[(3)]との関係において今後，被保護者の就労の「義務」がより強調され新たな議論を巻き起こすことになろう。したがって，就労する低所得者層や日本型ワーキングプア層の就労インセンティブを高めるため，負の所得税の導入や一時扶助の創設，勤労控除の拡大など就労インセンティブ政策を急ぐ必要がある。

　一方，就労支援相談員による就労支援にもかかわらず，「就労支援継続中」とされたCグループ（図表4-3）が62.5%占めており，従来，見過ごされがち

179

であったこの C グループへの対応が検討さなければならない。その見直しは，アセスメントを含め個別具体的に被保護者の仕事に関する能力開発の機会の充実をはかるなど就労から教育・訓練への政策転換が必要である。また，自立支援プログラムとあわせて，教育・訓練の期間中の所得保障や育児保障といった施策を重層的に組み合わせるなど政策にバリエーションをもたせることが何よりも大切である。

（3）就労支援の方向性

現状の自立支援プログラムにおいては，これまで述べてきたようにもっぱら就労支援に照準が合わされているが，本調査によって得られた知見により今後，自立支援のアプローチは就労支援とともに教育・訓練にシフトする方策や就労インセンティブ政策がより緊要な課題となっていることが確認された。また，就労支援の限界性については，教育・訓練に照準を合わせた場合，これを生活保護制度や福祉施策のみで担うことは困難で，基本的には社会保障を基軸とした年金制度や住宅政策，教育，ワークフェア政策として許容域の最低賃金制度などと一体的な議論が急がれ，国政レベルでの政策パッケージの推進が必要とされる。

今後，日本型ワーキングプア層の増加とともに生活保護への新たな参入が予想され，「福祉から就労」という政策転換の方向性がより強化されることが考えられる。その意味で現状の生活保護制度下にとどまる就労支援方策には，二重の限界性が指摘されよう。したがって，「福祉から就労」という政策は，基本的には労働政策として認識され，「雇用のセーフティネット」の再構築が急がれる。

（4）労働政策としての労働基準の向上

わが国においては，2008（平成20）年当初は景気は転換点に差しかかっているともいわれつつも，好景気に支えられ労働市場や雇用情勢は比較的に安定して推移していた。そのため景気の拡大によって，やがて格差も沈静化するとの

終　章　日本型ワーキングプアと岐路に立つ生活保護

見方もあった。しかし，2008（平成20）年秋以降，アメリカのサブプライム問題に端を発した世界金融危機から世界同時不況へと拡大し，わが国の市場経済も大打撃を受け，景況感は最悪となるなど様相は一変した。この間，非正規や派遣で働く労働者がいち早く契約を解除されたり仕事を打ち切られ，職を失い住居を追われるなど社会不安が増大している。このように労働市場の構造基盤の激変により，労働基準が低下している背景から非正規雇用者等に対する労働政策としての市場への規制や支援策が喫緊の課題となっている。

非正規雇用の多くはワーキングプアであり，このワーキングプアの増加は貧困層の裾野の広がりを意味する。そうだとすればこの時点で政策転換がはかられなければ，貧困や格差の拡大の是正はより困難となる。一次的セーフティネットのなかでも特に労働法制上から正規・非正規間の差別を緩和する基準法的な措置が急がれる。2007（平成19）年10月，最低賃金法に基づく地域別最低賃金が改正されたものの上げ幅はわずかであり十分なものであるとは言えない。非正規雇用から正規雇用への移行や賃金上昇という労働コストをかけることについては，わが国の企業は努力により達成することが可能であろう。この際，就労者が一生懸命働けば何とか生活を維持することが可能となるような最低賃金の大幅な充実が望まれる。

（5）生活保護制度改革の視点

憲法は第25条において「健康で文化的な生活をおくる権利（the right to maintain the minimum standard of wholesome and cultural living）」の保障を謳っている。この生存権を具体的に保障するのが生活保護制度である。生活保護は，国民が現に生活に困窮すれば，その困窮の程度に応じて最低生活にたる保護が受けられる制度である。

わが国の生活保護制度の特徴は，国家責任を基底として①保護請求権「無差別平等の原理」（生活保護法第2条），②健康で文化的な最低生活保障の原理（生活保護法第3条），③保護の補足性の原理（生活保護法第4条）を規定している。特に「無差別平等の原理」は，1834年のイギリスの新救貧法の有能貧民（able-bodied) と無能貧民 (impotent) を区分した異なる処遇, 1946 (昭和21) 年の旧生活保護法の公的扶助制度下での欠格条項を排除し, 生活困窮という事実があれば, その事由がいかなるものであってもそのことは問わないとした点が重要である。わが国は市場原理の自由主義国家を標榜しており, 国民は困窮すれば, 独立, 責任, 自尊などの観念とその社会的基盤を保持しつつ「健康で文化的な生活を維持」するために必要な給付を受けることができるとされている。市場では, 個人の貢献に対する市場的な評価に基づいて資源が配分されるシステムをとるが, それに対し憲法で謳われる「健康で文化的な生活を維持」は, 具体的には生活保護制度において具現化され,「理由を問わず困窮すれば, 保護を受給できる」という点から, 自己責任の原則や市場原理とは異なる論理構造を有する。

　しかし, 憲法第25条の崇高な理念を謳う生活保護制度の実際の運用においては, 生活保護法第4条の「保護の補足性」の原理により, 保護を受ける側の義務を要請するとともに厳しい市場原理という楔が打ち込まれ, 理念と実践において均衡を保持させている。2000 (平成12) 年の社会福祉法の改正をターニングポイントとして以降, 生活保護の制度改革への世論醸成が推進され改革論議が高まりつつある。

　改革論議の重要な視座として次の3点を指摘できる。まず1つ目の視点は, 財務縮減ありきではなく国民生活の「最後の砦」として重要なセーフティネットの役割を果たすべきであり, その機能を過少評価すべきでなく適切な社会評価を行うことである。2つ目は, ①生活保護制度を市場的原理の論理に変革しようという方向性, つまり市場原理と異なる論理を保持しようとするのであれば生活保護制度の規模の縮減を行おうとするベクトルと, ②生活保護制度運用において,「困窮」や「福祉 well-being」の評価にあたって市場原理とは異なる視点から判断し, 生活保護制度の固有論理の確立を行おうとするベクトルである。これら双方のベクトルはいずれも公的扶助としての生活保護の積年にわたる根源的な課題でもある。

　最後の視点としては, 現在の貧困問題の基底にあるものは, 個人の自己責任

というよりも循環型の市場経済社会の社会構造化された要因によるものという認識が必要である。これらのことを制度改正の基本的な視座として，単に財源縮減や社会的援護を要する人々の排除，制度利用者バッシングに向かうことのないよう抜本的な制度設計へと改革を推進しなければならない。

4　ナショナルミニマムの視座

　世界規模での金融危機がわが国の実体経済にも深刻な影響を及ぼすなか，社会保障政策の信頼感を回復させ，誰もが安心できる社会を構築しなければならない。そのためには，まずは整合性のとれた，わかりやすい社会保障政策や労働政策に制度設計し直すことが重要である。そこで次のような方向性を提示したい。

（1）安心できる所得保障関連のセーフティネットの再構築
　基本的なセーフティネットである①雇用・就業のネット，②社会保険のネット，③公的扶助のネットの3つのセーフティネットの張り直しが急がれる。特に①の労働市場の構造激変により労働基準が低下している背景から，非正規雇用者等に対する労働政策としての支援策が喫緊の課題となっている。

（2）基礎年金と生活保護のポバティライン
　生活保護制度は，基本的には社会保障を基軸とした年金制度や住宅政策，教育，最低賃金をはじめとする雇用保険による失業給付などの労働政策と一体的に展開され，補完的な機能として制度設計されている。しかし，貧困が顕在化しつつある昨今，社会保障における生活保護制度のもつ役割，機能のフレキシブルな対応への期待が高まっているにもかかわらず，制度疲労や厳しい制度運用から制度が利用しにくいものとなっている。2000年（平成12）社会福祉法の改正の際に衆参両院の付帯決議で生活保護の制度改革を要請した趣旨は，加算，保護基準レベルの改正にとどまらず社会政策として制度設計まで踏み込んだ抜

本的な改革への要請であった。

　生活保護基準はわが国の重要なポバティラインであり,「健康で文化的な最低限度の生活」を具体化したものである。厚生労働省においては,現在,ポバティラインの保護基準の算定方式,程度等について検討が行われている。この保護基準は,生活保護以外の多くの税制度や最低賃金,福祉諸制度の算定基礎となっていることなどその変動はあまりにも影響が大きい。社会保障としての年金制度と公的扶助である生活保護をどう考えるかについては,第1章第5節で述べたとおり基礎年金と生活保護のポバティラインとして,次の2点に整理することができる。1点目はもっぱら保険原理を社会保障の基礎と考え生活保護を補完的機能としてとらえている現行の制度設計を維持するのであれば,年金が生活保護の最低生活費に満たない場合は,その不足相当分を生活保護で保障することである。2点目としては,基礎年金の概念として最低生活を保障するものとして確立されれば,基礎年金額と生活保護の最低生活費と一体化すべきものである。こういった理念のないまま年金と一体的な額の比較や調整による安易な保護基準の切下げはわが国のナショナルミニマムの崩壊を招くこととなる。要するに高齢者の生活保障を何で支えるかということである。保険原理による年金で行うのか,税で支えるのか,あるいは生活保護で実施するのか選択する時間は限られている。

(3) 保護の補足性の原理をめぐる課題

　保護の補足性について定める生活保護法第4条は第1項で「能力」の活用を保護の要件として規定している。稼働能力と保護受給権との関係は,「稼働能力の活用」をめぐって問題となることが多く,これらの訴訟事案は,その稼働能力の活用の有無が主たる争点となっている。稼働能力の活用に関して,行政実務では,「要保護者の健康状態・年齢・性別等を総合的に検討して稼働能力ありと判断するだけでは足らず,実際にこれを活用する場がなく勤労収入を得ることができない場合は,本人が能力活用に努力している限りで,保護の要件を肯定する」という解釈指針が示されている。[4] 稼働能力の活用の要件は,判例

を踏まえると，①稼働能力の有無，②稼働能力を活用する意思の有無，③稼働能力を活用する就労の場を得ることができるかどうかの3点で判断されている。この「稼働能力の活用」の意思の有無については，名古屋高裁の「有効求人倍率からみて，真摯な態度で就労先と交渉すれば就労の可能性はあった…と推認することができると判断（抽象的就労可能性）し，本件申請には法第4条1項の補足性の要件を充足していないものというほかはなく，したがって，生活保護の受給資格を欠くものというべきである」との判決が出されリーディングケースとなった。しかしながら，未だ福祉事務所の実践現場においては，この保護の「補足性の原理」や「稼働能力の活用」に関して保護の運用上，裁量を逸脱しかねない過度な指導や不適切な取扱いが行われ，紛糾する事案が後を絶たない。自立支援プログラムが，要保護層の様々な生活課題や生活の困難性から就労の努力が必ずしも芳しくない場合においても，アセスメントを経て適切に保護を実施しつつ，ソーシャルワークの実施において自立を支援することを前提としている趣旨を看過すべきではない。

（4）扶養義務の取扱い

生活保護制度は法第4条に基づき，民法の扶養義務を優先することを前提に制度設計されている。しかし昨今，お笑い芸人の母の生活保護受給が大きく取り上げられ，社会問題化し扶養義務のあり方が問われている。日本では扶養義務の前に親の面倒をみるといったことは，価値観や文化といった道徳的な美徳として受け入れられてきており，そのこと自体は尊重されるべきであろう。反面，扶養義務の厳格化に向けた法改正や制度運用については，弊害も危惧される。扶養義務関係での家族や家庭の絆はすでに破たんしている場合が多く，出身世帯において様々な事由による離死別のインシデントがあり，必要な支援を受けられなかった経緯も見受けられる。扶養義務者の生活は千差万別であり，事情もそれぞれことなることは当然である。そのため心理的抑制や社会的排除を助長することにならないよう機械的な運用は厳に慎まなければならない。

扶養義務の取扱いに関する視点は，次の3点が指摘されよう。

①厳格な扶養義務の運用は真に保護を必要とする人々を生活保護から遠ざけ，貧困そのものを潜在化させることとなり，取り返しのつかない悲惨な事故の発生リスクが高くなる。②現行の扶養義務関係調査は形骸化しており，扶養義務者の範囲を3親等から親子，夫婦，兄弟姉妹の2親等内の扶養義務にとどめ限定的とする。③未成熟（14歳未満）な子どもに対する親の扶養義務は厳しく求める。といったメリハリのある制度運用が求められる。それから扶養義務の厳格化については，社会福祉の援助技術論の視点から，重要な指摘をしなければならない。そもそも生活保護の制度目的が最低生活の保障である経済給付と自立助長にあることは言うまでもない。その自立助長を推進するために福祉事務所にはケースワーカーが配置され，援助を要する人々に対して家庭訪問等により日々，相談援助を行っている。こうした相談関係を構築しながら被保護者の自立を促すよう側面的に支援をしている。しかし，扶養義務の厳格化により履行を担保するため，民事訴訟として家庭裁判所に訴訟を提起しなければならないこととなる。

要するにこれまでの援助関係から対立関係の構図となる。担当ケースワーカーが訴訟当事者の原告として被保護者の親，兄弟姉妹を訴えるという対立的な立場となり，被保護者との基本的な相談関係の構築が困難となる。したがって法改正等による扶養義務の厳格化に伴う訴訟事案の提起は，福祉事務所以外の第三者機関などの設置により実施すべきであろう。

（5）今後の課題

わが国の生活保護受給者の属性に関する実証研究は極めて少ない。その理由は対象が極めてデリケートな個人情報であり，行政上の制約が厳しいための困難性が考えられる。その意味からもこの貧困の実態調査は極めて重要な示唆を与えてくれた。調査結果は，憂慮すべき発見であった。生活保護受給者の世帯類型において，貧困への高いリスクを示すいくつかの知見を得ることができた。従来，貧困に陥る可能性が高いとされてきた高齢者や障害者以外の稼働年齢層にある稼働者を含む「標準から逸脱していない世帯」においても，高いリスク

終　章　日本型ワーキングプアと岐路に立つ生活保護

グループとして発見された。すなわち，生活保護の受給層における日本型ワーキングプアの存在をクローズアップさせ，貧困の様相を明らかにすることができた。このことは今後の政策上の重要な手がかりとなろう。

一方で就労インセンティブは，家族の死亡・疾病・離婚・離職失職など生育歴が個人の生活水準に影響し，その影響は一時的なものか，持続的なものかなどは個別事情の詳細な把握や雇用などの労働政策，子育て支援など多岐にわたる社会保険制度などに関係する問題であり，今後の研究課題となろう。

本書のもう1つの目的は，生活保護の老齢加算，母子加算の削除，逓減率の導入，高校の就学費用の認定等これまでとは異なるナショナルミニマム設定上の評定尺度に関する制度改革の妥当性や問題点，課題を明らかにすることであったが着手の段階にとどまった。A市をはじめとする被保護者就労支援に関する事業および稼働する生活保護世帯の生活実態調査の分析を行った結果，日本型ワーキングプア層が固定化していることや貧困が世代間にわたって継続している実態等について検証することができた。

生活保護制度改革の方向性については，より実証的な基礎を与え今後の適切な変革誘導への提言をすることとし，今後引き続き研究展開を図っていきたい。今回の調査結果で，被保護者は総じて低位学歴でありその低位学歴であるがゆえに，就労の機会が限定され就労の機会を得て働いても，期待される稼働所得の収入見込月額（目安）possibility 以下の閾下稼得の低賃金に甘んじることとなり，生活保護からの脱却がより困難であるという実態が明らかとなった。また就労支援と学歴に関しては，特定の世帯類型において，就労してもなお生活保護から離脱できない被保護世帯の日本型ワーキングプアの実態を浮かび上がらせたことでは，一定の目的を達した。

さらに，格差社会の中で，非正規雇用者を代表する日本型ワーキングプアやボーダーライン層にある人々が生活保護に集中しつつあることを証明した。

本書は貧困という問題がライフステージの中で特定の人々に集中し固定化するとともに，貧困が親から子へと世代間連鎖している社会に対する警鐘である。

5 支援のための政策課題

(1) 実態調査結果の概要

　数量分析から確認できた事柄は少なくない。結果では，「世代間の貧困連鎖」が「就労意欲」や「児童虐待」などの「意欲」には，直接的には結びついていない。「稼働収入」に「世代間連鎖」はプラスの効果として，むしろ辛い経験を「努力」の糧としている可能性がある。わが国の生活保護における捕捉率が低いことを考慮すると，生活保護の受給層のみで「世代間連鎖」を分析することには限界がある。しかしながら社会的排除要因と考えられる低学歴，非嫡出子，10代出産，DVなどの項目は，連関が強く，重複かつ深刻な現代的な課題として浮かび上がった。データ解析以外で読み取れる受給層の抱える様々な困難性やその蓄積は，以下のような次世代への重大な影響として懸念されよう。

(2) 社会的不利益層の生活実態

　ア　低位学歴については，低位学歴率49.0％となっており，依然その低位性を維持している。今回調査の結果では，高校中退率が約30％と前回調査よりも大幅に増加していることが特徴としてあげられる。

　イ　早婚による10代出産ママは，21.2％で大きくはないが被保護母子世帯全体での10代出産の構成割合は約26％と相当高い。具体事例では子ども（15歳）が，家族が留守の間に自宅の風呂場で女児を出産。同級生の相手の男が立ち会ったものの生まれた女児を育てられず乳児院に預けている事例も見受けられるなど早婚による10代出産はハイリスクと言えよう。

　結婚によらない出産および婚姻によらない同棲婚については，欧米をはじめとした諸外国では社会的に認知されている。原（2001）[5]は「ドイツの20－24歳の同棲率は1992－1995年頃で，旧西ドイツ地域12％，旧東ドイツ地域16％程度，フランスの20歳－24歳の同棲率は1994年頃で24％，スウェーデンで44％である

とし，日本では同棲の場合は極めて低く20－24歳と25－29歳で1％程度，それ以上の年齢階層では殆ど0％となっている。」と報告している。欧米諸国に比較してもわが国の同棲率の低さは突出している。こうした数値と今回調査の被保護母子世帯の同棲婚履歴とを比較すると婚姻によらない同棲婚率は，43.3％と際立って高いことが理解されよう。

　典型的なパターンは，法律婚による婚姻が解消（離婚）された後の再結婚や再々婚が同棲婚となっていることであり，この同棲婚下で生まれる非嫡出子（婚外子）の出現率が高率となっていることである。2010調査では，結婚（法律婚）によらない出産は30.8％と相当高い。しかもそのほとんどの場合，子どもの出生以降に同棲婚の解消となっている。同棲婚下のその間，子どもが生まれてもなお，法律婚の手続きがとられていないことが問題で，子どもの権利主体の回復のないまま放置されていることが明らかになった。その点，同棲婚率が高いドイツでは，同棲婚下で子どもが生まれるとほとんどの場合，比較的早期に法律婚へと手続きがとられていることと対象的である。このことは被保護母子世帯の母親が，生活上の無計画性や将来展望のないまま刹那，刹那に生きていることを物語っているものと考えられる。

　　ウ　出身家庭の離死別経歴等不安定な家族の世代間連鎖

　貧困の連鎖に大きな影響を与える可能性のある誘因の1つとして，子ども時代に育った家庭という環境が影響している。出身世帯での家庭の崩壊や離死別など両親，きょうだいとの絆の破綻や家庭崩壊といったインシデントは成育環境として不利益なものであることに異論はない。ジェノグラフにより3世代にわたる家族の状況を精査した結果，出身家庭の離死別経歴等不安定な家族の世代間連鎖は76.0％という数値であった。不利益な家庭環境は成人してからもそのまま引き継がれている可能性が極めて高いことが確認された。また，現在保護受給中の母子世帯で保護受給履歴は，母親の32.7％となっている。保護の世代間継承は世帯類型の母子世帯で34.6％であった。

　　エ　ドメステック・バイオレンス（DV）および虐待

　前夫や前内夫，パートナーから暴力を振るわれるドメステック・バイオレン

ス（DV）が高率であることが確認された（2008調査21.9%，2010調査21.2%）。加害者から逃げるため住居を転々とし，DVを受けても身近に相談できる人がおらず1人で悩みを抱えてきたことなどからトラウマをひきずり精神疾患に罹る母親もいる。子どもの目前で繰り返される母親への激しい暴力は子どもにとって深刻な影響を及ぼすことは誰しも否定できないが，子どもの問題行動との連関を示す指標はない。調査では，かつての家庭の中での支配や暴力といった人権侵害を受け続けたことからうつ病などの精神疾患に罹患する母親像が浮き彫りとなった。受給層の母子のヘルスプロモートといった取り組みが急がれる。一方，被保護母子世帯において被虐待児童が約14%確認され，母親自身が虐待に加担している場合があるものの，多くは保護受給前の世帯での発生となっている。調査結果では，多発する虐待事例の背景には母親もDVを受けており，子どもを守れなくなっていた事例も少なくなかった。受給層の母子世帯では経済的な支援により生活上の安定は図られているが，子どもや母親へのアフターケアなどの予防と再発防止への取組みについては課題が残る。福祉事務所の処遇方針や支援計画から児童相談所等との連携が図られていることがみてとれるが，福祉事務所職員の専門性や実施体制の確保と言った観点から対応の遅れが指摘されよう。

　オ　精神疾患の罹患率の高さ

　被保護母子世帯の母の精神疾患の罹患率が高いことは，道中（2008）が全疾病61.2%のうち，精神疾患が33.4%を占めていることを報告しているが，今回2010調査においても全疾病56.7%，精神疾患35.6%と精神疾患の罹患率が突出して高い。このことからヘルスプロモートの視点と福祉事務所への精神保健福祉士等の配置の必要性などが指摘されよう。

　カ　将来展望のなさ

　強いスティグマと社会的不利益の大きさから，同棲婚や非嫡出子（自然子）といった家族形態は容易には選択できないが，被保護母子世帯の実態調査の結果からは，まったく異なる視点が必要である。低学力や学歴の低さ，10代という未成熟な年齢での早婚，早婚による10代出産ママ，結婚によらない出産，婚

姻によらない同棲婚などの各項目と無縁でなく強い影響を受けている可能性がある。したがって被保護母子世帯の価値観や行動様式は,「将来展望のなさ」として,計画性の無さや刹那的な生き方に象徴されているものと解釈されよう。そのほか 出身世帯でのインシデントとしては,サラ金債務で一家離散,家賃滞納で強制退去,父が暴力団員,家族の薬物依存症,精神障害者世帯等何らかのハンディキャップを有する世帯での生育暦が認められる。

(3) 子どもへの介入政策の動向と今後の課題

OECD (2009) では,子どもをめぐる諸環境について,物質的豊かさ (22位),住宅・環境 (16位),教育的豊かさ (11位),健康・安全 (13位),リスク行動 (2位),学校生活の質から比較しているが,日本はほとんどの項目で中位に相当する。上位にある国は,やはり子どもの貧困率の低い北欧各国が多く,下位にある国もまた子どもの貧困率が高い国が多い傾向がある。先進国のなかでは貧困世帯への包括的な支援を導入している国が増えている。たとえば,アメリカのヘッド・スタート (Head Start),カナダのフェアスタート (Fair Start),オーストラリアのベストスタート (Best Start)[6],韓国のウィスタート (We Start)[7] などがある。

アメリカは,2200万人の貧困世帯の児童に対して,保健,保育,教育面からのヘッド・スタート計画を1964年(経済機会法)より実施している[8]。韓国でも,民間団体により保健・福祉・教育の包括的支援としてウィスタート運動が展開され,12歳以下の貧困児童・家庭に対して,ボランティア,自治体,公共機関,保育所,小学校,病院と地域住民が連携して,細かい支援を行っている。英国では,ブレア政権下で,子どもにベストの環境を保障する目的で,1999年からSure Start(シュアスタート)を導入し10年計画の貧困対策,貧困地域を指定して子どもと家族を対象にした支援サービスを進め,人生早期における介入政策を進めている。2003年からシュアスタート・子どもセンターをさらに拡充し,Child Act 2004(2004年児童法)や2006年子ども法により政策を加速している。

こうした視点から,わが国の世代間の貧困連鎖防止に向けた政策の取り組み

は十分ではない。政策形成やデザインに必要な，実態把握や基礎的なデータによる実証研究が遅れており研究蓄積がない。本書で取り上げたデータも都市部の特定地域に限定さたものものにすぎず，その結果も決して全国を代表しているわけではない。マクロ研究による事実の把握とそれに基づく政策，支援プログラムの開発が求められる。子どもの成育環境の整備については，幼保一体サービスの確保とその財源の議論のみでなく，すべての子どもと家庭に最善の環境を保障することを目標とした，虐待，障害，不安定な家庭環境といった劣悪な環境にいる子どもたちへのセーフティネットの確保，質の高いサービスを確実に保障する仕組みを導入する必要がある。

注

(1) 産経新聞，2007（平成19）年4月2日第1面掲載「貧困の連鎖──3世代にわたり生活保護」『明日へのセーフティネット』第1部。
(2) Fitzpatrick, Tony (1999) *Freedom and Security: An introduction to the Basic Income Debate*. Mcmillan（武川正吾・菊池英明訳（2005）『自由と保障──ベーシックインカム論争』頸草書房，30頁）.
(3) 同前書。
(4) 厚生省社会・援護局保護課監修，社会福祉振興・試験センター編『生活保護手帳──別冊問答集』1993年，394頁。
(5) 原俊彦「旧西ドイツ地域における同棲の広がりとその要因」『家族社会学研究』13(1)，2001年，87-97頁。
(6) 詳細な情報はオーストラリア・ビクトリア州DEECD（就学前教育・教育促進局）のホームページ（http://www.education.vic.gov.au/ecsmanagement/beststart/）を参照せよ。
(7) WはWelfareのW，EはEducationのEを意味している。
(8) ヘッド・スタート計画の歴史は，添田（2005）が詳しい。

参考文献・引用文献一覧

◆欧文文献

Atkinson, Robert D. (2005) "Inequality in the new knowledge economy", Anthony Giddens and Patrick Diamond (eds.), *The new egalitarianism*, Polity.

OECD (2001) "When Money is Tight : Poverty Dynamics in OECD Countries," OECD Employment Outlook.

Schmidt, L., and Sevak, P. (2004) "AFDC, SSI, and Welfare Reform Aggressiveness : Caseload Reductions versus Caseload Shifting." *Journal of Human Resources*, Vol.39, No.3.

State Policy Documentation Project (SPDP) (2001) State Policies Regarding TANF Work Activities and Requirements, State Policy Documentation Project. (http//www.spdp.org/tanf/work.htm)

Susan Sheehan ; with an introduction by Michael Harrington (1976) *A Welfare Mother*, Houghton Mifflin.

◆和文文献

青木紀 (2003)「第1章 貧困の世代的再生産の現状——B市における実態」青木紀編著『現代日本の「見えない」貧困——生活保護受給母子世帯の現実』明石書店。

青木デボラ (2003)「第7章 アメリカの貧困家族と自立支援の現実」青木紀編著『現代日本の「見えない」貧困——生活保護受給母子世帯の現実』明石書店, 221-241頁。

浅井春夫・松本伊智朗・湯澤直美編 (2008)『子どもの貧困——子ども時代のしあわせ平等のために』明石書店。

阿部彩 (2008)『子どもの貧困——日本の不公平を考える』岩波書店(岩波新書)。

阿部彩・國枝繁樹・鈴木亘・林正義 (2008)『生活保護の経済分析』東京大学出版会。

阿部實 (2002)『アメリカ所得保障政策の成立と展開——公的扶助制度を中心とする所得保障政策の動向分析』厚生労働省社会・援護局。

石橋敏郎 (2007)「生活保護法と自立——就労自立支援プログラムを中心として」日本社会保障法学会編『「自立」を問う社会保障の将来像』(社会保障法第22号), 41-53頁。

岩田正美 (2000)『ホームレス/現代社会/福祉国家——「生きていく場所」をめぐって』明石書店。

岩田正美（2004）「デフレ不況下の『貧困の経験』」太田清・樋口美雄・家計経済研究所編『女性たちの平成不況——デフレで働き方・暮らしはどう変わったか』日本経済新聞出版社，203-233頁。

岩田正美（2006）「福祉政策の中の就労支援——貧困への福祉対応をめぐって」社会政策学会編『社会政策おける福祉と就労』（社会政策学会誌第16号）法律文化社，21-35頁。

岩田正美（2007）「『社会保障の一体的見直し』とナショナル・ミニマム」日本社会保障法学会編『『自立』を問う社会保障の将来像』（社会保障法第22号），110-124頁。

岩田正美・西澤晃彦編著（2005）『貧困と社会的排除——福祉社会を蝕むもの』ミネルヴァ書房。

岩田美香（2001）「離別母子家族と親族の援助——母親の学歴からみた階層性」『教育福祉研究』第7号。

ウィリアム・ジュリアス・ウィルソン著，青木秀男監訳，平川茂・牛草英晴訳（1987＝1999）『アメリカのアンダークラス——本当に不利な立場に置かれた人々』明石書店。

OECD編著，井原辰雄訳（2005）「OECD社会保障大臣会合報告」『世界の社会政策の動向——能動的な社会政策による機会の拡大に向けて』明石書店。

逢坂隆子（2006）「不健康都市大阪の処方せん——釜ケ崎の現場から」『大阪保険医雑誌』大阪府保険医協会，No.469, 9-15頁。

大阪府立大学社会福祉学部都市福祉研究会（2002）『大阪府野宿生活者実態調査報告書』。

小沢修司（2002）『福祉社会と社会保障改革——ベーシック・インカム構想の新地平』高菅出版。

苅谷剛彦（2001）『階層化日本と教育危機——不平等再生産から意欲格差社会（インセンティブ・ディバイド）へ』有信堂高文社。

川崎二三彦（2006）『児童虐待——現場からの提言』岩波書店（岩波新書）。

ハーバート・J・ガンズ著，松本康訳（1962＝2006）『都市の村人たち——イタリア系アメリカ人の階級文化と都市再開発』ハーベスト社。

黒田研二（2005）「健康政策の視点からみたホームレス問題」『都市問題研究』第57巻第11号，55-70頁。

玄田有史（2005）『仕事のなかの曖昧な不安——揺れる若者の現在』中央公論新社（中公文庫）。

厚生省社会・援護局保護課監修，社会福祉振興・試験センター編（1993）『生活保護手帳—別冊問答集 1993』社会福祉振興・試験センター。

厚生労働省「被保護者全国一斉調査——基礎調査」各年度。

厚生労働省雇用均等・児童家庭局（2005）「15年度全国母子世帯等調査結果報告」厚生労働省。

厚生労働省雇用均等・児童家庭局（2005）「平成15年度全国母子世帯等調査結果報告」

厚生労働省雇用均等・児童家庭局。
厚生労働省社会・援護局地域福祉課（2007）『ホームレスの実態に関する全国調査報告書』。
後藤道夫（2005）「現代のワーキング・プア——労働市場の構造転換と最低限生活保障」『ポリティーク』Politik, 旬報社, Vol.10, 8-44頁。
後藤玲子（2006）「アメリカの最低生活保障」栃本一三郎・連合総合生活開発研究所編『積極的な最低生活保障の確立——国際比較と展望』第一法規, 209-33頁。
駒村康平（2007）「ワーキングプア・ボーダーライン層と生活保護制度改革の動向」『日本労働研究雑誌』, 労働政策研究・研修機構, No.563, 48-60頁。
小山進次郎（2004）『生活保護法の解釈と運用（改訂増補復刻版）』全国社会福祉協議会。
ディヴィッド・K. シプラー著, 森岡孝二・川人博・肥田美佐子訳（2004＝2007）『ワーキング・プア——アメリカの下層社会』岩波書店。
下夷美幸（1999）「アメリカにおける母子家族と福祉改革——AFDC から TANF への移行」『社会福祉』（日本女子大学）40号, 37-57頁。
社会統計課社会福祉統計第二・第三係（2005）「平成17年度社会福祉行政業務報告（福祉行政報告例）」。
『週刊　東洋経済（特大号）』東洋経済新報社, 2008年5月17日号。
新宿ホームレス支援機構（2006）「特集基本方針の見直しにむけて」『季刊 Shelter-less』No.30, 2006 Winter。
新宿ホームレス支援機構（2006）「特集自立支援事業の模索（その2）」『季刊 Shelter-less』No.29, 2006 Summer & Autumn。
新宿ホームレス支援機構（2006）「特集自立支援事業の模索」『季刊 Shelter-less』No.28, 2006 Spring。
神代和欣（2004）「わが国最低賃金制の現状と課題」社会政策学会編『社会政策学と賃金問題』（社会政策学会誌第12号）法律文化社, 99-114頁。
杉村宏（2004）「貧困の世代間再生産の緩和・解消するための支援に関する基礎的研究」平成16（2004）年度厚生科学研究費補助金行政政策研究分野政策科学推進研究, 法政大学現代福祉学部。
鈴木興太郎・後藤玲子（2001）『アマルティア・セン——経済学と倫理学』実教出版。
鈴木亘（2007）「ホームレスの労働と健康, 自立支援の課題」『日本労働研究雑誌』労働政策研究・研修機構, No.563, 61-74頁。
『生活と福祉』第591号, 全国社会福祉協議会。
生活保護制度の在り方に関する専門委員会（2004）『生活保護制度の在り方に関する専門委員会報告書』厚生労働省。
生活保護手帳編集委員会編（2006）『生活保護手帳（2006年度版）』中央法規出版。
生活保護手帳編集委員会編（2007）『生活保護手帳（2007年度版）』中央法規出版。
生活保護手帳編集委員会編（2008）『生活保護手帳（2008年度版）』中央法規出版。

生活保護の動向編集委員会編(2006)『生活保護の動向平成18年版』中央法規出版。
生活保護の動向編集委員会編(2007)『生活保護の動向平成19年版』中央法規出版。
生活保護の動向編集委員会編(2008)『生活保護の動向平成20年版』中央法規出版。
高田敏・桑原洋子・逢坂隆子編(2007)『ホームレス研究――釜ケ崎からの発信』信山社。
高橋陽子・玄田有史(2004)「中学卒・高校中退と労働市場」『社會科學研究』(東京大学)第55巻第2号,29-49頁。
橘木俊詔(2006)『格差社会――何が問題なのか』岩波書店(岩波新書)。
橘木俊詔・浦川邦夫(2006)『日本の貧困研究』東京大学出版会。
玉井金五(2007)「現代日本のポバティラインを考える」社会政策学会編『格差社会への視座――貧困と教育機会』(社会政策学会誌第17号)法律文化社,17-31頁。
田村哲樹(2006)「就労・福祉・シティズンシップ――福祉改革の時代における市民像」社会政策学会編『社会政策における福祉と就労』(社会政策学会誌第16号)法律文化社,51-65頁。
中囿桐代(2006)「第5章 生活保護受給母子世帯と『自立』支援――釧路市での調査を事例として」布川日佐史編著『生活保護自立支援プログラムの活用――①策定と援助』山吹書店。
中囿桐代(2008)「母子世帯の現状と求められる支援」『月間福祉』全国社会福祉協議会,91(6),80-81頁。
中山徹(2007)「『ホームレス支援法』以降の野宿者支援策の展開と評価(1)」『社會問題研究』(大阪府立大学)第56巻1・2号,1-9頁。
西尾祐吾(1994)『貧困・スティグマ・公的扶助――社会福祉の原点をさぐる』相川書房。
西尾祐吾(1999)『貧困の世代間継承に関する研究』相川書房。
西尾祐吾・塚口伍喜夫編著(2002)『社会福祉の動向と課題――社会福祉の新しい視座を求めて』中央法規出版。
日本労働研究機構(2003)『母子世帯の母への就業支援に関する研究』(調査研究報告書156号)日本労働研究機構。
濱口桂一郎(2006)「EUにおける貧困と社会的排除に対する政策」栃本一三郎・連合総合生活開発研究所編『積極的な最低生活保障の確立』第一法規,237-85頁。
東大阪市(2006)『東大阪市ひとり親家庭自立促進計画書』東大阪市ひとり親家庭自立促進計画策定委員会。
トニー・フィッツパトリック著,武川正吾・菊池英明訳(1999=2005)『自由と保障――ベーシック・インカム論争』勁草書房。
樋口美雄・財務省財務総合政策研究所編著(2003)『日本の所得格差と社会階層』日本評論社。
久冨善之編著(1993)『豊かさの底辺に生きる――学校システムと弱者の再生産』青木書店。

久本貴志（2006）「アメリカの貧困──労働市場の視点から」渋谷博史・C. ウェザーズ編『アメリカの貧困と福祉』日本経済評論社。
布川日佐史（2004）「ドイツにおけるワークフェアの展開─稼働能力活用要件の検討を中心に」『海外社会保障研究』国立社会保障・人口問題研究所，147号，41-55頁。
布川日佐史（2004）「生活保護改革の行方」『Shelter-less』21号，116-123頁。
布川日佐史（2006）「生活保護改革における稼働能力活用要件の検討」『社会政策研究』東信堂，第6号，56-78頁。
布川日佐史編著（2002）『雇用政策と公的扶助の交錯──日独比較：公的扶助における稼働能力の活用を中心に』御茶の水書房。
布川日佐史編著（2006）『生活保護自立支援プログラムの活用①──策定と援助』山吹書店。
藤田博仁（2006）「ホームレス施策の現状と課題──地方自治体における自立支援事業の展開」日本社会保障法学会編『ホームレス施策と社会保険の現代的課題』（社会保障法第21号），37-50頁。
藤原千沙（2004）「ひとり親の就業と階層性──母子世帯就業調査を踏まえて」社会政策学会第108回大会報告。
藤原千沙・江沢あや（2007）「アメリカ福祉改革再考──ワークフェアを支える仕組みと日本への示唆」『季刊社会保障研究』国立社会保障・人口問題研究所，Vol.42. No.4, 407-419頁。
部落解放・人権研究所編（2006）『排除される若者たち──フリーターと不平等の再生産』解放出版社。
松本保（2007）「ホームレス自立支援結果と残された課題──名古屋市を主体としての考察」社会政策学会第114回報告。
道中隆（1992）「保健福祉相談に取り組む」網野武博・乾吉佑・飯長喜一郎編『福祉心理臨床』（心理臨床プラクティス第6巻）星和書店，65-80頁。
道中隆（2003）「生活保護の現状と今後の課題について──図解による生活保護の課題と展望」『福祉の知』（平成15年度大阪府福祉専門職員論文）第7号。
道中隆（2004）「生活保護における扶養義務と扶養義務履行の困難性」日本社会福祉学会第52回全国大会報告。
道中隆（2005）「生活保護における就労支援の有効性と閾下稼得──被保護者の就労支援方策と就労自立の困難性」日本社会福祉学会第53回全国大会報告。
道中隆（2006）「生活保護受給母子世帯の閾下稼得とワーキングプア──生活保護の稼働世帯のおける就労インセンティブ・ディバイド」日本社会福祉学会第54回全国大会報告。
道中隆（2007）『図解生活保護ってなに──これが最後のセーフティネットだ』小林出版。
道中隆（2007 a）「生活保護と日本型 Working poor──生活保護の稼働世帯における就

労インセンティブ・ディバイド」社会政策学会第114回大会報告。
道中隆（2007 b）「保護受給層の貧困の様相——保護受給世帯における貧困の固定化と世代的連鎖」『生活経済政策』生活経済政策研究所, August. 2007, No.127, 14-20頁。
道中隆（2007 c）「ホームレス自立支援の結果と今後の課題——S市における取組の実践から見えてくるもの」『厚生労働科学研究費補助金政策科学推進研究事業研究報告書——格差と社会保障のあり方に関する研究』（研究代表者：駒村康平）
道中隆（2009）「ホームレス自立支援の結果と今後の課題——S市における取組みの実践から見えてくるもの」『社会政策研究』東信堂, 第9号。
道中隆・杉本正（2006）「生活保護における最低生活費と就労インセンティブ——被保護者の就労支援方策と就労自立の困難性」『帝塚山大学心理福祉学部紀要』第2号, 97-120頁。
道中隆・杉本正（2006 a）『生活保護制度の基礎知識』小林出版。
耳塚寛明（2004）「揺れる学校の機能と職業社会への移行——教育システムの変容と高卒無業者」社会政策学会第108回大会。
宮島洋・連合総合生活開発研究所編著（2002）『日本の所得分配と格差』東洋経済新報社。
宮本太郎（2004）「第12章　就労・福祉・ワークフェア——福祉国家再編をめぐる新しい対立軸」塩野谷祐一・鈴木興太郎・後藤玲子編『福祉の公共哲学』（公共哲学叢書5）東京大学出版会, 215-233頁。
宮本太郎（2004 a）「ワークフェア改革とその対策　新しい連携へ？」『海外社会保障研究』国立社会保障・人口問題研究所, 147号。
宮本太郎（2005）「ソーシャル・アクティベーション——自立困難な時代の福祉転換」『NIRA政策研究』18巻4号。
室住眞麻子（2006）『日本の貧困——家計とジェンダーからの考察』法律文化社。
文部科学省（2002）「平成13年度大学等卒業者の就職状況調査」。
文部科学省「学校基本調査報告書」各年版。
山口恵子（2007）「ホームレスの人々を取り巻く支援と排除——自立支援法制定以降に注目して」『生活経済政策』生活経済政策研究所, No.127, 10-13頁。
山田昌弘（2006）『新平等社会——「希望格差」を超えて』文藝春秋。
山野良一（2008）『子どもの最貧国・日本——学力・心身・社会におよぶ諸影響』光文社（光文社新書）。
UFJ総合研究所（2003）『スウェーデンにおける公的扶助制度に関する調査報告書』（平成15年2月）。
UFJ総合研究所（2004）『我が国の生活保護制度の諸問題にかかる主要各国の公的扶助制度の比較に関する調査報告書』（平成16年3月）
湯浅誠（2008）『反貧困——「すべり台社会」からの脱出』岩波書店（岩波新書）。

おわりに

　本論文の執筆にあたり数々のご教示いただいた大阪府立大学大学院の黒田研二先生をはじめ，論文構成に有益なコメントをいただいた中山徹先生，査読に労を惜しまずご尽力いただいた嵯峨嘉子先生にこころよりお礼を申し上げます。また，駒村康平先生（慶應義塾大学）には，日本の社会保障，年金制度についてご教示いただいただけではなく，これまでの研究遂行で様々な局面での援護射撃をいただきましたことを改めて感謝申し上げます。

　本書の論文を社会政策学会（東京大学）で報告をした際，討論者としてワーキングプアについて貴重なご助言をいただいた岩田正美先生（日本女子大学）にお礼を申し上げます。

　ホームレスの自立支援に関する調査研究については，聞き取り調査やアンケート調査にご快諾いただくとともに貴重な助言をしてくださった社会福祉法人みなと寮理事長宮武一郎先生並びに「自立支援センターおおいずみ」の梶谷有一所長をはじめ職員の方々に感謝申し上げる。なお，本稿の第4章は，平成19年度厚生労働省の厚生労働科学研究補助金の助成を受けた慶應義塾大学をはじめとする各大学との共同研究（研究代表者：駒村康平「厚生労働科学研究費」）の成果の一部を掲載したものです。

　最後に本書の出版にあたっては，ミネルヴァ書房編集部と同部編集担当の仁坂元子氏には企画段階から全体構成および原稿の記述内容のチェックに至るまで忍耐づよく修正の機会を頂戴するなど多大なご尽力をいただいたことに厚くお礼申し上げる。

索　引

ア　行

アウトリーチ　111
あきらめの社会　176
アクティベーション（Activation）　20
アスピレーション　58
アフターフォロー事業　163
アメリカ
　──の Food Stamp（食料切符）制度　30
　──の福祉改革　25
　──の労働力拘束モデル（labor force attachment model）　23
新たな貧困層　16
アンダークラス　9
安定した雇用の確保　130
アンビバレント　151
閾下稼得　ii, v, 37, 70, 116, 118, 179
移行的雇用（Transitionail Jobs）　26
一次的セーフティネット　vi, vii, 3, 15, 174
　1類経費　12
移動型ホームレス　142
医療アクセス　vi, 150
医療扶助　105
医療扶助実態調査　105, 149
医療扶助単給　166
医療保険のセーフティネット　164
インセンティブ・ディバイド（Incentive divide）　10
インフォームド・コンセント　54, 132
ウェルフェア・ツー・ワーク　26
うつ病　82
応益負担　i, 4

カ　行

オッズ比　79

介護保険　4
介護保険法　174
階層区分　40
格差社会　45
各種加算群　38
各種控除群　38
学歴の低位性　119
隠れた労働問題　67
家族病理　111
稼働能力の活用　72, 73, 122, 184, 185
稼得　179
基準生活費　29
基準生活費群　38
基礎控除　35, 39, 109
喫煙率　150
気分障害　82
求職者基礎保障　24
急迫保護　166
教育コスト　173
業種別基礎控除　39
虚血性心疾患の発症リスク　146
拠出制年金　4
居宅保護　166
緊急一時保護センター　140
勤労控除　39
経常的経費　152
ケース移管　70
ケース登載簿　53
ケースワーカー　7

索 引

健康学習プログラム　161
健康で文化的な最低限度の生活　184
現物給付　151
権利擁護　54, 132
高校中退率　58
高校の就学費用　10, 53
公式貧困基準　32
公的扶助　1
　　──のセーフティネット　183
高齢者世帯　123
行路病人　166
国民皆年金　2, 3
国民皆保険　3
国民健康保険　2, 3
国民年金　3
　　──の納付率　2
個人情報　8, 18
個人責任・就労機会調停法　25
子どもの貧困　173
コミュニティ・ジョブ・プログラム　26
コミュニティケア　64
雇用・就業のネット　183
雇用セーフティネット　1, 180
困窮　182

サ　行

最後の砦　15
最終学歴
　　──の低位性　89
　　──のマッチング　90
最低生活　4
最低生活費　33, 94
最低生活保障　34, 117
　　──の原理　181
最低賃金法　177
三位一体改革　5

ジェンダー　18
資格証明書　4
自己責任の原則　182
事後的賃金補償　117, 177
市場原理　182
実可処分所得　33
失業の罠　20, 44
実質可処分所得　43
実質保障水準　43
疾病構造　iv, vi, 106, 146
児童虐待　iv, 64, 101-103
児童福祉施設　64
「社会参加型」のプログラム　121
社会診断家　11
社会的排除　58, 107
社会的排除対策室（Social Exclusion Unit）　167
社会的不利益　9
社会的不利益集団　104
社会評価　163
社会病理　160
社会福祉基礎構造改革　5
社会保険のネット　183
社会保障大臣会合報告　27
就学援助　i, 4
就業構造基本調査　16
就業支援センター事業　131
住居への入居支援　130
10代出産　iii, 56, 62, 82
10代出産母子　109
住宅政策　162
住宅手当　166
住宅扶助　99
住宅扶助基準額　153
重点的扶養能力調査対象者　96
収入金額別基礎控除　39
収納率低下　4

201

就労インセンティブ (Incentive) ii, 10, 178
就労インセンティブ・ディバイド (Incentive divide) iii, vi, 75, 87, 179
就労インセンティブ政策 180
就労支援 v
就労支援継続中 179
就労支援相談員 115
就労自立支援事業 6
就労自立支援事業調査 ii, iv, 172
就労自立支援プログラム 113, 120
就労自立したグループ vi
就労自立の困難性 vi, 85
就労自立率 164
就労促進事業 114, 119
就労なき福祉 20
受給履歴 52, 59
巡回相談指導事業 131
障害者加算 39
障害者世帯 123
条件型福祉 20, 23
常習飲酒率 149
常設テント 133, 142
傷病者世帯 123
情報不足 139, 149
職業訓練 136
食料支援 25
所得格差 45, 46
自立概念 6, 162
自立支援センター事業 131
自立支援によって成功した者 157
自立支援によっても自立が困難であった者 153, 157
自立支援の困難性 161
自立支援プログラム 5, 6, 7, 113
自立阻害要因 124
自立できなかったグループ vi

新規就労控除 35, 39
新国民健康保険法 3
心身症 82
スウェーデンの人的資本開発モデル (human-capital development model) 24
ステイクホルダー 125
スティグマ vi, 167
生活支援型 121
生活実態調査 172
生活保護 vi
生活保護運営計画書 70
生活保護基準 18, 34
生活保護制度改革 vi
生活保護制度の在り方に関する専門委員会 100
生活保護専門委員会 6
生活保護動態調査 73
生活保持義務関係 95
正規雇用労働者 1
政策パッケージ 180
精神疾患 105
生存権 117
セーフティネット
　　――の機能不全 161
　　――の再構築 111
世代間継承 iii, 10
世帯単位の原則 36, 38
世帯類型別実態調査 ii, iii, iv, 52, 75
世帯類型別被保護世帯 71
絶対扶養義務者 95
全国消費実態調査 38
全国母子世帯等調査 77
戦略としての子ども政策 109
増収指導 25
その他世帯 i, viii, 56, 70

索引

タ 行

多重債務　v
単身高齢者世帯　43
地域社会からの孤立　101
地域生活移行支援事業　131
地域別最低賃金　181
地域保険　1, 125
調査個別検討票　54
賃金決定関数　89
賃金構造基本統計調査　1
低位学歴　iii, 56
逓減率　5, 10, 12, 53
特別基準　100
特別控除　35, 39, 109
トラウマ　106
努力主義　176

ナ 行

ナショナル・ミニマム　30, 34
二次的セーフティネット　vii, 15, 174
日本型ワーキングプア　ii, v, vi, vii, 35, 70, 172
2類経費　11
年金裁定請求　175
年功序列賃金　33

ハ 行

ハイリスク母子　58, 103
派遣労働者　16
林訴訟　73
半健康人　150
非稼働世帯　7, 72
非正規雇用　1, 118
非嫡出子　93
必要経費控除　35, 109
必要即応性　40

被保険者資格（加入履歴）　143
被保護人員　i
被保護世帯　i, iii, 6
被保護母子世帯　iv, 104
　　　——の貧困ダイナミクス　ii
被用者保険　125
貧困基準　18
貧困測定　18
貧困対策　i
貧困ダイナミクス　iv, 105, 106, 108, 172
貧困
　　　——の固定化　8, 11, 124, 172
　　　——の再生産　176, 178
　　　——の実相　iv, 79
　　　——の世代間継承　vii, 11, 61, 62, 172
　　　——の世代間連鎖　124
　　　——の世代的再生産　71
　　　——の様相　iii, 51, 172
　　　——の連鎖　vii, 8, 11
貧困の罠　20, 44, 122, 123
貧困問題　33
貧困誘因　vi, 8, 108
貧困予防　vii
貧困リスク　vi
貧困率　17
不安神経症　82
不安定就労　v
福祉　182
福祉依存　122, 123
福祉から就労　113, 180
福祉から就労へ　6, 7, 26, 122
福祉給付　122
福祉行政報告例　53, 70
福祉事務所　6, 7, 13
福祉的援護　137, 157, 163
福祉年金　4

203

袋小路の職業（Job of blind alley） 66
2つの神話 10
ヘルスプロモート政策 106
包括的最低生活費 33
包括的な政策ミックス 28
法定受託事務 18
防貧対策 vii
防貧的機能 143
ボーダーライン層 16, 17
ホームレス期間 129, 160
ホームレス緊急一時シェルター 151
ホームレス自立支援事業調査 ii
ホームレス自立支援施設 v, 127
ホームレスの期間 160
ホームレス類型 140
補完的機能 11
保険原理 4, 44, 164
保険料の軽減措置 4
保険料未納・未加入者 132
保護基準の統一性 40
保護受給期間 68, 69
保護受給履歴率 59
保護
 ——の実施機関 72, 152
 ——の実施体制 7
 ——の受給履歴 iii, 56
 ——の2つの神話 72
 ——の補足性 40, 111, 122
 ——の補足性の原理 181
 ——の要否判定 98
保護率 i
母子加算 5, 10, 39
補足性の原理 97, 185
捕捉率 i, 30

マ 行

マイケル・ヒル 178
毎月勤労統計 88
マクロの視点 11
マトリックス（matrix）構造 91
ミーンズテスト（資力調査） 12
未成年者控除 35, 39
3つのセーフティネット 173
無拠出制 4
無差別平等性 40
無差別平等の原理 181
無年金者予備軍 132, 143, 145, 164
無保険者 4
無料低額診療施設 166
メイク・ワーク・ペイ 27
メンタルヘルス 111
モデルの限定性 58

ヤ・ラ・ワ行

有病率 145
養育相談支援センター事業 96
養育費相談支援事業 97
要保護世帯向け長期生活支援資金貸付制度 100
ライフスタイルの変容 150
ライフチャンス 108
離死別経験 iv
離死別頻度 92
リスクアセスメント（Risk Assessment） 150
利用しやすく出やすい制度 168
労働寄宿型の住居 153, 162
労働基準の低下 16
労働問題 33
労働力調査 118
老齢加算 5, 10, 44

索　引

ワーキングプア　v, 2, 16
　──の定義　30
ワーク・ライフ・バランス　75
ワークフェア（Workfare）　20
ワークフェア政策　177

欧　文

AFDC　25, 26
API 制度　30
Dead-end Job　125
DV　iv

Job of good quality　126
Job of reasonable quality　126
Jobcentre Plus　28
Low pay/Productivity Jobs　125
New Deal Personal Adviser　28
OECD　17
OECD 報告　27
PTSD（心的外傷後ストレス障害）　105, 106
RMI　30
TANF　25, 26
Working poor household　38

205

《著者紹介》

道中　隆（みちなか・りゅう）

1949年　生まれ。
　　　　大阪府立大学大学院前期博士課程修了修士，元堺市健康福祉局理事，大阪府入庁後，福祉事務所，児童相談所，保健所などケースワーカーとして勤務。大阪府海外派遣によりドイツハンブルグ州に留学しラオフバーン制度を研究。保健福祉の実践をとおして，大阪府，阪南市，東大阪市，堺市など保健福祉行政の政策運営に携わる。
　　　　厚生労働省「生活保護事例検証委員会」委員，「大阪府子ども施策審議会」特別委員など歴任。大阪府立大学，追手門学院大学非常勤講師などを経て現職。
現　在　関西国際大学教授
　　　　厚生労働省「社会保障審議会」委員
　　　　日本パブリックサービス通訳翻訳学会（「PSIT学会」）理事
　　　　社会福祉法人みなと寮理事
主　著　『ケースワーカーのための面接必携』（2006年，小林出版）
　　　　『生活保護制度の基礎知識』（共著）（2006年，小林出版）
　　　　『図解生活保護ってなに──これが最後のセーフティネットだ』（2007年，小林出版）
　　　　『生活保護の面接必携──公的扶助ケースワーク実践Ⅰ』（2012年，ミネルヴァ書房）
　　　　『生活保護のスーパービジョン──公的扶助ケースワーク実践Ⅱ』（2012年，ミネルヴァ書房）　など。

　　　　　　　　生活保護と日本型ワーキングプア
　　　　　　　──貧困の固定化と世代間継承──

2009年11月10日　初版第1刷発行　　　　　　〈検印省略〉
2012年8月20日　初版第3刷発行
　　　　　　　　　　　　　　　　　　　　定価はカバーに
　　　　　　　　　　　　　　　　　　　　表示しています

　　　　　著　者　　道　中　　　隆
　　　　　発行者　　杉　田　啓　三
　　　　　印刷者　　藤　森　英　夫

　　　　　発行所　株式会社　ミネルヴァ書房
　　　　　607-8494　京都市山科区日ノ岡堤谷町1
　　　　　　　　　電話代表　（075）581-5191番
　　　　　　　　　振替口座　01020-0-8076番

　　©道中　隆, 2009　　　　　亜細亜印刷・新生製本

ISBN978-4-623-05277-6
Printed in Japan

道中　隆　編著
生 活 保 護 の 面 接 必 携　　A5判・330頁・本体2800円
――公的扶助ケースワーク実践Ⅰ

岩田正美／西澤晃彦　編著
貧 困 と 社 会 的 排 除　　A5判・336頁・本体3500円

宮坂順子　著
「日 常 的 貧 困」と 社 会 的 排 除　　A5判・370頁・本体5500円

京極髙宣　著
生 活 保 護 改 革 と 地 方 分 権 化　　A5判・232頁・本体4000円

土田武史／田中耕太郎／府川哲夫　編著
社 会 保 障 改 革　　A5判・276頁・本体4000円

池田和彦／砂脇恵　著
公 的 扶 助 の 基 礎 理 論　　A5判・272頁・本体2500円

――――ミネルヴァ書房――――